중국 철도의 역사와 발전

〈일러두기〉

1. 한자는 일괄 번체자(정자)로 표기하고, 한자 괄호 처리를 하지 않았다. 다만, 이 책의 특성상 철도 관련 지명과 철도명은 한자 독음을 기본으로 하되 독자들의 이해에 도움을 주고자 [ ] 안에 중국어 발음과 한자를 동시에 표기하고, 가독성을 위해 글씨 크기를 작게 하였다.

　　예시) 신해혁명辛亥革命, 상해[상하이－上海], 정태([정타이－正太]; 정정[정딩－正定](지금의 하북성 석가장[스자좡－石家庄])~태원[타이위엔－太原])철도

2. 중국 인명의 경우, 1911년 신해혁명을 기준으로 그 이전은 한자 독음으로 적고, 그 이후는 중국어 발음으로 적고 한자를 병행 표기하였다.

　　예시) 이홍장李鴻章, 덩샤오핑鄧小平

3. 중국어에서 일부 외래어(음역), 혹은 우리에게 익숙한 일부 고유명사, 설명이 어려운 지명 등은 그대로 한자 독음을 쓰거나 중국어 발음으로 표기하였다.

　　예시) 우루무치烏魯木齊, 티베트西藏, 홍콩香港 등

4. 중국어의 발음은 국립국어원의 중국어 표기법을 기준으로 하였다.

5. 본문에 인용된 도표나 그림 속 한자(간체자)는 출처의 저작권 보호를 위해 별도 수정하지 않음을 밝힌다. 다만 최근 철도 노선도의 경우는 독자의 편의를 위해 한글을 부기하였다.

한국철도문화재단 연구총서 2

중국 철도의 역사와 발전

초판 1쇄 인쇄일　　2024년 7월 10일
초판 1쇄 발행일　　2024년 7월 18일

지은이　　　　이용상 외 3명
펴낸이　　　　최길주

펴낸곳　　　　도서출판 BG북갤러리
등록일자　　　2003년 11월 5일(제318-2003-000130호)
주소　　　　　서울시 영등포구 국회대로72길 6, 405호(여의도동, 아크로폴리스)
전화　　　　　02)761-7005(代)
팩스　　　　　02)761-7995
홈페이지　　　http://www.bookgallery.co.kr
E-mail　　　　cgjpower@hanmail.net

ⓒ 이용상 외 3명, 2024

ISBN 978-89-6495-300-6　93300

한국철도문화재단 연구총서 2

중국 철도의 역사와 발전

이용상 외 3명 지음

중국 철도 148년을 이야기하다

철도는 시간과 공간을 초월하여 사람과 물자의 이동을 통해 인식의 변화와 경제적인 발전을 함께 가져왔다. 철도는 여객과 함께 화물을 수송하였는데 전쟁 시에는 무기와 병력 수송에도 사용되었다. 역사적으로 보면 철도라는 이동수단은 다양한 기능을 통해 자국의 영토 확장과 국민통합에도 기여하였다.

중국中國의 역사는 통합과 개척의 역사였다. 수隋나라는 대운하를 통해 그 통치영역을 확장하였고, 진시황秦始皇이 일곱 나라를 통일하였으며, 한무제漢武帝가 영토를 확대하였다. 명明나라는 바다의 실크로드를 통해 1405년부터 7차례에 걸쳐 해외로 그 눈을 돌렸다.

청淸나라의 쇄국정책으로 제국주의를 분명하게 이해하지 못해 어려움을 겪은 것도 철도에 큰 변화를 가져왔고 서안사변西安事變, 대약진운동大躍進運動, 문화대혁명文化大革命 등의 역사를 거치면서 급격하게 변화하였다.

중국의 근대사는 철도를 둘러싼 갈등과 변화의 역사였다. 근대 중국 철도는 근대화와 자주독립의 수단이었다.

중국에 처음 상업 철도가 생긴 것은 청나라 말기였던 1876년이다. 영국英國 상인들이 상해[상하이-上海]에 오송[우쑹-吳淞]철도를 건설했다. 청나라 조정은 당국 허가를 받지 않았다며 오송철도를 매입하여 철거하였다.

청나라가 철도의 중요성을 깨달은 건 1895년 청일전쟁清日戰爭에서 패배한 직후였다. 철도가 부설되기 전 어느 나라나 전 병력이 도보로 이동해야 했고 기병은 말을 탔지만 증기기관차가 운행된 후, 대규모 병력이 신속하게 이동할 수 있게 되어 유럽 각국이 경쟁적으로 철도를 건설하게 되었다.

이 당시 이홍장李鴻章이 철도 건설에 앞장섰다. 청나라는 철도의 중요성을 인식하기 시작했다. 1884년 베트남 종주권을 둘러싼 청불전쟁清佛戰爭에서 청나라가 패하자 이홍장을 비롯해 개화파들이 철도가 국방에 중요하다며 건설을 주장했다.

철도가 처음 등장했을 때 수많은 중국인이 놀랐다. 철도를 포함한 서양 근대문명을 수용하자는 사람들도 있었지만, 일반 국민은 상당수가 서양문물이 들어와선 안 된다고 반대했다.

의화단운동義和團運動은 청나라 말기 1899년 11월 2일부터 1901년 9월 7일까지 산동山東지방, 화북華北지역에서 외세배척운동으로 의화권義和拳이라는 무술을 수련하는 단체에서 일어났는데 수련을 통해 칼과 총도 막아낼 수 있다고 믿었다.

이 단체는 철도가 외국인의 문물을 빠르게 퍼뜨리고 있다며 철도 파괴에 앞장섰다. 이들이 서양인들의 목숨까지 빼앗자, 열강은 청나라에 군대를 파견해 의화단을 진압했으며, 청나라 조정은 막대한 배상금을 지불해야 했다. 이후 실제 철도를 부설하는 공사는 지지부진했다. 지역 지주들과 서구 열강이 중국 곳곳에 철도를 부설하겠다고 나섰지만, 기술력도 부족하고 부정부패로 좀처럼 진전이 없었다. 뜻있는 사람들이 돈을 모아 직접 철도를 건설하자는 운동도 있었지만, 자금도 부족한 형편이었다.

이런 상황에서 1911년 성선회盛宣懷라는 기업인이 청나라 우전부郵傳部 대신으로 임명되었는데 당시 우전부는 우편과 통신을 맡은 관청이었다.

그는 "철도를 국유화하자."고 제안하였다. 민영철도를 전부 국유화한 뒤, 서구 열강에서 돈을 빌려 중국 전역을 철도로 연결하겠다는 발상이었다.

이후 청나라 조정은 자국 철도업자들로부터 싼값에 부설권을 빼앗았다. 청나라는, 남은 돈은 철도망을 완성하고 영업이익이 났을 때 10~15년에 걸쳐 돌려주겠다고 했지만, 이들은 믿지 않았다.

이는 일반 국민에게도 분노를 샀다. 청나라는 중국 동북東北지방에 살던 만주족滿洲族이 한족漢族을 제압하고 세운 나라이다. 청나라 조정은 전부터 광산 채굴권, 염전 개발권 같은 이권을 서구 열강에 무수히 내주었는데 철도 국유화를 결정한 이홍장李鴻章 내각에서도 전체 13명 중 9명이 만주족이었다. 이에 한족은 '만주족이 서구 열강에 나라를 팔아먹는다.'는 배신감을 느꼈다.

1911년 5월, 사천성四川省에서 신해혁명의 도화선이 된 '보로운동회保路運動會'라는 조직이 생겼다. 이들은 철도 국유화 반대 운동을 본격적으로 벌였는데 다른 지역도 합세해 그 규모가 점점 커졌다.

결국 1911년 10월 10일 호북[후베이-湖北]성 무창[우창-武昌]에서 신해혁명이 일어나 청나라가 무너졌고 이듬해 남경에서 민족주의자 손문[쑨원-孫文]이 이끄는 중화민국 임시정부가 설립되었다.

청나라를 지키겠다며 시작한 철도 국유화 사업이 오히려 청나라 멸망의 도화선이 된 것이다.

1945년 제2차 세계대전이 끝나고 1949년 중화인민공화국이 성립됐다. 중국 정부가 철도를 돌려받은 이후인 1949~1952년은 주로 철도망과 운영을 서둘러

정비한 기간이었다.

1953~1978년 철도 건설이 계획적으로 진행되었고, 철도망의 골격이 완성되었다.

1953년부터 국가가 계획적으로 국민경제를 발전시키는 시기에 들어섰으며, 1980년까지 5개년 계획으로 총 100여 개의 간선과 지선을 신설했다. 1980년 말 기준 철도 영업거리가 4만 9,940km에 달할 정도로 전국적으로 철도망이 확장되었다.

개혁개방 정책을 관철하여 철도는 새로운 발전기에 들어섰다. 1979년 이후 국민경제가 급속하게 성장하였고 여객과 화물수송량이 급증하여, 철도 수송 능력이 수요를 만족시킬 수 없기에 철도부는 영업철도 개조에 자금을 투입하여 수송 능력을 확대하고 새로운 철도 노선 건설을 진행하였다.

현대에 들어서는 중국의 개방에 큰 영향을 미친 1992년 덩샤오핑鄧小平의 등장으로 '검은 고양이든 흰 고양이든 쥐만 잘 잡으면 된다.'는 실용주의가 등장하여 중국 철도발전에도 큰 영향을 미쳤다.

중국 국민경제 제8차 5개년 계획부터 제14차 5개년 계획까지에 따르면 국가의 철도 지원정책은 철도 운송능력 증대에 중점을 둔 것에서 8종縱8횡橫 철도의 간선 노선 개량, 고속철도망 구축 추진에 이르는 변화를 가져왔다.

제8차 5개년 계획(1991~1995년)부터 제9차 5개년 계획(1996~2000년)까지 국가 차원에서 철도 운송능력을 증가시키는 것을 중점으로 철도 건설 공사를 대대적으로 전개하였다.

중국 철도 역사를 이해하는 데 있어 동북3성東北3省은 매우 중요하다. 이 지역은 러시아, 한국, 일본 등과 연결되는 국경지역이며, 티베트 등 서부지역 또한 중요한 지역으로 철도망 확장이 가지는 의미가 크다. 현대에 와서 중국인들 입장에서 보면 철도는 이동과 중국의 혈관으로, 경제발전의 원동력으로 큰 의미가 있다.

중국 철도의 노선 확장을 보면 항만에서 내륙으로 그리고 국경지역과 소수민족이 사는 지역까지 철도가 발전한 것을 알 수 있으며, 경제성장과 고용 창출 등의 효과를 거두고 있으며, 우주 개척과 함께 중국의 중요한 국책사업이라고 할 수 있다. 이는 철도가 2020년 국무원 직속의 유한지주회사와 그 산하에 18개의 지방 철도국으로 개편되었으며, 국무원에서 발표하는 철도발전계획에서 그 위상을 알 수 있다. 아울러 북경[베이징-北京]~상해[상하이-上海]까지의 경호[징후-京滬]철도 정도가 흑자이고 나머지는 적자를 기록하고 있지만, 매년 중국 철도의 부채비율을 70%로 이하로 맞추어서 국가가 보조하고 있다는 것에서도 철도의 중요성을 실감할 수 있다.

중국 철도의 역사를 정리해 보면 그들의 역사를 타산지석으로 삼는 중국을 읽을 수 있다. 제국주의 시대에 각국의 열강들이 자금과 기술력을 앞세워 중국에 철도를 부설하고 운영한 것을 현대에 와서 자국의 고속철도 개발을 위해 선진 각국의 고속철도를 합작 형태로 들여와서 이를 운영해 보고 자신에 맞는 최고 수준의 고속철도를 만들어 운영하고 있는 것이다.

최근의 변화를 보면 철도망을 통해 경제 활력을 도모하고 있으며 고속철도 기술자립화를 통해 국내 통합과 해외에 적극적으로 진출하고 있다.

또한 회랑형 도시개발과 국무원 산하의 강력한 철도조직, 적자에 대한 비용 보전과 투자비 지원, 대학 등의 인재 양성도 주요한 정책적인 변화이다.

이 책은 중국의 148년의 철도 역사를 노선 중심으로 기술하고 그 의미를 부각하려고 하였다.

그동안의 많은 연구를 정리한 수준이지만 이를 통하여 많은 중국 철도연구자가 배출되기를 기대한다.

동아시아 철도는 매우 발전 가능성이 있고 언젠가는 서로 연결되어 부산에서 서울을 거쳐 평양과 북경으로 그리고 유럽으로 연결될 날이 있을 것이다. 이를 기대하면서 더욱 많은 연구가 진행되기를 바란다.

이 책이 나오기까지 김지환 인천대 교수님의 지도와 배은선 박사님의 꼼꼼함 교정에 감사드린다. 늘 책 출간에 도움을 주시는 최길주 〈도서출판 북갤러리〉 사장님께 감사드리고, 나를 늘 지지해 주고 사랑해 주는 가족들은 나의 삶의 기쁨이고 신앙의 동역자들이다.

이 책은 '한국철도문화재단의 연구총서 2'로 출간되었다. 출간에 도움을 주신 한국철도문화재단 고문이신 김기병 롯데관광 회장님과 한국철도문화재단 이사이신 송진호 세종엔니지어링 회장님께 감사의 인사를 전한다.

목차

서문　중국 철도 148년을 이야기하다 …… 4

제1장 중국 철도의 발전과정 / 13

제1절 초기 중국 철도의 발전과정과 흐름 …… 15
　　1. 중국 철도 개창기 …… 15
　　2. 제국주의 통제 시기 …… 25
　　3. 제2차 세계대전 이후 …… 93
제2절 1949년 이후의 중국 철도의 발전과정 …… 100
　　1. 서남지역 철도 …… 101
　　2. 서부지역 철도 …… 122
　　3. 기존 노선의 개량 …… 140
　　4. 새로운 철도 건설 : 화물수송량 증대 …… 149

제2장 철도정책 / 163

제1절 철도 네트워크의 발전 …… 165
제2절 철도망의 변화 …… 220
제3절 철도와 수운 …… 233
제4절 철도정책의 변천 …… 239

제3장 철도운영 / 249

제1절 철도의 안전 ······ 251
제2절 고속철도 ······ 255
제3절 경호 고속철도 ······ 274
제4절 화물철도의 변화와 발전 ······ 279
제5절 도시철도 ······ 291

제4장 중국 철도와 지역의 발전 / 297

제1절 정주 ······ 299
제2절 석가장 ······ 310

제5장 중국 철도의 해외 진출 / 323

제6장 중국 철도의 발전과 시사점 / 341

제7장 맺는말 / 357

중국 철도의 연혁 ······ 365
참고문헌 ······ 382

제1장

중국 철도의 발전과정

제1절 초기 중국 철도의 발전과정과 흐름

1. 중국 철도 개창기

중국에 철도에 관한 정보와 지식이 들어오기 시작한 것은 1840년 아편전쟁 전후였다. 당시 선각자인 임칙서林則徐, 위원魏源, 서계여徐繼畬 등은 철도에 대한 지식을 책을 통해 소개하였다.[1] 특히 태평천국太平天國운동 때 홍인간洪仁玕은 1859년 저서 《자정신편資政新篇》에서 근대 교통운수가 정권 유지와 국가건설에 중요하다는 점을 강조하면서 이를 발전시키는 여러 안을 제시하였다.[2] 그러나 이 이상은 태평천국의 실패로 실현되지 못하였다.

1840년 이전 중국은 땅이 넓고 자원이 풍부한 왕조국가였는데, 영국이 일으킨 아편전쟁은 청나라의 문호를 개방하는 결정적인 계기가 되었다. 이때부터 서양 세력들이 잇따라 중국에 들어오기 시작했다. 그들은 청나라 정부에 상품 판매와 원료 약탈을 위해 불평등 조약을 체결하고 여러 가지 특권을 요구하며, 항

---

1) 密汝成, 《帝國主義與中國鐵路 1847~1949》, 北京 : 經濟管理出版社, 2007, p.19

2) 中國史學會主編, 《中國近代史資料叢刊 太平天國 2》, 上海 : 上海人民出版社, 1957, pp.552-533

구를 개방하도록 강요했다. 이들은 중국 연해와 수로 운항을 통제하는 데 만족하지 못하고 철도부설을 추진하였다.

제국주의 열강들은 중국에 철도를 건설함으로써 그들의 침략 세력을 중국 연해에서 내륙으로 뻗치려고 하였으며, 이를 위해 여러 가지 활동을 전개하였다. 예를 들어 1865년에는 영국의 상인 듀랜드(Durand)는 철도의 우수성을 청나라 정부에 알리기 위해 북경[베이징−北京] 선무문宣武門 밖에 500m 길이의 전시용 철도를 자비로 건설했다.[3]

철도의 원리를 보여준 것일 뿐 실제 사용목적은 아니었지만, 철도가 처음으로 중국의 눈앞에 모습을 드러낸 것이다. 그러나 이는 청나라 정부의 반발로 곧바로 철거되었다.

선무문 앞에 설치한 전시용 철도(1865년)

출처 : https://www.gelonghui.com

---

3) 密汝成, 《中國近代鐵路史資料(1912~1949)》第一册, 中華書局, 1963, p.204

중국 최초로 운영된 철도는 영국 상인들인 이화양행怡和洋行이 무단으로 1874년 12월에 착공하여 1876년 6월에 완공된 오송[우쑹-吳淞]철도이다.

오송철도는 상해[상하이-上海] 시청에서 오송까지 길이 14.5km, 궤간 762mm, 1미터당 궤도중량 13kg이었다.[4)]

1876년 오송철도 노선 안내도

출처 : https://www.shbsq.gov.cn/shbs/bsdt

---

4) 張曉玲, 周順世,《江蘇鐵路發展史》, 北京 : 中國鐵道出版社, 2015. 12, pp.18-20

오송철도 '천조호天朝號' 증기기관차

출처 : http://www.gov.cn/test

　개통 1년 후 1877년에 청나라 정부는 28만 5,000냥(兩; 청나라 당시의 화폐 단위)의 은銀으로 이를 구매하여 1877년 10월에 철거했다.[5]

　중국의 두 번째 철도는 1881년 청나라 최초로 이홍장李鴻章의 명령으로 부설 된 당서[탕쉬-唐胥]철도로 표준궤간이었다. 청나라의 최초 도읍은 심양[선양-瀋陽] 으로 청나라가 동북3성을 중요시한 것은 역사적으로 이 철도와 무관하지 않다.

　당서철도는 하북성 당산[탕산-唐山]에서 서각장[쉬거좡-胥各莊](지금의 풍남[평 난-豐南]현까지 9.7km이며 궤간 1.435m, 1미터당 궤도 중량 15kg의 레일을 사 용하였다.

　개평開平탄광을 개발하기 위해서 청나라 정부 양무파洋務派의 주관하에 개평광 무국開平鑛務局의 자금으로 건설한 것이다.[6]

---

5) 中華民國交通鐵道部, 《交通史路政編(第一冊)》, 交通鐵道部交通史編纂委員會, 1935, pp.8-9

6) 《中國近代史叢書》編寫組, 《洋務運動》, 上海 : 上海人民出版社, 1973, pp.29-30

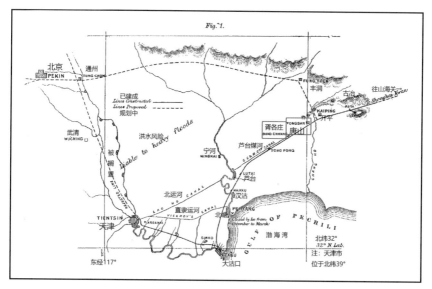

당서철도 노선도

출처 : https://commons.wikimedia.org/wiki

개평철로공사開平鐵路公司를 설립하고 당서철도의 건설을 시작하였는데 이는 중국에서 자체 운영하는 최초의 철도회사였다.[7)]

1881년 5월 13일에 착공하여 6월 9일에 궤도공사를 시작하고, 11월 9일에 완공하였다. 1894년에는 천진[톈진－天津]～산해관[산하이관－山海關] 구간을 개통하여 이 구간명이 진유[진위－津楡]철도로 개칭되었다.

중국이 자체 운영하는 첫 번째 철도인 당서[탕쉬－唐胥]; 당산[탕산－唐山～서각장[쉬거장－胥各莊]철도의 완공은 이미 서양 국가보다 시기적으로 반세기 이상 늦은 것이었다.

1887년 대만 최초의 여객화물 겸용철도는 대만성[타이완성－臺灣省] 성장省長 유

7) 楊勇剛,《中國近代鐵路史》, 上海書店出版社, 1997. 05. p.20

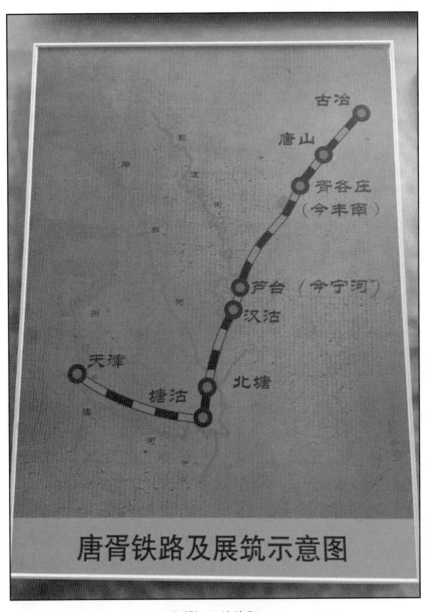

당서철도 노선 안내도

출처 : https://kknews.cc/history

1900년 당서철도 당산철도역 승강장

명전劉銘傳이 대만 순무[8])를 맡으면서 건설하였다. 대만철도는 대만성 기룡[지롱-基隆]에서 신죽[신주-新竹]까지 건설한 철도로 당시 중국 최초의 여객철도였다.

1887년 유명전劉銘傳이 청나라 정부에 대만철도의 건설을 청했고, 청나라 정부는 이를 허가한 뒤 1887년 5월 20일 '전대철로상무총국全臺鐵路商務總局'을 설립했다.

초기 독일인 베커(Becker)를 엔지니어로, 영국인 왓슨(W. Watson)을 노선검사 주임으로, 마테슨(H. C. Matheson)을 영업담당고문으로 초빙하였다. 당시 대만철도 노선의 전체는 기룡[지롱-基隆]-신죽[신주-新竹]까지로 전 구간이 16개 역이고 총연장 106.7km였다.[9])

1895년에는 청나라와 일본이 시모노세키조약을 맺고 중국 대만[타이완-臺灣]을 일본에 할양하여 이 철도는 일본의 손에 넘어갔다. 1945년 8월 이후 다시 대만

---

8) 청나라 시대의 등급으로 임시로 지방에 파견하여 민정과 군정을 관장하는 대신

9) (英)肯德(P. H. Kent) 著 : 李抱宏等譯, 《中國鐵路發展史》, 生活·讀書·新知三聯書店出版社, 1958. 06, pp.17-22

대만철도의 기관차. 제전輲電 6호

출처 : https://zh.wikipedia.org/wiki

이 운영하는 철도가 되었다.

19세기 후반에는 중국에 영국, 프랑스, 러시아, 일본 등이 여러 차례 침입하여, 중국과 불평등조약을 체결하도록 강요하고 각종 이익과 권리를 획득하였는데, 이 중에는 철도건설의 권리도 포함되었다.

1902년 중국은 정치적 위기에 직면해 국내에서 철도를 중국 자본으로 건설해야 한다는 목소리가 커졌고, 청나라 정부는 경장([징장-京張]: 북경[베이징-北京]~장가구[장쟈커우-張家口])철도를 건설하기로 결정했다.

경장철도는 중국 북경과 하북성河北省 장가구 경내에 위치하고 있으며 1905년 첨천우詹天佑가 '인人'자형(스위치백 철도)을 만들어 중국인이 직접 설계해서 만든 최초의 철도이기도 하다.

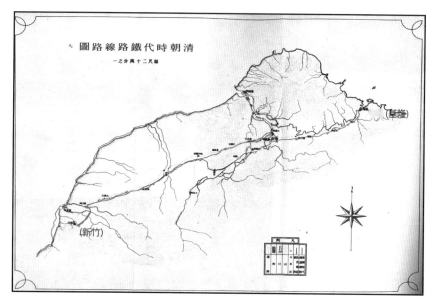

청나라 시기의 대만철도 기룡에서 신죽까지 노선도

출처 : https://www.dwnews.com

이 철도는 1905년에는 원세개袁世凱와 호율분胡燏棻이 청나라 정부에 상소를 올려 그해에 공사를 시작하였으며, 첨천우詹天佑가 수석 엔지니어를 맡았다.[10]

1909년 개통되어 풍대유촌豐臺柳村에서 관구關溝를 거쳐 장가구까지 전 구간 201.2km 구간에 총 14개의 역과 4개의 터널, 125개의 교량이 건설되었다. 1916년에는 경수([징쑤이-京綏]; 북경[베이징]~수원[쑤이위안-綏遠](현재의 후허하오터呼和浩特)에 합병되었고, 중화인민공화국이 성립된 후 경포([징바오-京包]; 북경[베이징-北京]-포두[바오터우-包頭])철도에 통합되었다.[11]

---

10) 李蓉 · 齊中熙,《大國速度百年京張》, 北京 : 外文出版社, 2020. 11, pp.15~27

11) 中國鐵道學會, 鐵道部科學技術館合編,《詹天佑逝世七十周年 京張鐵路通車八十周年紀念活動專輯》, 1991. 04, pp.13~14

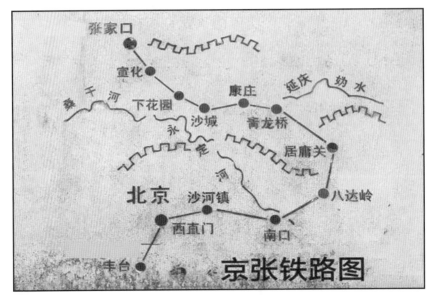

경장철도 노선도

출처 : https://www.meipian.cn/2986klzb

경장철도 – '인人'자형

출처 : https://zh.wikipedia.org/wiki

2. 제국주의 통제 시기

1) 제국주의가 중국에 강제 건설하고 직접 운영한 철도

중국의 초기 철도건설 시기는 제국주의의 출현과 봉건 통치를 둘러싼 계급 분쟁의 시기였다. 이때 중국은 이미 두 차례 아편전쟁을 겪으면서 국력이 쇠약해졌고, 서양 자본주의 국가들은 자본주의에서 시작해 독점자본주의, 이른바 제국주의로 이행하는 시기였다.

당시 청나라는 철도건설의 초기 단계에서 이미 서양 열강의 압박과 침략을 받았지만 건설과 경영에 있어서는 자주적인 입장을 취하였다.

그러나 중국이 1894년 청일전쟁에서 패한 이후부터는 상황이 많이 달라졌다. 러시아, 영국, 프랑스, 독일, 일본 등 제국주의 열강들은 중국에서 항구를 강점, '세력 범위'를 구분하여 중국을 분할하려 하였으며, 철도부설권과 경영권을 빼앗았다.

당시 제국주의 국가들의 중국진출을 보면 해양·상업세력인 영국은 아편전쟁 이후 동아시아에 설치한 개항장을 중심으로 소위 비공식 제국망(Informal Empire)을 구축하여, 무역을 주도하면서 양자강 유역 등에 광범위한 이권을 점유하였다.

이 결과 인도제국의 보호와 중국에서 경제적 이권을 위해 정치·전략적 문제에 관심을 가지게 되었다.

영국은 중국에서 청일淸日전쟁 이전까지는 친중국적인 입장에서 동아시아 정책을 추진해왔다. 영국은 중국이 그들의 상업적 활동을 저지할 만큼 강력해지기를 원하지는 않았지만, 정치·사회적으로 안정을 유지하는 것이 영국의 이권과 해상·상업활동에 유리할 것으로 생각하였다.

당시 영국에게 중요했던 것은 유럽의 세력균형이었으며, 이것은 구체적으로 독일·러시아·프랑스와의 관계였다. 따라서 '영광된 고립'정책을 포기한 것으로 평가되는 영일동맹도 단기적으로 동아시아에서 러시아의 팽창을 저지함으로써 장기적으로 러시아와의 타협(독일–러시아–프랑스 3국 협상)을 가능케 한다는 전략적 의미를 강하게 갖는 것이었다. 즉 영일동맹의 기능은 유럽의 국제정치에 보조적이었다는 평가이다.

반대로 중국의 정치·사회적 혼란은 다른 열강들, 특히 영국과 경쟁하는 러시아가 정치·군사적으로 남진팽창정책을 추구할 기회를 제공했다.

한반도에서도 영국은 중국과의 협조를 통해 러시아의 한반도 진출을 봉쇄해 왔으며, 이런 의미에서 이 시기 중국과 협력하는 영국의 지역 정책은 성공적이었다고 평가되고 있다.

미국도 태평양 세력이라는 관점에서 이 지역에 어느 정도 정치적이고 전략적인 이해를 갖고 있었지만, 정치적인 야심보다는 경제적이고 상업적인 이익의 극대화에 주력하였다.

따라서 영국과 미국은 지역 정세의 안정을 기본정책으로 한 현상유지 세력으로 분류할 수 있다.

동아시아 지역 정치를 이해하는 데 또 하나의 중요한 점은 19세기 말이 되면 유럽 중심적 국제정치에 종속되는 장場으로서 기능하게 된다는 것이다.

유럽에서는 보불전쟁 이후 고립되었던 프랑스가 1890년 이후 러시아와의 동맹관계에 들어감으로써 유럽의 체제는 전환기를 맞는다. 미국도 스페인과의 전쟁에서 승리한 후 필리핀을 획득(1898년 12월)하고 이 지역 문제에 보다 적극적으로 참여할 수 있는 기반을 마련했다.

국제정치상의 이 같은 변화는 청일전쟁 이전까지 주로 경제적 이해관계를 중심으로 진행된 열강들의 동아시아 정책에서 정치적이고 전략적인 중요성이 강조됨으로써 유럽 열강의 범세계적인 국제정치 체계와 밀접하게 연결되어 전개되었다. 유럽의 강대국인 독일과 프랑스는 유럽 우선이라는 기본정책을 바탕으로 다른 열강과의 관련 속에서 동아시아·한국 문제에 가치를 부여했다.

유럽정치의 중심 세력으로 부상한 독일은 1890년대 이후 세계 세력으로서 지위 확보를 위해 해군력 확장의 필요성을 인식하고 이 전략의 일환으로 1898년 교주만[쟈오저우완-膠州灣]을 조차하여 동아시아에 진출했다.

물론 1880년 이래 독일의 산업이 비약적으로 발전하면서 중국과의 교역량이 영국 다음으로 많아 동아시아에 대해 관심도 증대되는 추세였다.

그러나 유럽에서 러시아와 프랑스 간의 협력관계가 성립되면서 독일의 관점에서는 안보위협이 심각해짐에 따라 유럽 지역의 안보체제 구축에 주력하였으며 상대적으로 실질적 이해 관계가 얕은 동아시아 지역은 관심권에서 멀어지게 되었다.

더구나 동아시아로 통하는 해상로는 영국 함대에 완전히 노출되어 있었기 때문에 이 기간 동안 독일의 동아시아 정책은 '공세적 방어'나 '엄정 중립'을 취하는 정도였다.

프랑스는 19세기 후반기 유럽에서 독일·영국에 비해 그 세력이 크게 약화되었으며, 더구나 유럽정세가 프랑스의 안보를 위협하는 방향으로 전개되자 주로 인도차이나에 제한된 이해를 갖고 있던 프랑스로서는 아시아 문제에 적극 개입하기를 원하지 않았다.

프랑스는 1890년 이후 독일을 견제하기 위한 러시아와의 동맹을 외교정책의 근간으로 삼았는데, 바로 이 기본정책의 유지가 동아시아 정책에서도 기준이 되었다. 1895년 청일전쟁 후 러시아를 지원하여 일본의 요동遼東반도 획득에 반대한 3국 간섭도 이 정책의 일환이었다.

그러나 러시아로 인해 동아시아 문제에 과도한 공약을 함으로써 유럽에서 프랑스의 위치가 위협받는 상황이 조성되는 것은 허용치 않았다. 1902년 러시아는 영일동맹에 반발하여 동아시아에서 러시아의 이해를 러불동맹의 정신에 따라 보장하라고 강력히 요구하였지만, 프랑스는 이 동맹을 동아시아에 확대 적용하기를 거부했다.

프랑스는 또 강력한 해군력을 가진 영국과 해외에서 대립하는 것을 원치 않았으며, 더구나 유럽에서 독일을 상대로 잠재적인 동맹국이 될 수 있는 영국을 자극하지 않는다는 입장이었다.

프랑스의 취약성은 러일전쟁 직전 일본이 러·일 분쟁을 중재하려는 프랑스의 시도를 간단히 거부한 데서 잘 나타나 있다. 이 같은 이유에서 독일이나 프랑스의 존재는 1890년 이후 동아시아 정치에서 끊임없이 등장하였지만 항상 보조적인 역할만 담당했으며 결정적인 시기에는 그 역할이 미약했다고 할 수 있다.

청일전쟁 이후 제국주의 열강들은 서로 다른 방식으로 중국의 철도 부설권 및 운영권을 점유하고 있었는데, 직접 건설하고 경영하는 방식을 취하거나, 합작을 하거나, 차관을 통해 통제하였다. 1만 km가 넘는 중국의 철도 부설권 및 운영권은 그렇게 외국의 손에 넘어갔다.

열강의 철도는 1899년에서 1901년까지 계속된 외세배척 운동인 의화단 운동으로 상당수 파괴되었지만 진압된 이후에 복원되었다

청나라 정부 시기인 1876년에서 1911년 사이에 약 9,400km의 철도가 건설되었는데 이 중 제국주의가 직접 건설·경영하는 철도는 약 41%를 차지하고 자금 대출로 통제된 철도는 약 39%를 차지하였다.

당시 청나라 정부가 소유하는 국유철도는, 즉 중국인이 직접 설계해 건설한 경장[징장-京張]철도와 상업철도 및 환매한 경한[징한-京漢]철도, 광삼[광산-廣三]철도를 포함하여 20% 정도를 차지하였다.

1912년 중화민국이 성립하면서부터 북양군벌의 원세개袁世凱의 통치시기에 제국주의의 침략은 본격화되었다.

1912년부터 1916년까지 4~5년간 철도 외채를 빌려 서양 제국주의 열강과 9건의 철도차입 계약을 맺고 11건의 철도 권익을 이들에게 팔아넘겼다.

동시에 원세개 정부를 인정하는 조건으로 일본은 1913년에는 '만몽5로'의 특권을 획득하기도 했다.

일본의 중국 동북지방 침략이 가속화되어 원세개의 뒤를 이어 친일파 군벌인 단기서段祺瑞의 시기에서 1차 세계대전이 끝날 때까지는 6, 7년 동안 제2차 제국주의 열강의 중국 철도 부설권 획득이 절정을 이뤘다.

1912년부터 1916년까지 제국주의 각국이 따낸 노선은 모두 1만 3,000여 km에 달했지만, 당시 세계대전이 한창이었기 때문에 빼앗은 부설권으로 구체적인 행동을 할 만한 여유는 없었다.

중화민국의 과도정부인 북양정부北洋政府시기인 1912년~1927년 사이 관내關內에 약 2,100km의 철도를 건설하였는데, 대부분 기존의 철도를 연장하여 건설하였다. 동북東北지역에는 약 1,800km의 철도를 건설하였는데, 대부분 노선은 일본 제국주의의 차관 또는 '합작' 등의 방법으로 건설·통제하였거나 북양정부와 상인이 합작한 철도였다.

제국주의의 철도 노선 침탈이라는 세 번째 시기가 찾아왔다. 남경 국민당정부 시기인 1928년부터 1937년까지 관내에 약 3,600km의 철도가 건설되었고, 1928년부터 1931년까지 동북지역에 관상합영官商合營(정부와 상인 합자) 방식으로 약 900km의 철도가 건설되었다.

1927년부터 1945년까지 일본과 전쟁 기간 서남·서북 지역(항일전쟁의 '대후방大後方'-역주)에 약 1,900km의 철도가 건설되었다.

일본은 중국을 점령하기 위하여 1931년 9·18사변을 일으켜 중국 동북지역

전체를 침공하고 만주국滿洲國을 설립하였다. 이어 1937년 '7·7'사변을 일으키며 전면적인 중국 침공 전쟁을 일으켰고, 중국 대부분 철도가 일본 제국주의의 세력 안으로 들어갔다.

1931년부터 1945년까지 일본은 동북 지역에 5,700km의 철도를 건설하였고, 1937년부터 1945년까지는 화북華北과 화중華中, 화남華南 지역에 약 900km의 철도를 건설했다.

남경국민정부南京國民政府 시기였던 1928년에서 1948년 사이에 일본은 약 1만 3,000km의 철도를 건설했다.

제국주의는 중국을 침략하는 과정에서 점차적으로 러시아와 영국 두 나라 중심의 집단이 형성되었는데, 한쪽은 러시아·프랑스와 독일, 다른 한쪽은 영국·미국과 일본이었다.

1894년 이후, 제국주의가 중국 내에 강제 건설하고 직접 운영한 철도로는 러시아가 건설한 동청[둥청-東淸]철도, 독일이 건설한 교제[쟈오지-膠濟]철도, 프랑스가 건설한 전월[뎬위에-滇越]철도, 러일전쟁 때 일본이 무단으로 건설한 안봉[안펑-安奉]철도가 있다.

1905년 러일전쟁이 끝나자 일본은 중국 주권을 무시하고 남만[난만-南滿]철도의 지선을 빼앗아 1906년 남만주철도주식회사南滿洲鐵道株式會社(약칭 만철滿鐵)를 설립했다. '만철滿鐵'을 통해 중국 동북지역의 노선과 기타 권익을 약탈한 것이다.

(1) 러시아 – 동청철도

1894년 청일전쟁 이후 러시아는 시베리아 철도를 건설하면서 중국과 시베리아철도를 연결할 수 있는 철도 건설을 바라고 있었다. 일본의 침략을 막기 위한 것뿐만 아니라 '양수통상兩收通商·조병지리調兵之利', 즉 봉상을 유지하는 것이 선

쟁에 도움이 된다는 논리였다.[12]

이런 구실로 러시아는 화아도승은행華俄道勝銀行을 통해 동청철도의 건설권과 경영권을 빼앗았다. 화아도승은행은 러시아와 프랑스가 중국을 식민지화하고 수탈하는 정치·금융의 혼합체 기관이었다.[13]

동청철도는 만주리[만저우리-滿洲里] 서쪽의 중국 국경에서 러시아의 시베리아 철도의 오트보르역까지 연결하고 있다.

간선은 중간에 하얼빈哈爾濱을 지나고 수분하[쑤이펀허-綏芬河]를 거쳐 중국 국경을 벗어나 블라디보스토크에 이른다. 지선은 하얼빈에서 남쪽으로 분기하여 장춘 [창춘-長春], 오늘의 심양[선양-瀋陽]을 거쳐 대련[다롄-大連], 여순[뤼순-旅順]에 이르는 지선으로 남만지로南滿支路라고 하였다. 'T'자 모양으로 중국 동북3성(흑룡강[헤이룽-黑龍江], 길림[지린-吉林], 요녕[랴오닝-遼寧])의 광대한 지역에 분포하였다.[14]

1897년에 동청철도회사東淸鐵路公司를 설립하여 북방 지역의 간선인 만주리에서 수분하와 남만지선南滿支線인 장춘[창춘-長春]의 관성자[관청즈-寬城子]~여순[뤼순-旅順] 및 기타 일부 지선을 건설하고 관리했다.[15]

동청철도는 1897년부터 1920년까지 대청동청大淸東淸철도로 불리었고, 1920년부터 1932년까지 중국 동방철도로, 1932년부터 1935년까지 북만[베이만-北滿]철도로, 1945년부터 1952년까지 중국 장춘[창춘-長春]철도로 불렸다.

러시아의 동청철로공사東淸鐵路公司는 철로 양측 연변[옌볜-延邊]의 광대한 지대에 대한 행정 관리권 및 사법 관리권까지 취득하였다. 이로 인해 동북의 심장 지

---

12) 李濟棠,《中俄密約和中東鐵路的修築》, 中國人民政治協商會議黑龍江省委員會文史資料委員會編輯部 編, 1989. 10, p.37

13) (美)馬士(著), 姚曾(譯),《遠東國際關係史》, 上海書店出版社, 1998. 12, p.29

14) 孫永福主編,《中國鐵路建設史》編委會編著,《中國鐵路建設史》, 北京; 中國鐵道出版社, 2003, p.88

15) 吳文銜·張秀蘭,《早期中東鐵路簡史》, 哈爾濱; 黑龍江人民出版社, 2014. 09, p.18

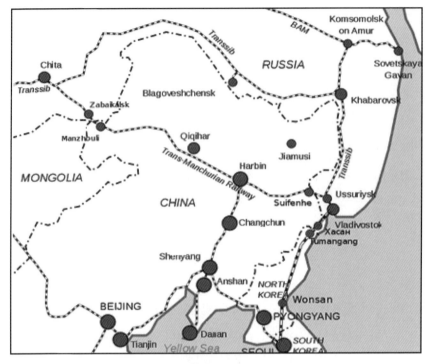

동청철도 노선도

출처 : https://ko.wikipedia.org/wiki

대에 일반적인 조계租界 규모에 비해 엄청나게 방대하면서도 중국의 관리를 받지 않는 '나라 속의 나라國中之國'가 출현하게 되었다. 이를 이용하여 러시아는 중국의 동북지구를 손쉽게 통제할 수 있었다.

'중러밀약中俄密約'[16]은 러시아가 비밀리에 체결하는 방식으로 중국에 강요한

---

16) 1896년 6월 3일 모스크바에서 체결된 러시아와 청나라 사이의 비밀협약이다. 러시아가 청나라로부터 만주의 권익을 인정받은 불평등조약이었다. 이는 훗날 러일전쟁을 야기한 원인 중의 하나이기도 하다.

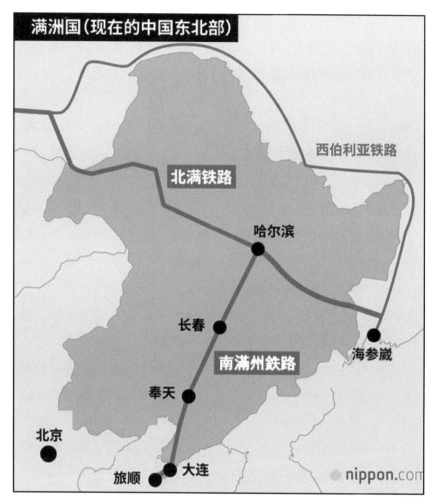

满洲国（现在的中国东北部）

西伯利亚铁路

北满铁路

哈尔滨

长春

南满州铁路

奉天

海参崴

北京

旅顺　大连

nippon.com

만주국 시기의 동청철도 노선도

출처 : https://www.nippon.com/cn/japan-topics

불평등조약이었다.

　1897년 8월 16일 동청철도 간선 건설 공사가 본격적으로 시작되어 28일에는 중국과 러시아 국경의 대수분하[다이쑤이펀허-大綏芬河]와 소수분하[샤오쑤이펀허-小

綏芬河] 합류 지점의 삼분구[산챠커우-三岔口](지금의 동녕[둥닝-東寧]시)에서 동청철도 기공식이 열렸다. 간선 공사의 완성 과정은 다음과 같다.

하얼빈에서 수분하에 이르는 동쪽 국경의 간선은 1901년 2월에 우수리 철도의 우수리스크역과 연결되었다.

하얼빈에서 만주리에 이르는 서쪽 국경에 있는 간선은 1901년 10월에 시베리아철도의 오트브르역까지 연장되었다.

1903년 7월 21일에 동청철도 지선인 남만지로의 완공으로 동청철도 전선이 개통되었다. 전체 길이는 약 2,500km이고, 궤간은 시베리아 철도의 광궤 5피트(1,524mm)를 사용하며, 궤도 중량은 1미터당 33.24kg이었다. 한편 중국의 궤간은 1,435mm 표준궤이다.[17]

1903년 본격적인 영업을 시작했다. 1904년 러일전쟁 후 러시아 정부는 동청철도 지선인 남만철도의 장춘[창춘-長春]~대련[다롄-大連] 구간을 일본에 양도하고, 장춘 이북 구간은 계속 러시아가 통제권을 행사하였다.

1917년 러시아의 10월혁명 이후 1920년부터 이북의 철도 구간(즉 북만철도北滿鐵路)은 중국과 소련이 공동으로 운영하였다. 기본적으로 '국중지국國中之國'의 상태는 그대로 유지된 것이다.

1922년 2월 28일 북경 정부와 소련의 원동공화국遠東共和國[18] 두 정부 대표는 동청철도 문제에 대해 협정 요강을 체결했는데 내용은 다음과 같다.

요강에 따르면 동청철도는 중국 정부가 관리한다. 러시아인이 소유하고 있는 철도 주식은 중국 정부가 계약일로부터 5년 이내에 회수한다. 이 철도 노선이 완전히 회수되기 전에 소련과 원동공화국 두 정부의 대표가 인원을 파견하여 공동

---

17) 吳文衛, 張秀蘭, 《早期中東鐵路簡史》, 哈爾濱 : 黑龍江人民出版社, 2014. 09, pp.21-24
18) 소비에트 정부가 1920-1922년까지 일본과 완충시대를 만들기 위해 급조한 위성국

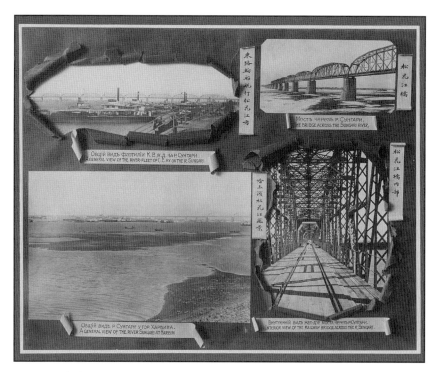

송화강 다리 위의 동청철도. 1903~1919년 러시아-영국-중국어로 기록

출처 : https://www.wikiwand.com/zh-cn

관리할 권리가 있다. 이처럼 동청철도는, 각국 정부와 상인에게 진 빚은 중국 정부가 전적으로 책임지고 있었다.

철도경영 업무는 1924년 중소협정에 따라 중국과 소련이 공동관리하였다. 1927년 중국 국공합작이 전면 결렬되고 국공 양당의 합작으로 일으킨 대혁명 실패 이후 장개석蔣介石의 국민 정부는 열강들이 과거 북양 정부와 맺은 불평등 조약을 적극적으로 개선하겠다는 친제반공반소親帝反共反蘇 외교를 선포하였다.

동청철도 관리국

1929년 7월에는 '중동로사건中東路事件'이 일어났다.[19] 장학량張學良을 비롯한 동북당국은 중동의 철도 주권을 무력으로 환수하는 행동을 취하면서 동북군과 소련군 사이에 전쟁을 일으켰다. 결국 동북군은 큰 손실을 입었고, 일본 관동군도 그 틈을 타서 중간 어부지리를 노렸다. 또 12월, 동북당국은 1924년에 소련과 휴전을 체결하여 중소협정에 따라 중·소 합작으로 동청철도를 부활시켰다.

1935년 3월, 소련은 중·소 합작으로 운영하던 동청철도 북단(북만철도)을 일

---

19) 1929년 7월 10일, 봉천군벌의 수장 장학량이 소련 소유의 철도인 중동로를 전격적으로 회수한 사건이다. 이로 인하여 소련과 봉천군벌 사이에 봉소전쟁이 발발하였다.

본이 설립한 만주국에 1억 4,000만 엔에 매도하였다.

1945년 8월, 중국이 일본과의 전쟁에서 승리하여 소련군이 중국 동북 전역에 주둔하자, 동청철도는 중국 장춘철도로 개칭되었고, 중·소 공동관리中蘇共管가 되었다.[20]

1952년 12월 31일에는 중·소 공동관리가 종료되고 동청철도는 완전히 중국으로 회수되어 중국 소유가 되었다.[21] 당시 하얼빈 철도관리국 설치를 재개하고 동청철도를 관할했다.

(2) 독일 – 교제철도

독일은 황해의 관문인 교주만[쟈오저우완-膠州灣]을 해군기지로 정하고 이를 기점으로 교제([쟈오지-膠濟]; 산동성의 청도[칭다오-靑島]~제남[지난-濟南])철도를 건설하였다. 이는 산동성 전체를 세력권으로 만들기 위함이었다.

청일전쟁 이후 독일은 중국의 항만 조차를 추진하였다. 1895년 4월 독일 해군대신 홀만(Hollman)은 외무대신 폰 마샬(Von Marschall)에게 대붕만[따펑완-大鵬灣], 하문[샤먼-廈門], 주산[저우산-舟山], 교주만 중에서 한 곳을 선정하여 중국 내에 독일의 군항을 건립하는 것을 상의했다.[22]

1896년 8월 독일은 북쪽의 러시아와 남쪽의 영국 양대 세력권 사이의 교주만에 독일 해군기지를 건설하는 것이 가장 적합하다고 생각했다. 1897년 11월 1일에 산동 조주부[차오저우푸-曹州府](지금의 하택[허저-荷澤]) 거야[쥐예-巨野]현에서 두 명의 독일 교사가 피살되자, 이를 빌미로 독일이 군함을 보내 교주만을 강점

---

20) 徐景輝, 《風雨中東路》, 哈爾濱; 北方文藝出版社, 2016. 02, p.179

21) 徐景輝, 《風雨中東路》, 哈爾濱; 北方文藝出版社, 2016. 02, p.182

22) 中國鐵路濟南局集團有限公司編著, 《膠濟鐵路》, 2021. 09, pp.55-56

교제철도 청도박물관 전시물

하였다. 이를 해결하기 위해 청나라 정부는 독일에 교제철도를 건설할 수 있도록 허용했다. 쌍방의 교섭이 한창 진행 중인데, 갑자기 조주에서 또 독일 교사를 추방하고 양인을 살해했다는 소문이 돌았다. 그걸 핑계로 1898년 3월 6일 청나라 정부에 '중독자오조계조약中德膠澳租界條約'을 체결하도록 강요하여 교주만을 임차하고, 기간은 99년으로 하였다. 독일 제국주의는 청나라 정부에 이 조약을 체결하도록 강요하여 조차지와 철도부설권, 광산채굴권을 취득하였고, 산동을 그 세력권으로 편입하였다.[23]

1899년 9월 23일 교제철도가 착공되었는데 그 후 경내 의화단義和團의 반발로 1904년에야 모두 개통되었다. 당시 건설비는 총 5,400만 마르크였다. 철도 간

23) 于建勇,《圖說膠濟鐵路故事. 上》, 北京; 中國鐵道出版社, 2015. 05, pp.14-15

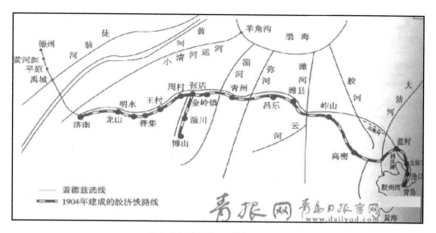

1904년 건설된 교제철도 노선도

출처 : http://www.dailyqd.com/arc

선은 395.2km, 지선의 길이는 45.7km이다. 교제철도는 56개 철도역을 포함하였다.

산동철도회사는 교제철도의 건설과 건설 이후의 운영을 담당하였다. 이 회사는 독일의 14개 기업이 1899년 6월 14일 베를린에서 연합하여 설립하였는데, 이 회사는 청도[칭다오-青島]에 지사를 두었다가 1900년 본사를 베를린에서 청도로 옮기고 베를린에 지사를 두었다.[24)]

1904년부터 1914년까지 10년 동안 교제철도는 산동철도회사 운영하에 운송량은 증가하였다. 총 운영수입은 1905년 191만 위안에서 1913년 413만 위안으로, 여객운송은 1904년 55만 9,000명에서 1910년 65만 4,000명으로 17%, 화물운송은 1904년 17만 9,000톤에서 1910년 76만 9,000톤으로 329%, 이 기간 석탄 운송량은 200%나 증가하였다.

24) 王斌,《近代鐵路技術向中國的轉移 以膠濟鐵路爲例 1898-1914》, 山東教育出版社, 2012, pp.38-41

1904년 교제철도 개통 당시 모습

출처 : http://www.dailyqd.com/arc

교제철도는 건설된 지 얼마 되지 않아 독일에 큰 이익을 가져다주었다. 철도 자체의 운영 수익뿐만 아니라 철도를 통해 산동 내지로 침투하여 내륙의 광산, 농산물 등의 자원을 대량으로 반출하였고 철도개통으로 청도항이 중요한 항구로 급부상하였다.

하지만 독일이 투자금액을 절반도 회수하지 못한 교제철도는 일본의 침략과 야망을 불러일으켰다. 일본은 제1차 세계대전의 대독對獨 심천[선전-深圳] 포고를 틈타 1914년 9월 3일 군대를 산동성 용구[룽커우-龍口]에 상륙시켰으며, 11월 7일 영국군과 함께 청도를 함락시켰다. 이로써 교제철도 전 구간은 일본의 손에 넘어갔다.

일본은 교제철도를 점령한 후 이를 산동철도로 개칭하여 교제철도를 확장하고 추가로 차량을 구매하였다. 1922년 하루 수송 능력은 5,500톤으로 독일 시절

1924년 중국이 되찾은 교제철도 제남역

출처 : https://zh.wikipedia.org/wiki

의 2배가 넘었다. 1915~1921년 동안 총 1,598만 8,000명의 여객을 운송하고, 1,035만 7,000톤의 화물 수송으로 일본은 1,885만 6,000엔의 이윤을 취했다.

1923년 중국 정부는 배상금 6,100만 엔이라는 비싼 대가를 지불하고, 일본은 청도와 교제철도를 중국에 인도하는 것에 동의했다. 보상금 6,100만 엔 중에 교제철도만 4,000만 엔이 차지할 정도로 일본인들의 눈에는 이 철도의 위상이 높았다. 1923년 1월 1일에는 중 · 일 양측은 청도와 교제철도의 영유권 인수인계식을 거행하였다.

1937년 7월, 중일전쟁이 발발했다. 1938년 1월 청도에 일본군이 상륙하면서 교제철도 전 구간이 다시 일본의 손에 넘어갔다.

1945년 일본의 항복으로 전쟁이 끝나자 교제철도는 다시 중국으로 돌아왔다.

1949년 6월 2일 중국 정부가 교제철도를 인수하였다.

(3) 프랑스가 건설한 전월철도 – Kunming – Haiphong railway

러시아와 독일에 이어 프랑스는 전월([뎬위웨–滇越]; 곤명[쿤밍–昆明]~해방[하이퐁–海防])철도의 지배권을 손에 넣었다. 전월철도는 1904년에서 1910년 사이에 프랑스가 건설한 855km(531마일) 철도로 베트남 해방[하이퐁–海防]과 중국 운남[윈난–雲南]성(약칭; 진滇) 곤명[쿤밍–昆明]을 연결하였다.

전월철도는 전 구간이 운남 구간과 베트남 구간으로 남북으로 크게 나뉘었다.

운남 구간은 1904년에 착공하여 1910년에 완공되었다. 곤명에서 하구[허커우–河口]까지 중국 내 구간으로, 길이는 466km이며 425개의 교량과 155개의 터널이 있다.[25]

2003년 6월부터 전월철도의 곤명에서 하구까지 구간은 여객운송을 하지 않고 화물 운송만 하고 있다.

베트남 구간은 1901년에 착공하여 1903년에 완성되었는데 길이가 389km이며, 하노이–라오까이 구간이다. 1910년 4월 1일 전 구간을 개통했는데 이때부터 하이퐁에서 곤명까지 직행할 수 있었다.

프랑스는 청일전쟁 이후 제1차 러시아–프랑스 양국 차입 교섭 과정에서 1895년 6월 운남, 광서[광시–廣西], 광동[광동–廣東] 3개 성省에서 광산부설권을 획득하였다.

1898년 4월 9일 프랑스는 러시아의 지원을 받아 운남, 광서, 광동 등 이 3개 성을 타국에 할양하지 않은 채 광주만[광저우완–廣州灣]을 99년간 임차하고 베트남에서 곤명에 이르는 철도를 건설하는 것을 청나라 정부가 동의하도록 하였다.

---

25) 王玉芝,《滇越鐵道史研究》, 北京; 人民出版社, 2020. 11, pp.75~76

같은 해 6월에 프랑스는 광서장족자치구廣西壯族自治區 남부의 항만 도시 북해[베이하이-北海]에서 중부 남녕[난닝-南寧] 또는 다른 곳으로 철도를 건설할 수 있도록 청나라로부터 허가권을 받아냈다. 이에 따라서 운남, 광서, 광동의 대부분 지역이 프랑스의 세력권이 되었다.

19세기 말 프랑스는 베트남을 무장 점령해 식민지로 만들고, 중국을 넘보고 있었다.

19세기에 프랑스 식민 행정부는 인도차이나와 중국 남서부 사이에 정기적인 무역 네트워크와 효율적인 교통 인프라를 개발하기 위해 노력했다. 이는 중국으로의 유럽 상품 수출 촉진을 위한 것이었다. 철도는 프랑스에게 운남의 천연자원, 광물자원 및 아편 취득을 용이하게 해주었고, 쌀, 건어물, 목재 및 석탄과 같은 인도차이나 제품을 중국 시장에 제공하였다. 전월철도는 당시 운남성의 유일한 운송인 대동맥일 뿐 아니라 중국 서남[시난-西南]지역에서 처음으로 부설된 철도였다.

1901년 프랑스 동방회리은행東方匯理銀行을 비롯한 몇 기관에서 전월철도회사를 위한 자금을 모으고 건설하는 업무를 맡았다.[26]

전월철도회사는 1901년 7월 5일 프랑스 정부의 승인으로 8월 10일 공식 출범하게 되었다. 1903년 10월 프랑스는 청나라 정부와 '전월철도장정滇越鐵路章程'을 체결하여 정식으로 운남에서 전월철도를 건설할 수 있는 특권을 얻어 냈다.[27]

전월철도회사는 곤명에서 하구까지 건설 및 운영을 담당하였다. 이 회사는 운영을 위해 몽자[멍쯔-蒙自]에 총 사무기관을 두었고, 하구, 의량[이량-宜良], 곤명에는 지사를 두었다. 청나라 정부는 몽자에 철도국을 설치하였는데, 이는 전월철

---

26) 王明東,《民國時期滇越鐵路沿線鄉村社會變遷研究》, 昆明 : 雲南大學出版社, 2014, p.37

27) 中華民國交通鐵道部,《交通史路政編》, 交通鐵道部交通史編纂委員會, 1935, 第18冊, pp.133-140

전월철도의 다리. '인人'자형 강철 철교

출처 : http://www.360doc.com/content

도회사에 건설에 필요한 토지를 교부하는 것과 프랑스 철도 직원의 안전을 지키는 것뿐이었다.

전월철도가 착공된 후 선로 주변이 모두 산악지역으로 공사 여건이 매우 어려웠다. 건설에서 가장 난공사는 곤명에서 하구 구간에 있는 '인人'자형 교량(Faux Namti Bridge)이었다. '인人'자형 교량은 세계 교량사의 걸작 중 하나로, 전월철도의 상징이자 당시 공사 기술의 구현으로 독특하고 참신한 디자인과 웅장한 장관으로도 유명하다.

공식 명칭은 '곤하선昆河線 135번 다리'이다. '인人'자형 교량은 길이 64.15m, 폭 4.2m, 무게 170톤으로 2만여 조의 리벳으로 건설됐으며, 모든 공사 자재는 프랑스에서 만들어져 운남싱으로 운반되었다. '인人'자형 다리는 양쪽 절벽의 터널 입구에 각각 맞닿아 있고, 터널은 산속을 관통하고 있어 공사에 큰 어려움을 겪었으며, 1년 8개월간의 공사 중 800여 명의 중국인 노동자가 목숨을 잃었다.

전월철도가 건설된 후 프랑스는 이 철도로 운남의 교통을 통제하고 운남 상권의 운영을 장악하였으며, 금융과 우편, 통신을 통제했다. 1920년부터 1930년까지 전월철도의 연간 이익은 약 300만 프랑에서 600만 프랑에 달했다. 일본과 전쟁이 발발한 후 화물수송량은 몇 배로 급증하여 연간 1,000만 프랑의 이익을 남겼다. 전월철도는 이렇게 중국 땅에서 외국 열강에게 부를 안겨주었다.

일본과 전쟁 발발한 후 전월철도는 내륙으로 통하는 주요한 통로로 다시 중요한 역할을 하게 되었다. 내륙의 많은 고등학교, 기관, 공장, 연구 기관들이 잇달아 운남으로 옮겨갔다. 북경北京대학, 청화淸華대학, 남개南開대학의 학생과 교수들이 전월철도를 통해 운남으로 들어가서 서남연합대학西南聯合大學을 만들었다.

제2차 세계대전 동안 이 철도는 중국 본토와 동남아시아를 연결하는 중요한 통로가 되었다.

1939년 말에는 일본군 폭격기가 전월철도의 곤명에서 하구 구간을 무차별 폭격하여 많은 교량, 터널이 파괴되었다. 일본의 침입을 막기 위해 1940년 9월 1일 중국군이 남계하[난시허-南溪河]에 있는 중월[중위웨-中越]철도대교와 하구터널을 폭파한 데 이어 하구에서 벽색채[비써자이-碧色寨]까지 177km에 이르는 레일을 철거했다. 1957년까지는 전월철도가 개통되고, 중국과 베트남 양국의 상호 이익의 철도 국제 연계가 정식으로 시작되었다. 개혁개방 이후 중국과 베트남 관계는 점차 개선되어 1996년 2월 14일, 이 철도가 다시 개통되었다.

전월철도의 베트남 구간은 하이퐁에서 시작하여 베트남의 수도 하노이, 옌바이를 거쳐 베트남-중국 국경에 도달한다.

전월철도의 다리는 외관상 크게 세 가지 유형으로 나눌 수 있다. 중국의 전통적인 아치형 석교, 유럽에서 유행하는 강철가교 그리고 양 끝이 돌 아치로 되어 있고 가운데가 강철보로 조화를 이룬 교량이다.[28)

(4) 일본이 건설한 안봉철도

안봉[안펑-安奉]철도는 일본이 러일전쟁 당시 전시 물자의 운반을 빌미로 건설한 경편철도輕便鐵道이다. 철도 노선은 안동[안둥-安東](지금의 '단동[단둥-丹東]')~봉천[펑톈-奉天](지금의 '심양[선양-瀋陽]')까지 261km의 구간으로 1904년에 착공하여 1905년에 완공하였다.

안봉철도는 협궤 경편 군용철도로, 1904년 8월에 일본 임시철도대대臨時鐵道大隊가 착공하여 1905년 12월에 완공한 철도로 전 구간에 25개의 정차역이 있으며, 안동역은 갑등甲等역이다.

전 노선이 심양 철도국에 속해 있으며 중국과 북한을 연결하는 주요 철도 중 하나이다. 1965년 2월, 안동시를 단동[단둥-丹東]시로 개칭한 뒤 심단[선단-瀋丹]철도로 개칭했다. 러일전쟁은 단동시의 '철도 시대'를 열어 일본의 동북자원 수탈과 중국 침략의 주요 수송로가 되었다.

1896년 러시아는 청나라와 '중·러밀약'을 맺어 중국 동북지역에 동청[둥칭-東淸]철도 건설 허가권을 받았다.

1900년 8월 초, 8개국 연합군이 무력으로 중국의 문을 열었고, 북경은 함락되었다. 러시아는 중국 동북지역에 침입, 봉천, 금주[진저우-錦州], 철령[티에링-鐵嶺] 등의 도시를 점령했다.

1903년 8월, 대련[다렌-大連], 여순[뤼순-旅順]으로 진입하면서 동북지역은 러

---

28) 양쪽 끝을 아치형으로 하고 가운데는 강철 가교로 이루어진 중국과 서양의 양식이 조화를 이룬 교량

운남~베트남 철도 노선도

출처 : https://baike.baidu.com/item

운남~베트남 철도 노선도

출처 : https://new.qq.com/omn

시아군의 세력권이 되었다.

　1894년 청일전쟁에서 청나라 정부가 패하자 일본은 청나라 정부에 '시모노세키조약馬關條約' 체결을 강요하였다. 이 조약에 따르면 일본은 조선에서의 청나라 세력을 몰아내고 요동반도遼東半島와 대만[타이완-臺灣]성(펑호[평후-澎湖] 포함)을 얻어 새로운 강자로 떠올랐고, 이로써 대만성은 약 50년간의 일본 통치 시기에 접어들게 되었다. 이와 함께 청나라 정부는 조선의 종주국 지위를 포기하여 일본은 수년 후 조선을 합병하게 되었다. 일본이 청일전쟁에서 중국에 승리한 후 배상금으로 백은(白銀; 당시의 화폐) 2억 3천만 냥을 받고 군비 지출을 늘렸다.

　일본이 러시아에 대한 전쟁 준비에 박차를 가하는 것도 중국 동북지역을 침탈하려는 의도였다. 1904년 2월 6일 러시아와 정식으로 단교하고, 2월 8일 일본군의 여순 군항 기습으로 러일전쟁이 발발하였다.

1904년 4월, 일본군은 러시아 세력을 요동반도遼東半島에서 몰아내고 일본의 만주 독식 야망을 실현하기 위해 조선에서 군대를 보내 안동을 점령하고, 7월 일본군은 조선에서 요동반도로의 전쟁물자 수송을 가속화하기로 결정했다. 이를 위해 건설 예정이던 수동식 군용 간이철도를 소형 기관차 차량의 협궤 군용철도(궤간 간격 0.762m)로 개량했다. 8월 10일 안봉철도가 본격적으로 건설되기 시작했고, 1905년 12월 15일 총연장 261km의 철도가 전 구간을 개통했다.

러일전쟁은 1905년 9월까지 한반도와 중국 동북지역의 세력권을 둘러싼 전쟁으로, 미국의 중재로 제3국 영토에서 일어난 전쟁이 중지되었다. 이 전쟁은 일본과 러시아가 중국의 동북지역과 한반도를 침략하고 아시아를 쟁탈하기 위해 벌인 전쟁이다. 이때 러시아는 국내에서 혁명전쟁이 일어났으며, 미국은 일본이 너무 강해질 것을 염려해서 러일전쟁의 중재에 나섰다.

러시아는 남만주[난만-南滿州]철도의 장춘[창춘-長春]~대련[다롄-大連] 구간을 일본에 양도할 것을 강요당했다. 이때부터 일본 세력은 중국 동북지역으로 진출하였고, 청나라 정부는 러시아와 일본의 존재를 인정하지 않을 수 없었다.

일본은 장춘에서 대련에 이르는 남만철도를 기반으로 한 데 이어 청나라 정부에 조약 체결을 요구하고, 봉천과 안동 두 도시를 연결하고 한반도 연안으로 안봉철도를 건설하였다. 안봉철도가 개통되어 일본의 중국 동북지역 침략이 용이해져 중국의 동북지역의 물자는 안봉철도를 통해 끊임없이 조선 연안으로 운반되었고, 이는 일본 본토까지 수송되었다.

러일전쟁 후 일본은 청나라 정부에 '중일회의동북3성사의조약中日會議東三省事宜條約'을 통해 2년에 걸쳐 안봉철도가 표준궤도 상업용 철로로 변경을 허용하도록 강요했다. 그 구체적인 사항은 중국과 일본은 합의하고 3개월 개량 후 일본이 15년간 운영 후 중국에 할인 판매한다는 것이다. 협상 중 중일 양측이 갈등을 빚었는데 일본은 중국 정부의 동의 없이 1909년 8월부터 헐값에 땅을 사들여 개량 공사를 시작했다. 1909년부터 1911년 11월까지 안봉철도의 궤도는 표준궤로 변경되었다. 1911년 11월 안봉철도는 안동에서 진상둔[천샹툰-陳相屯]에 이르러 영업을 시작하였으며, 남만주철도주식회사가 이를 운영하였다.

1915년 일본은 북양 정부에 99년(2007년까지)까지 임차 기간을 연장하도록 강요했다.

1918년에는 진상둔~소가둔[쑤쟈툰-蘇家屯] 구간을 계속 건설하여 정차역을 26개로 늘렸다.

안동~봉천철도 노선도

출처 : https://xw.qq.com/cmsid

1928년 확장 전의 안동역

출처 : https://xw.qq.com/cmsid

봉천역

출처 : https://xw.qq.com/cmsid

1919년 12월, 안봉철도는 남해만철도(장춘~대련)와 연결되었고, 안동~소가둔 구간까지 261km에 달했다.

일부 노선 신설로 철도 전 구간이 기존 303.7km에서 260km로 단축되었고, 일본이 안봉철도를 장악한 40년간 이 노선은 조선을 거쳐 동북 물자를 대량 일본으로 반출하는 주요 통로로 이용되었다.

중일전쟁 승리 후 안봉철도 노선의 북단은 한때 국민당 군대가 장악하고, 노선의 남단은 만주연합군이 장악했다. 1948년 11월 안봉철도는 중국의 소유가 되었다.

(5) 남만주철도주식회사 - 일본의 국책회사

남만주철도주식회사南滿洲鐵道株式會社(약칭 만철滿鐵)는 중국 동북지방에 존재했던 일본제국의 국책회사이다. 일본이 만주국을 통치하기 위해 설립한 철도운

대련에 위치한 남만주철도주식회사 본사
출처 : https://zh.wikipedia.org/wiki/

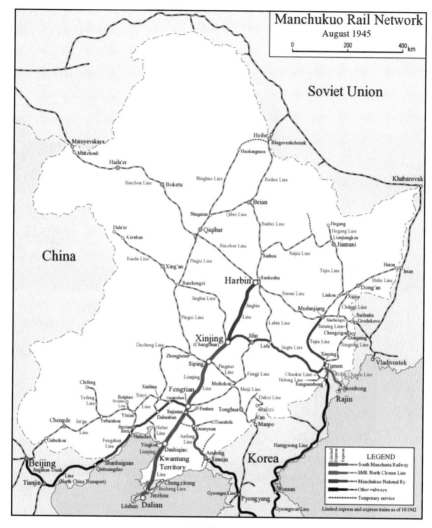

남만주철도 노선도

출처 : https://zh.wikipedia.org/wiki

만주국 시절 남만주철도주식회사 소유 특급열차 아시아호亞細亞號

출처 : https://zh.wikipedia.org/wiki

왼쪽은 안동 압록강철도교의 상교, 오른쪽은 하교(단교).
상교는 지금의 중국과 북한 우의 교량中朝友誼橋. 하교(단교)는 도로교

출처 : http://taihangsummit.com/

송업체로 투자를 많이 하였다. 남만주철도주식회사는 일본이 중국 동북의 침략 활동을 지휘한 곳으로 1906년 설립 당시 약 1,100km의 철도를 빼앗았다. 1907년 6월부터 간선과 지선 모두를 표준궤간으로 바꾸어 먼저 안봉철도의 궤도와 노선을 변경했다. 이와 함께 중국과 조선 경계에 1909년 압록강鴨綠江철교를 착공하여 1911년 개통하였다. 1908년부터는 대련~장춘, 소가둔~무순[푸순-撫順] 등의 구간을 각각 건설하는 2차 공사와 이와 동시에 대련항을 확장하였다.

〈표 1〉 제국주의 국가의 철도건설

제국주의 국가	노선 및 구간	내용(연도)
러시아	동청[동청-東淸]; 만주리[만저우리-滿洲里]- 수분하[쑤이펀허-綏芬河]; 하얼빈[哈爾濱-대련[다롄-大連]]철도	1897년 동청철도회사
독일	교제[쟈오지-膠濟]; 청도[칭다오-靑島]-제남[지난-濟南]철도	1899년 산동철도회사
프랑스	전월[[덴위에-滇越]; 곤명[쿤밍昆明]~해방[하이퐁-海防]]철도	1901년 교제철도회사
일본	안봉[안펑-安奉]; 안동[안둥-安東](지금의 '단둥[단둥-丹東]')- 봉천[펑톈-奉天](지금의 '심양[선양-瀋陽])철도	1906년 남만주철도주식회사

2) 제국주의의 차관으로 건설된 중국 철도

제국주의 열강은 중국 철도를 건설하고 직접 경영하는 것 외에도 자금을 빌려주는 차관을 통해 철도를 통제하는 경우가 많았다. 당시 청나라는 철도 국유령國有令을 통해 민영철도를 담보로 서구 열강으로부터 차관을 얻어 재정난을 타개하려 하였다. 하지만 신해혁명辛亥革命이 일어나고 1911년 중화민국이 들어서게 되었다.

청나라 황족 고위 내각 관료들은 '철도 국유화'를 추진해 민심으로부터 불만을 사게 되었고, 1905년 이래 이권회수운동利權回收運動에 의해 광산채굴권과 철도 부설권을 외국으로부터 상당 부분을 되찾았다. 그리고 철도를 중국인 스스로 건설하기로 하여 호북湖北성, 호남湖南성, 광동廣東성, 사천四川성의 상인들은 회사를 설립하고 주식을 모았다.[29) 그러나 기대했던 만큼 자금이 모아지지 않았고, 공사는 순조롭지 못했다. 여기에 각 지역 상인들의 의견 불일치로 건설은 계속 늦어질 수밖에 없었다.

청나라 조정은 호남성과 호북성 안의 천한([촨한-川漢]; 사천[쓰촨-四川]~호북 광수[후베이 광쉐이-湖北廣水])(지금의 한구부[한커우부-漢口埠]) · 월한([위에한-粵漢]; 광동 광주[광둥 광저우-廣東廣州]~호북 무창[후베이 우창-湖北武昌])철도를 건설하기 위해 영국, 프랑스, 독일의 은행단과 550만 파운드를 빌리는 차관협정을 체결하기로 하였다. 그런데 여기에 미국이 가입하여 결국 4개국 은행단이 각각 4분의 1씩 내기로 하고, 1910년 5월에 '철도협정'을 체결하였다.

1911년 5월 청조는 '신정新政'의 일환으로 새로운 내각을 구성하고 13명의 각료를 임명했는데, 문제는 13명 중 한족 출신은 4명뿐이고 나머지 9명은 만주족이었으며 그 9명 중 6명은 황족이었기 때문에 개혁의 기대를 저버린 인사였다. 여기에 더 큰 문제는 이 새로운 내각이 가장 먼저 의결한 사항이 '철도 국유화'였다.

당시 철도 건설이 계획보다 늦어지자 청나라 중앙조정의 관리들은 '외국으로부터 차관을 얻어서라도 철도를 하루빨리 부설하자.'는 주장을 폈다. 청나라는 우정부 대신 성선회盛宣懷의 건의에 의하여 철도 국유화를 발표하였으며 청나라 관료 단방端方을 천한, 월한선 철도 건설 대신으로 임명하였다. 성선회는 우

---

29) 楊勇剛,《中國近代鐵路史》, 上海書店出版社, 1997. 05, pp.56-58

선 자금을 마련하기 위하여 영국, 프랑스, 독일, 미국 4개국 은행단과 600만 파운드를 연리 5%, 40년에 상환하기로 하고 4성의 염세鹽稅 등을 담보로 하였다. 그리고 이미 불입한 천한·월한철도선 주식에 대하여 보상 방법을 발표하였는데, 월한~호북 무창선은 불입액의 60%를 상환하고 나머지 40%를 국가에서 무이자의 주식을 주고 완공 후 영업에서 이익이 나면 10년에 분할 상환하기로 하였다.

사천성의 철도는 주식의 불입이 비교적 많아 현금으로 상환하지 않고 국가가 이익을 보증하는 주식으로 주고, 5년 후부터 15년에 걸쳐 분할 상환하기로 하였다. 1911년 5월 발표된 철도 국유화령은 농민뿐 아니라 한족의 반발을 불러왔다.

청나라 당시 철도 총연장은 약 9,000km로 주로 외국 자본의 건설에 한족 자본이 투입되기 시작했으나 자본력 부족으로 특별한 진전이 없었다.

개혁을 위한 신정新政에 들어갈 자금원을 모색하던 청나라 조정은 민간 철도를 국유화해 외국 자본에 매각, 자금을 조달하는 대책을 마련하였다. 민영 철도에 투자한 한족 자본가들과 지방 관리, 사대부들은 이에 거세게 반발하였다. 민간 자본의 기존 투자금은 정부가 공채를 발행해 공사 완료 시점 이후에 보상한다는 방침을 믿을 수 없었기 때문이었다.

차관은 제국주의 국가가 철도부설에 대한 대출 권한[30]을 따낸 뒤 채권자, 수탁자 신분으로 철도를 건설하고 운영하는 방식이다.

경한([징한-京漢]; 북경[베이징-北京]~호북 한구[후베이 한커우-湖北漢口])철도, 정태([정타이-正太]; 정정[정딩-正定](지금의 하북성 석가장[허베이-스자좡-河北石家莊])~태원[타이위안-太原])철도, 변락([볜뤄-汴洛]; 변량[볜량-汴梁](지금의 개봉[카이펑-開封])~낙양[뤄양-洛

---

30) 중국 철도가 자금을 외국으로부터 빌려서 하청자의 신분으로 철도를 건설하는 것을 말한다.

陽])철도, 관내외 철도 경봉([징펑–京奉]; 북경[베이징–北京]~봉천[펑톈–奉天](지금의 '심양[선양–瀋陽]')철도, 호녕([후닝–滬寧]; 상해[상하이–上海]~남경[난징–南京])철도, 월한([위에한–粤漢]; 광동 광주[광동 광저우–廣東廣州]~호북 무창[후베이 우창–湖北武昌])철도, 진포([진푸–津浦]; 천진[톈진–天津]~포구[푸커우–浦口]철도, 광구([광쥬–廣九]; 광동 광주[광동 광저우–廣東廣州]~홍콩 구룡[쥬룽–九龍])철도, 도청([다오칭–道淸]; 허난성 도구진[다오커우전–道口鎭]~청화진[칭화진–淸化鎭])철도는 모두 이런 식으로 제국주의 통제하에 놓였다.

당시 차관으로 철도회사는 운영되었고, 회사로 운영되는 철도는 제국주의 국가들이 가장 많이 쓰던 방법이었다. 초기 제국주의 국가인 네덜란드와 영국이 동인도회사를 만들어서 식민지 국가에 저항감 없이 진출한 것처럼 중국에서도 제국주의 국가는 철도회사를 만들어서 자신들의 영향력을 확대해 갔다.

(1) 경한철도 – 벨기에로부터 차관

러시아와 독일, 프랑스가 동청[둥청–東淸]철도와 교제(滇越)·전월[뎬위웨–滇越]철도의 직접 경영권을 획득한 후 청 정부는 벨기에를 끌어들여 노한[루한–盧漢]; 노구교[루거우챠오–盧溝橋]~한구[한커우–漢口]철도, 경한[징한–京漢]; [베이징–北京]~호북 한구[후베이 한커우–湖北漢口]철도를 추진하였다.

노한철도의 노구교~보정[바오딩–保定] 구간은 원래 1897년 청나라 정부가 계약에 따라 1897년 10월에 벨기에 회사 통제하에 관리되었다. 1898년 말 남북 양쪽 끝에서 동시에 착공하여 1905년 11월 15일 황하대교黃河大橋가 건설되었다. 1906년 4월 1일 전 구간이 완공되어 개통되었으며, 총연장 1,311.4km로 경한철도로 명칭이 변경되었다.[31]

---

31) 金士宣·徐文述,《中國鐵路發展史(1876~1949)》, 中國鐵道出版社, 2000, p.81

□ 경한철도 건설과정

경한철도는 북경에서 한구까지. 처음에는 노한([루한-盧漢]; 노구교[루거우챠오-盧溝橋]~한구[한커우-漢口])철도라고 불렀다. 청나라가 자강을 꾀하고 근대화를 위해 건설한 남북을 종단하는 간선이었다.

1927년부터 1949년까지 북경은 북평[베이핑-北平]으로 인해 경한철도도 '평안[핑한-平漢]철도'로 개칭하였다. 1949년 중국이 성립된 후 경한철도라는 이름으로 회복했으며 현재 경한철도는 '경광([징광-京廣]; 북경[베이징-北京]~광주[광저우-廣州])철도'의 일부분이다.

노한철도는 1897년 4월에 착공하여 1906년 4월 1일 남북 전 구간이 연결되면서 정식으로 개통되었다. 1900년 8개국 연합군이 북경을 점령하는 동안 노구교에서 북경의 정양문正陽門 서쪽에 이르는 전문前門역의 지선을 건설해서 '경한철도'로 개칭하였으며, 모두 1,311.4km에 달하였다.

1895년 12월 청나라 정부는 장지동張之洞[32]의 제의에 동의하고, 경한철도를 건설하는 것을 허가하였다. 장지동은 매년 백은 2백만 냥을 철도건설에 쓰도록 건의하여 승낙을 받았던 것이다.

그리고 장지동은 노한철도에 필요한 레일을 생산하기 위해 한양제철소漢陽鐵廠 등의 중공업 공장을 설립하기 시작했다. 불과 1년 만에 동북의 정세가 악화되면서 청나라 정부는 비용지불을 중단하였다.

1896년 10월 장지동은 청 정부에게 철도 총회사를 설립하고 돈을 빌려 노한철도 건설을 청원하였다. 장지동은 다른 나라에 비해서 벨기에를 작은 나라로

---

32) 장지동張之洞(1837년 9월 4일~1909년 10월 5일)은 청나라 말기 중국의 관리이다. 청나라 말기 가장 유명한 4명의 관리 중 하나였다. 중국 군대의 통제된 개혁과 현대화를 옹호한 것으로 알려진 그는 산서성 총독이자 후광·량광·량장 총독을 역임했으며, 대평의원도 지냈다.

생각하고 중국에 큰 뜻이 없다는 안도감을 가지고 벨기에로부터 돈을 빌려 철도를 건설하였다.[33]

1897년 3월 17일 담판을 통해 청 정부는 벨기에와 최종적인 합의를 하였다. 1898년 6월 청나라 정부는 벨기에 회사에 450만 파운드(연리 5리, 10% 할인 지급, 기간 30년)를 차입하였다. 대출 기간은 30년이며, 모든 운행관리권은 벨기에 회사가 소유해 중국의 철도 주권을 완전히 상실한 계약으로 나라 재정에 막대한 손실을 입혔다.[34]

이 계약은 철도건설 공사를 벨기에 회사가 사람을 파견하여 감독하였다. 필요한 재료는 한양제철소에서 공급할 수 있는 것을 제외하고 일체는 모두 벨기에 회사가 관리하였으며, 면세의 우대도 받았다.

경한철도는 1897년 4월에 착공하여 1906년 4월 1일 남북 전 구간이 연결되면서 정식으로 개통되었다. 경한철도가 개통된 이후 많은 이윤을 남겼다.

의화단義和團운동의 영향과 국민들의 철도 주권 회수 압력으로 청나라 정부는 우여곡절 끝에 1909년 1월 500만 냥의 백은과 영국회풍은행英國匯豐銀行과 프랑스회리은행法國匯理銀行에서 5만 파운드를 빌려 경한철도 차입금을 갚고 관리권을 회수하였다.[35]

33) 盛宣懷,《愚齋存稿》, 上海人民出版社, 2018, 第27卷, pp.3-4

34) 全國圖書館文獻縮微複製中心,《中國鐵路借款合同全集》, 全國圖書館文獻縮微複製中心, 2010, p.3

35) 金士宣·徐文述,《中國鐵路發展史(1876~1949)》, 中國鐵道出版社, 2000, p.85

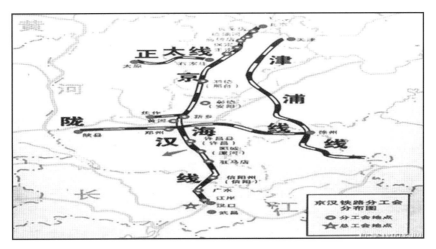

경한철도 노선도(노동조합지부 장소 포함)

출처 : http://www.shuashuakan.com/new/783f0cae47d3472d9a44253bf2f701dc

초기 경한철도 한구역

출처 : https://zhuanlan.zhihu.com

(2) 정태철도 – 초기에는 러시아, 후기에는 프랑스로부터 차관

정태[정타이-正太]철도는 지금의 석태[스타이-石太](지금의 하북 석가장[허베이 스쟈좡-河北 石家莊])~태원[타이위안-太原])철도로 산서성山西省에 건설된 첫 번째 철도이다.

1896년 청나라는 태원에서 정정[정딩-正定]에 이르는 철도를 건설하기로 결정했다.[36] 청 정부는 먼저 화도승은행華道勝銀行으로부터 대출을 받았다가 계약 체결 후 화도승은행은 대출금을 모두 프랑스 파리은행에 넘겼다.

정태철도(대출 국가 러시아 ⇒ 프랑스 전환)는 '정태철도계약'이 체결된 후 두 달이 채 지나지 않아 러시아측 대표가 1902년 12월 청나라 정부 담당자에게 정태철도를 프랑스 파리실버에 양도할 것을 제안하였다. 이때 러시아는 동청철도를 급하게 건설하고 있어 함께 돌아볼 겨를이 없었다. 또한 화도승은행은 원래 러시아와 프랑스의 합작회사여서 양도계약에 아무런 변화가 없었기 때문이다. 1903년 1월 청나라 정부는 정태철도 건설을 프랑스가 맡기로 합의하였다.

청 정부는 1903년 1월에 정태철도의 원래 기점을 석가장으로 변경하였다. 정태철도 궤간은 1미터 협궤, 총길이 243km로 1904년 5월에 착공하여 1907년 10월에 전 구간을 개통하였다.

1896년 청나라 정부는 경한철도를 건설하기로 결정하였고, 이를 간선으로 하여 이웃 성에 지선을 건설하여 연결하였다.

1896년 6월에 산서[산시-山西] 순무巡務 호빙지胡聘之[37]는 청 정부에 태원부太原府에서 정정부正定府에 이르는 철도 지선을 건설해 줄 것을 요청하였다. 이 철도는 산서상무국山西商務局이 외채를 빌려서 건설하였다.

청 정부의 허가를 받아서 1898년 5월 21일에 프랑스 금융자본이 실질적으로

---

36) 鐵道部交通史編纂委員會編, 《交通史路政編》第十二册, 國家圖書館出版社, 2009. 12, p.3,985
37) 1898년 산서[산시-山西] 순무[쉰우-巡務] 호빙지胡聘之는 병기 생산을 위해 산시 기기국을 설치하였다.

지배하는 은행에서 2,500만 파운드(연리 6리, 기간 25년)를 차입하였다.

1902년 9월 7일 청 정부는 빌린 돈을 기업이 상환하는 방식에서 차입금을 청나라 정부가 상환하는 방식으로 바꿨다.

1902년 10월 15일 청나라 정부는 프랑스 금융자본을 실질적으로 지배하는 은행에서 4천만 프랑 합계 1,300만 냥 백은(연리 5리, 10% 할인 지급, 대출기간 30년)을 빌렸다.[38]

정태철도의 석가장~태원 전 구간은 총길이 242.95km이고, 터널 23개, 교량 1,200여 곳으로 가장 긴 터널이 640m이다.

1938년 11월부터 1939년 10월까지 당국은 이 철도를 기술적으로 개조하여 정태철도가 사용하던 1미터 협궤를 표준궤도로 변경하였다.

그리고 정태철도는 현 석가장~태원철도로 개칭하여 현재에 이르고 있다. 개

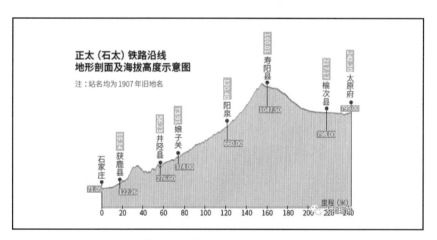

정태철도 연선지형 단면 및 해발고도 표시도

출처 : https://www.thepaper.cn

---

38) 鐵道部交通史編纂委員會編,《交通史路政編》第十二册, 國家圖書館出版社, 2009. 12, pp.3,994—4,029

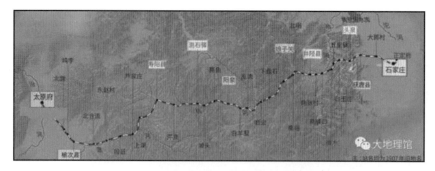

1907년 정태철도 연선 주요역 분포도

출처 : https://www.thepaper.cn

정태철도 1등과 2등 객차 모습

출처 : https://kknews.cc/zh-sg/history

칭 후 석태철도가 평한[핑한-平漢]선의 석가장에 연결되면서 원래 정태선 석가장 역은 폐지되었고, 정태철도 역에서는 남북동포선이 연결되었다.

정태철도는 석가장의 역사와 중국 근대사의 한 페이지를 장식하고 있다. 1900년 이후 8개국 연합군의 중국 침공은 실제로 말하자면, 과거의 단순한 분할지 배상[39]에서 철도 자원을 통제하여 중국 전체를 침략하는 방식으로 변모하였다.

---

39) 1900년 전에는 단순히 토지를 분할하여 배상금을 거두었다가 후에는 철도 자원을 통제하는 방식으

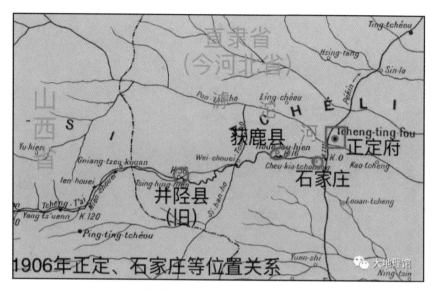

1906년 정태철도 정정과 석가장의 지리적 위치 관계

출처 : https://www.thepaper.cn

(3) 변락철도 – 벨기에로부터 차관

변락([벤뤄-汴洛]; 변량[볜량-汴梁](지금의 개봉開封)~낙양[뤄양-洛陽])철도는 오늘의 롱해([룽하이-隴海]; 연운항[롄윈강-連雲港]~난주[란저우-蘭州])철도의 일부 구간이다. 변락철도는 청나라와 프랑스 및 러시아의 후원을 받은 벨기에 합작회사로 1904년 (광서 30년)에 경한철도의 지선으로 건설된 철도이다.

변락철도는 처음에는 철도를 상업적으로 취급하였으나, 1903년 11월 성선회 盛宣懷[40]가 벨기에 철도회사 대표와 '변락철도차입계약'을 체결했다. 1904년 10

로 바뀌었다.

40) 장쩌민江澤民 총서기 겸 국가주석의 모교는 상해[상하이-上海]의 교통대학交通大學이다. 그리고 이 대학의 설립자는 성선회盛宣懷(1844~1916)라는 인물이다. 손문[쑨원-孫文](1866~1925)이 근대 중국의 국부國父로 추앙받듯 성선회는 근대 중국의 상부商父로 떠받들어진다. 근대 중국 자본주의와 상공

천수~난주철도 노선도

출처 : http://www.cunman.com/new

월에 착공하여 1909년 12월에 완공되었고, 1910년 1월 1일 본격적인 개통이
이루어졌다. 전체 길이는 183.5km이다.[41]

경한철도의 지선으로 1904년에 정주[정저우-鄭州]역을 기점으로 동쪽으로는 개
봉, 서쪽으로는 낙양까지 두 방향으로 착공하였다.

변락철도는 개통 이후 계속 개봉, 낙양에서부터 동서 양쪽으로 확장되었다.

업의 문은 그가 열었다고 해도 과언이 아니다. 19세기 후반 중국의 선박, 광산, 통신, 방직, 철도, 은
행 등 중국 근대 자본주의 산물 중 그 어느 것 하나라도 그의 조정과 개입 또는 참여하에 이루어지지
않은 것이 없다. 그는 중국의 양무운동洋務運動(1862~1894) 시절 대표적인 매판 관료상인이었으며
1911년 철도 국유화를 반대한 보로保路운동과 신해혁명에도 결정적인 영향을 미쳤다.

41) 雨涵, 《交通回眸》, 遠方出版社, 2003. 04, p.18

동쪽으로는 1916년에 서주[시저우-徐州], 1925년에 해주[하이저우-海州]까지 그리고 1934년(민국 23년)에 연운항([롄윈강-連雲港]~난주[란저우-蘭州])까지 연장되었다. 서쪽으로는 1935년에 서안[시안-西安]까지, 1936년에 보계[바오지-寶鷄]까지, 1945년에 천수[톈쉐이-天水]까지 확장 개통되었다.[42]

1950년 4월부터 천수~난주 간의 건설이 개시되어 1953년 7월에 완성됨으로써, 롱해철도 전 구간이 운영되었다.

변락철도의 건설로 정주가 발전하기 시작하여 점차 개봉을 추월하였다. 이 철도 개통은 정주의 발전과 당시 대도시인 개봉의 쇠락을 가져오는 계기가 되었다.

(4) 관내외 철도 경봉철도 – 러시아와 영국으로부터 차관

경봉[징펑-京奉]철도는 북경[베이징-北京]에서 시작하여 봉천[펑톈-奉天](지금의 '심양[선양-瀋陽]')까지 간선의 길이는 842km이고, 지선도 여러 노선이 있다.

경봉철도는 중국 화북지역과 동북지역을 잇는 교통 노선이다. 이 철도는 1881년 개통된 당서[탕쉬-唐胥]철도로 출발하여 계속 연장되어 천진[톈진-天津]과 북경, 진황도[친황다오-秦皇島]를 연결하고 산해관[산하이관-山海關], 호로도[후루다오-葫蘆島]와 금주[진저우-錦州]까지 연장되어 심양[선양-瀋陽]까지 연결하는 데 31년이 걸렸다.

경봉철도는 1881년에 개통된 당서철도에서 시작되었다.

당서철도는 처음에 길이 9km의 석탄 운반 철도로 시작하였으나, 이홍장의 노력으로 경봉철도를 중심으로 동서 방향으로 철도가 건설되었다.

1887년 4월에 천진의 노태전[루타이전-蘆台鎭]까지 서쪽 방향으로 연장되면서

---

42) 郭海成, 《隴海鐵路與近代關中經濟經濟社會變遷》, 西南交通大學出版社, 2011. 03, pp. 41-42

당로([탕루-唐蘆]: 당산[탕산-唐山]~노태전)철도로 개칭되었고, 1888년 8월 당로철도
가 천진의 대고구[다구커우-大沽口]까지 서쪽 방향으로 계속 연장되어 당진([당진-
唐津]: 당산[탕산-唐山]~천진[톈진-天津])철도로 개칭되었다.

경봉철도가 계속 건설되고 있을 때 청일전쟁이 발발했기 때문에 수중[쑤이중-
綏中]까지 건설한 후에 중단되었다. '시모노세키조약'이 체결되고 아직 두 달이 채
되지 않았을 때 영국은 경봉철도의 관외 철도 노선을 건설하는 공사의 청부를 받
아 이 철도의 경영권을 얻으려 하였다.

당시 러시아는 이미 동청철도와 남만지선의 건설축·경영권을 획득하였다.
또한 벨기에도 노한철도의 차관을 허가받았으며, 게다가 프랑스가 교제철도의
건설을 요구하고 있었기 때문에 영국은 서둘러 관내외 철도를 통제하고 자신의
세력을 확장하여, 러시아가 동북 지방의 권익을 독점하는 국면을 타파하려고
하였다.

청 정부도 영국의 힘을 이용하여 러시아를 견제하려고 하였는데, 이렇게 하여
청 정부는 영국 돈을 빌려 쓰려고 하였다. 러시아는 영국이 관내외 철도를 확장
건설함으로써 동북3성에 그것의 세력을 뻗칠 것이라는 소식을 듣고 극렬히 반대
하였다.

청 정부는 영국을 등에 업고 러시아를 억제하려는 세력도 있었지만, 러시아의
요구를 직접 거절할 엄두를 내지 못했다. 영·러 간의 투쟁은 결국 타협 방식으
로 종결되었다. 1898년 10월 10일 '관내외 철도차관계약'이 체결되면서 함께 참
여하게 되었다.[43]

당진철도는 130km에 이르렀다. 총건설비는 백은白銀 150만 냥으로 km당 약
1만 2,400냥이었다.

---

43) 楊勇剛, 《中國近代鐵路史》, 上海書店出版社, 1997, pp.34-35

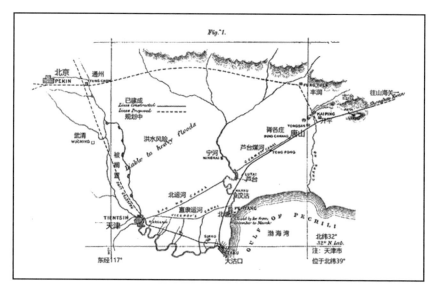

1881~1890년 경봉철도 건설 노선도

출처 : https://zh.wikipedia.org/wiki

1890년 당진철도가 천진의 고야[구예-古冶]까지 동쪽 방향으로 연장되어 총길이 155km로 천진의 대고구[다구커우-大沽口]~고야 구간은 야진[예진-冶津]철도로 불렸다.

러시아에 의해 시베리아 철도가 건설된 후 청나라 정부는 고야에서 동쪽으로 철도를 건설하기로 하고 성경[성징-盛京](지금의 심양[선양-瀋陽]) 및 길림[지린-吉林]까지 연장하려 했으나 청일전쟁의 패전으로 1892년 란주까지 철도가 건설되었고, 1894년 산해관[산하이관-山海關] 밖에 수중[쑤이중-綏中]에 연결되었다. 이때 전체 길이는 348km였다. 이때 천진에서 산해관까지 철도 노선 이름은 진유[진위-津榆]철도로 바뀌었으며, 북양[베이양-北洋]철도로 불리었다.

처음에 이 철도의 자산은 두 회사가 소유하였다. 천진~고야 구간은 중국철도공사(천진에 설치)라는 기업에 의해 철도가 운영됐다. 고야~산해관 구간은 북양

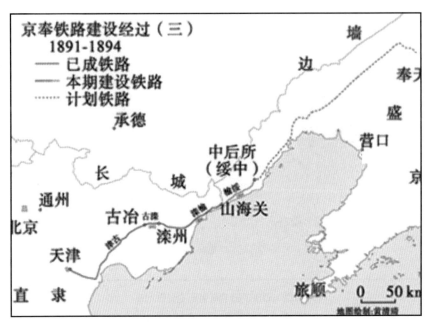

1891~1894년 경봉철도 건설 노선도

출처 : Chingchi HUANG, Xibo CHEN. A historical geography research of Peking—Mukden Railway under the vision of modernization(1881—1912)[J].

GEOGRAPHICAL RESEARCH, 2014, 33(11) : pp.2, 180—2, 194

관 철로국(산해관에 설치), 즉 북양 정부에 의해 철도가 운영되다가 1896년 이 두 구간 노선을 통합하여 진유철로총국을 설립하였다.

진노([진루—津蘆]; 천진[톈진—天津]~노구교[루고우챠오—盧溝橋])철도는 1895년에 착공하여 1897년에 북경의 풍대[펑타이—豐臺]구까지 건설되었다. 1897년 8월 진노철도와 진유철도가 합쳐져서 관내외關內外철도로 불렸다.

청일전쟁 이후 청나라는 철도의 중요성을 깨닫기 시작하였다. 1899년 관동([관동—關東]; 영구[잉커우—營口]~길림~혼춘[훈춘—琿春])철도를 금현[진시엔—錦縣](지금의 능해[링하이—凌海])를 118.7km까지 확장하였다. 1900년 6월 다시 대호산진[다후산

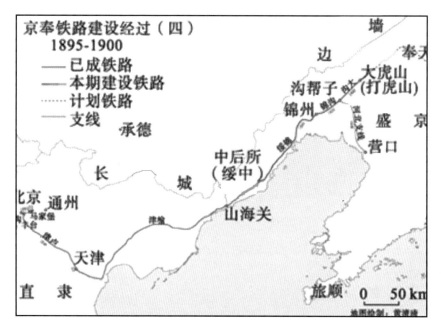

京奉铁路建设经过（四）
1895-1900
—— 已成铁路
—— 本期建设铁路
…… 计划铁路
—— 支线

1895~1900년 경봉철도 건설 노선도

출처 : Chingchi HUANG, Xibo CHEN. A historical geography research of Peking-Mukden Railway
under the vision of modernization(1881-1912)[J].
GEOGRAPHICAL RESEARCH, 2014, 33(11); pp.2,180-2,194

진-大虎山鎭]과 영구까지 106.4km를 연장하였다. 8개국 연합군의 북경 침공으로 철도 공사는 중단되었는데 이때 노구교~대호산진 구간은 684km에 달했다.

1901년 관내외철도는 북경의 풍대에서 정양문正陽門 동역까지 연장되었고, 1904년 다시 신민[신민-新民]까지 연장되면서 관내외철도 노선은 773km에 달하였다.

러일전쟁 때 일본은 점령지 군사수송을 위해 풍대에서 황고둔[황고툰-皇姑屯]에 이르는 협궤의 신봉([신펑-新奉]: 신민[신민-新民]~봉천[펑톈-奉天])철도를 건설하였다. 러일전쟁 후 청나라 정부는 동북3성을 인수하여 신봉철도를 되찾고 표준궤로 개

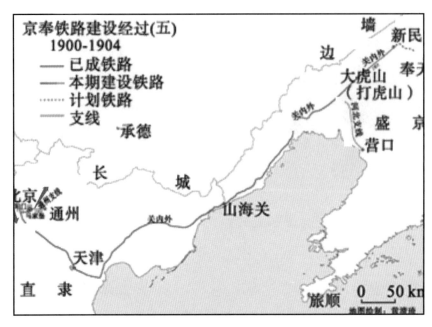

1900~1904년 경봉철도 건설 노선도

출처 : Chingchi HUANG, Xibo CHEN. A historical geography research of Peking-Mukden Railway
under the vision of modernization(1881-1912)[J].
GEOGRAPHICAL RESEARCH, 2014, 33(11); pp.2,180-2,194

량하였으며, 1907년에 정식으로 경봉철도라 명명하였다.

1932년 1월 경봉철도의 관외 구간은 만철에 의해 통제된 평산([평산-平山]; 봉천[펑톈-奉天]~산해관[산하이관-山海關])선으로 관내 구간은 경산([징산-京山]; 북경[베이징-北京]~산해관[산하이관-山海關])선이다.

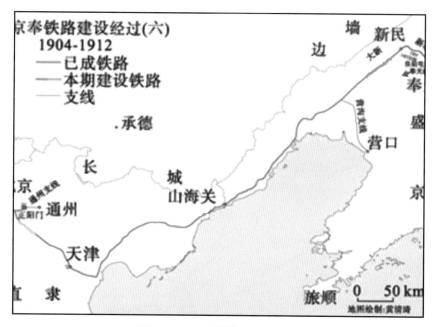

1904~1912년 경봉철도 건설 노선도

출처 : Chingchi HUANG, Xibo CHEN. A historical geography research of Peking-Mukden Railway
under the vision of modernization(1881-1912)[J].
GEOGRAPHICAL RESEARCH, 2014, 33(11); pp.2,180-2,194

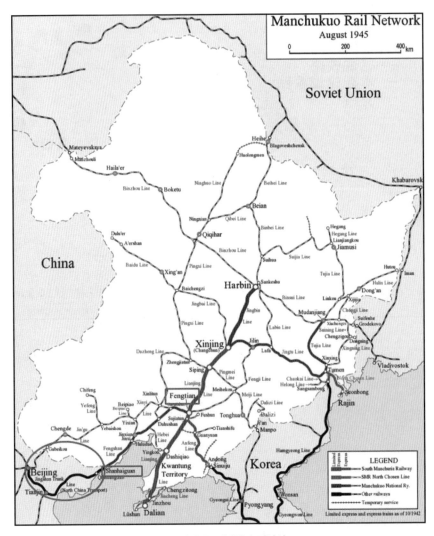

1945년 중국 경봉선과 경산선

출처 : https://zh.wikipedia.org/wiki

(5) 호녕철도 - 영국 차관

청 정부와 벨기에가 노한[루한-盧漢]철도를 건설하는 차관 계약을 체결했을 때 영국은 청 정부와 1903년 7월 9일 호녕철도의 차관 계약을 체결했다. 호녕[후 닝-滬寧]철도는 상해에서 남경까지 311km로, 1905년 4월 25일 착공하여 1908 년 4월 1일 완공되었다.[44]

1903년 5월 13일 성선회盛宣懷는 영국 중영은공사中英銀公司 대표와 정식으로 '호녕철도차입계약'을 체결했다. 청 정부는 중영은공사로부터 325만 파운드를 차입하고, 실제로 두 차례에 걸쳐 채권발행 방식으로 총 290만 파운드를 차입 했다.[45]

1904년 3월 22일 호녕철도가 착공되었고, 1905년 3월 21일 기공식이 상해에 서 열렸다. 1906년 상해~소주[쑤저우-蘇州] 구간이 1908년 6월 전 구간 공사가 완료되어 11월 22일 개통되었다.

경호[징후-京滬]철도는 전체 길이 311km이고 상해 북역에서 소주, 무석[우시-無錫], 창주[창저우-昌州], 진강[전장-鎭江]을 거쳐 남경 서역에 이르는 총 37개의 역 이 설치되었다. 경호철도는 중국 최초의 철도간선 중 하나이자 상해에서 처음으 로 외성·시를 연결하는 철도이다. 전 구간이 단선이지만 상해~소주 구간의 토 공, 교량은 복선 설계를 미리 남겨두었다. 호녕철도는 당시 가장 비용이 많이 소 요된 철도 노선이었다.

호녕철도는 개통과 동시에 '호녕 철도관리국'을 설립했는데, 현재 중국 철도 상해국그룹유한공사의 전신이다. 이 철도국이 명목상 중국인이 국무를 주관하 지만, 관리 실권은 영국인이 갖고 있다가 1929년이 지나서야 중화민국 철도부

---

44) 葛玉紅, 《滬寧鐵路與江蘇社會: 1903~1927》, 鎭江 : 江蘇大學出版社, 2014. 10, pp.41-42

45) 高志斌·王國平, 晚淸政府借外債修築滬寧鐵路述論, 江海學刊(03), 2000, pp.134-140

에서 회수하였다.

전쟁 기간 호녕철도는 일본군에 점령되어 여러 개의 교량과 기차역은 전쟁 중에 일본군에 의해 파괴되었다. 1945년 일본의 항복 이후 노선은 중화민국 교통부가 관리하게 되었다.

1949년 7월 1일에 상해~북경 직통여객열차가 다시 운행되었다.

신중국 설립 이후는 호녕철도는 여러 차례 설비 현대화를 진행하였다. 1968년 12월 29일 남경 장강대교가 개통되었고, 진포(진푸–津浦; 천진[톈진–天津]~포구[푸커우–浦口]철도와 호녕철도가 연결되었다. 1995년에는 전 구간에 46개의 역이 설치되었다.

1995년부터 호녕선에서 열차 속도향상 시험을 진행했다. 1996년 4월 1일 레일 개량이 완료된 후, 중국 최초의 쾌속 여객열차인 '선행호先行號'가 상해역에서 최고시속 140km, 상해~남경 전 구간을 2시간 48분으로 운행하였다. 중국은 처음으로 기존 철도 노선에 속도를 향상시키는 데 성공했다. 2004년 12월 8일

호녕철도의 첫 열차

출처 : https://zh.wikipedia.org/wiki/%E6%B2%AA%E5%AE%81%E9%93%81%E8%B7%AF

호녕철도 상해 북역

출처 : https://www.flickr.com/photos/china-postcard/10075554834

T704열차가 상해를 출발해 남경까지 2시간 17분이 소요되었다.

2006년 12월 31일 중국 철도부는 2007년 1월 1일부터 호녕철도를 원래의 경산([징산-京山]; 북경[베이징-北京]~산해관[산하이관-山海關])선의 북경~천진 구간과 진포([진푸-津浦]; 천진[톈진-天津]~포구[푸커우-浦口])철도와 연결할 것이라고 발표했다. 호녕철도는 경산([징산-京山]; 북경[베이징-北京]~산해관[산하이관-山海關])선의 북경~천진 구간과 진포철도와 합병되어 '경호선 호녕구간'으로 불렀다.

(6) 월한철도 – 미국으로부터 차관

월한[위에한-粵漢]철도는 광주[광저우-廣州]에서 무한[우한-武漢]까지 광둥[광둥-廣東]성, 호남[후난-湖南]성, 호북[후베이-湖北]성을 경유하는 1,095.6km 노선이다. 1900년부터 공사를 시작하였으나 자금 부족으로 1910년에 이르러서야 진전이 있었다.

연선의 지질이 복잡하고 정세가 요동치면서 철도는 여러 구간으로 나누어

1910년에야 전 구간이 개통되었다.

월한철도는 경한철도와 직접 연결은 없지만 수운을 통해 강 양안의 기차역을 연결하였다. 이를 통해 실질적으로 북경과 광주 사이에 하나의 통로를 형성했다.

1957년 10월 2일 무한의 장강대교가 개통되고 두 간선이 성공적으로 연결돼 경광[징광-京廣]철도로 통합되었다.

1896년 5월 호광총독湖廣總督 장지동張之洞[46]은 청나라 정부에 월한철도 건설을 신청하여 10월에 허가를 받았다.

월한철도는 처음에는 상인이 출자하여 주식을 인수하고, 청 정부에서 관원을 파견하여 관리하게 하는 방식으로 건축하기로 했다.

하지만 건축 비용이 많이 들기 때문에 청나라 정부는 대외적으로 차입할 계획이었으며, 이로 인해 각국 열강들이 중국 철도의 건설권을 놓고 경쟁하였다.

당시 상황은 노한[루한-盧漢]철도가 벨기에로부터 돈을 빌리고, 호녕철도가 영국에서 돈을 빌리는 상황이었는데, 청 정부는 중국 내 열강의 세력 균형을 맞추기 위해 미국에서 돈을 빌려 호녕철도를 건설하기로 했다.

1898년 4월 14일, 청 정부와 미국 합흥공사合興公司의 대리인인 바이쉬(A. W. Bash)는 워싱턴에서 '월한철도차입계약'을 체결했다.

이 계약을 살펴보면, 차용액은 400만 파운드, 이자 0.5%, 차용 기간은 50년이며, 철도는 허싱 회사가 건설 및 관리 운영하였다.

개통 이후 철도 수익의 20%는 미국이 가져가고, 철도 건설 기간은 3년, 대출금을 다 갚으면 철도는 중국에 반납하고 중국이 직접 관리한다는 내용이었다.

---

46) 장지동張之洞(1837~1909년)은 중국 청나라 말기의 정치가이다. 보수적인 대외 강경론자로 독일식 군대를 편성하고, 경한철도를 부설하였다. 그는 유교적인 전통을 살리면서 근대화 정책을 취하였으며, 평향萍鄕탄광, 한양제철소, 방직공장, 생사공장 등을 창설하였다.

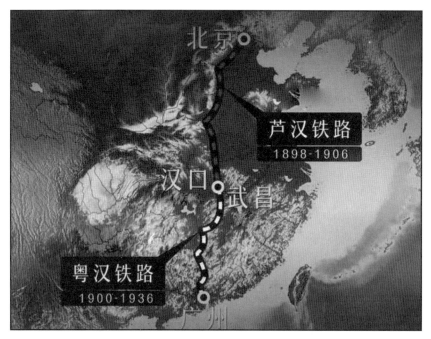

월한철도 노선도

출처 : https://www.163.com/dy/article/E3G4MP1P05432QQY.html

1899년 철도선로 측량 후 건설 비용이 부족하다고 판단한 미국 측은 1900년 '차입금 재계약'을 체결, 차입금을 4,000만 달러로 늘리고 공사 기간을 5년으로 변경하였다.

그러나 1902년 합흥공사는 계약을 어기고 벨기에 만국동방회사에 지분 3분의 2를 매각하고 철도 남단은 미국이, 북단은 벨기에가 건설하기로 약속했다. 이 일은 상([[샹-湘]: 호남[후난-湖南]성의 별칭), 악([어-鄂]: 호북[후베이]성의 별칭), 월([위웨-粵]: 광둥[광둥-廣東]성의 별칭) 등 이 세 개 성의 시민의 강한 분노를 불러일으켜 청나라 정부에 계약을 파기하고 월한철도를 되찾으라고 강력히 요구했다.

1905년 8월 9일, 청나라 정부와 국민의 압력으로 미국 합흥공사는 어쩔 수 없이 원래 계약을 파기하는 것에 동의했다.

그러자 장지동은 위 호남, 호북, 광동 세 개 성의 일부 세금을 담보로 당시 영국령 홍콩 정부로부터 110만 파운드를 차입해 지불했다.[47]

청나라는 미국 측으로부터 월한철도의 부설권을 회수하는 데 많은 비용이 들었지만, 월한철도의 건설권과 연선 자원의 광산채굴권, 호남, 호북, 광동 세 개 성의 중국 내 자산을 모두 회수하였다.

동시에 철도부설권과 주권에 대한 다른 지역의 인식도 촉진시켰고 이어서 일부 진포[진푸-津浦]철도와 호녕철도의 노선과 연선 자원의 채굴권도 회수되었다.

(7) 진포철도 – 영국과 독일로부터 차관

진포([진푸-津浦]; 천진[톈진-天津]~포구[푸커우-浦口])철도는 진포[진푸-津浦]선이라고도 하며, 천진[톈진-天津]에서 남경[난징-南京]시의 포구[푸커우-浦口]까지의 간선이다.

전 구간은 1908년에 착공되어 4년여 만인 1912년에 전 구간이 개통되었다. 진포철도는 남단과 북단으로 나뉘는데, 북단은 천진에서 산동[산동-山東]성의 한장[한장-韓莊]까지 626km이고 1908년 7월 착공하였다. 남단은 산동성의 한장에서 남경시의 포구까지 383km이며 1909년 1월 착공하였다.

진포철도는 서주([쉬저우-徐州]에서 롱해[룽하이-隴海]; 연운항[롄윈강-連雲港]~난주[란저우-蘭州])철도와 만나고, 남경시의 포구에서 배를 통해서 강을 건너 호녕선을 연결하였는데 중국 근현대 철도 교통의 남북 간의 주요 간선이다.[48]

진포철도는 북쪽부터 경봉[징펑-京奉]철도의 천진 북역에서 창주[창저우-滄州],

---

47) 關庚麟, 《交通史路政編》第14冊, 交通鐵道部交通史編纂委, 1935, pp.55-57

48) 李子明, 《火車上的民國. 上》, 北京：中國鐵道出版社, 2014. 11, p.6

덕주[더저우-德州], 제남[지난-濟南], 태안[타이안-泰安], 연주[옌저우-兗州], 등주[텅저우-滕州], 서주[쉬저우-徐州], 숙주[쑤저우-宿州], 방부[방부-蚌埠], 저주[추저우-滁州] 등의 도시를 거쳐 남경시의 포구역까지 전체 길이는 1,013.8km이고, 역은 85개이다.

가장 중요한 철도 간선 중 하나인 진포철도는 연선도시의 광물자원과 관련 기업이 집중되어 공업과 농업이 발전하였고, 천혜의 관광 자원으로 철도수송량이 급증하였다.

1968년 9월 남경 장강[창장-長江]대교 철교가 개통되었고, 진포철도는 북쪽으로 경진철도, 남쪽으로 호녕철도가 연결되었으며, 진포철도는 경호철도의 일부가 되었다.

1897년 용굉[룽훙-容閎][49]은 진진([진전-津鎭]; 천진[톈진-天津]~진강[전장-鎭江])철도 건설을 요청하고 1898년 청 정부가 용굉의 진진철도 노선 계획에 동의하면서 영국과 독일, 러시아 등의 간섭이 시작되었다.

이 중 영국은 진진철도를 포함한 5개 철도 노선권을 강제로 빼앗았다. 독일은 영국의 개입을 반대하였다.

영국과 독일은 모두 노한철도와 같은 조건으로 진진철도를 맡아줄 것을 청나라에 요구하였다. 1898년 9월 1일부터 2일까지 영국 회풍은행匯豐銀行과 중영은공사中英銀公司와 독일의 덕화은행德華銀行의 각 대표들이 런던에서 회의를 열었다.

회의 증에 따르면, 청나라 정부의 동의 없이 영국과 독일은 진진철도를 공동으로 건설하기로 결정하고, 쌍방이 공동으로 모든 운행 업무를 운영하기로 결정했다.

---

49) 1897년 강소[장쑤]성 관료를 지냈으며 중국 근대 최초로 미국에 유학을 한 사람이다.

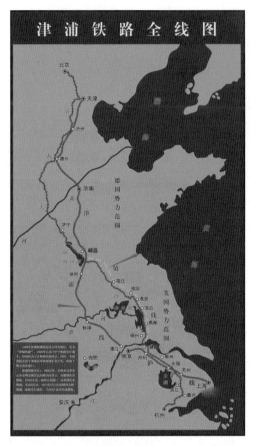

진포철도 노선도

출처 : https://kknews.cc/zh-my/history/rana85x.html

주요 회의 내용은 첫째, 산동성 한장운하철교韓莊運河鐵橋를 경계로 천진~제남 구간 북단이며, 독일의 덕화은행에서 돈을 빌려서 건설하고, 진강~천진 구간 남단은 영국회풍은행에서 돈을 빌려서 건축한다. 둘째, 전 노선이 건설된 후에 영국과 독일 양방이 연합하여 경영한다고 되어 있다.

1908년 1월 13일 청나라 정부는 진진철도를 '진포철도'로 개칭하였다. 처음에 진진철도계획의 방향은 서주에서 동남 방향으로 가고 숙천[쑤첸-宿遷], 회안[화이안-淮安], 양주[양저우-楊州]를 거쳐, 마지막으로 장강을 건너 상해[상하이-上海]~진강[전쟝-鎭江]철도를 연결하였다. 그러나 진진을 진포철도로 개칭하여 진포철도는 서주에서 서남 방향으로 가고 안휘[안후이-安徽]성의 숙주와 방부[벙부-蚌埠]를 지나가고, 마지막으로 남경의 포구까지 연결하였다.

동시에 청나라의 양돈언梁敦彦[50]은 덕화은행, 화중철도공사와 '진포차입계약'을 맺고 500만 파운드를 빌렸는데, 이 중 독일이 63%, 영국이 37%를 차지하였고, 만기 30년, 93% 지불금, 연리 5리, 제1기에는 채권 300만 파운드를 발행하고, 20만 파운드를 차용해 이익을 남겼다.[51]

진포철도는 남·북 구간으로 나눠서 건설하였다. 1910년 9월에 이르러 자금이 부족해서 다시 영·독에게 북단 330만 파운드, 남단 150만 파운드 등 총 480만 파운드의 돈을 빌리고, 남은 조건을 원래 계약대로 처리하였다.

(8) 광구철도 - 영국 차관

광구[광쥬-廣九]철도는 광동[광둥-廣東]성 광주[광저우-廣州]와 홍콩香港 구룡[쥬룽-九龍]을 연결하는 철로로 홍콩과 중국 대륙을 연결하는 최초의 철도이다.

건설 당시 중국 대륙 내 구간은 화단([화돤-華段]; 광주[광저우-廣州]~심천[선전-深圳]), 홍콩 내 구간은 영국 식민지였던 영단([잉돤-英段]; 심천[선전-深圳]~홍콩) 구룡 구간, 당시 홍콩은 영국 식민지로 선로 등 기반시설은 두 곳으로 나누어 관리되

---

50) 양돈언梁敦彦은 청나라 관리로 후에 간도협약을 체결한 인물이기도 하다. 간도협약은 청국과 일본 간 협약으로 1909년 9월 4일 북경[베이징]에서 청의 흠명외무부상서 양돈언과 일본 특명전권공사 이주인 히코키치伊集院彦吉가 서명한 '간도에 관한 청·일 간 협약'이다.

51) 楊紅紅光,《大國速度 艱難起步》, 北京 : 北京聯合出版公司, 2019, pp.188-189

었다.[52]

1949년 광구([광쥬-廣九]; 광둥 광주[광둥 광저우-廣東廣州]~홍콩) 구룽철도의 광주~심천 구간을 광선([광저우-廣州]~심천[선전-深圳])철도로 개칭하여 1996년에는 광구[광쥬-廣九]; 광주[광저우-廣州]~구룽철도의 심천[선전-深圳]~홍콩 구룽 구간을 동철선東鐵線으로 개칭하였다.

영국은 1842년 홍콩 섬을 획득하면서 홍콩을 자유항으로 선포하고 홍콩을 동방의 자유무역 허브로 점진적으로 구축하는 작업에 착수했다.

1850년에서 1851년 사이에 홍수전洪秀全[53] 등에 의해 시작된 태평천국운동은 청나라를 반대하는 운동으로 많은 화남지역에 있는 상인들이 홍콩에 들어와 피란하면서 홍콩 인구가 급증했고, 동시에 아시아의 중요한 화물 중계항으로 부상하기 시작했다. 이런 환경 속에서 광둥과 홍콩 두 지역의 인구와 화물 운송량은 증가하였다.

1890년 10월 이한장李瀚章[54]과 이학장李鶴章은 광동성 성도인 광주에서 홍콩 구룽까지의 철도를 건설하여 두 지역의 교통 연계를 강화하려 하였지만, 당시 노한철도와 관동철도를 건설하고 있어 부담이 컸고, 월한철도도 완공되지 않았으며 월한철도 건설 계획도 승인하지 않았다.

청일전쟁 후 경제 및 정치적 이익을 위해 중국에서의 철도권익 쟁취 경쟁이 더

---

52) 關賡麟, 《交通史路政編》, 第6册, 交通鐵道部交通史編纂委員會, 1935, pp.3,541-3,542

53) 홍수전洪秀全(1814년~1864년)은 청나라의 종교인이자 혁명가이다. 광둥성 태생 하카계 출신으로 청 내에서 개신교의 영향을 받은 종교 국가인 태평천국을 세워 청나라에 반기를 들어 투쟁했다. 홍수전은 개신교 교리를 중국의 전통사상인 유교 사상으로써 중국인들이 쉽게 이해하도록 설명한 《권세양언》을 읽었고, 미국 침례교회 선교사인 이사카 로버츠에게 성서와 교리를 배운 사람이다.

54) 이한장李瀚章(1821년~1899년)은 청나라 조정의 관료이다. 자는 소천筱泉, 안후이성 허페이슴肥 출신으로 이문안李文安의 장남이며, 이홍장李鴻章, 이학장李鶴章, 이온장李蘊章, 이봉장李鳳章, 이소경李昭慶 등의 형이다.

욱 치열해져서 청나라 정부로부터 특허권을 받고 그들의 회사가 중국에서 철도에 융자, 건설, 운영할 수 있도록 강요했다.

1898년 6월 9일 청나라는 영국과 '전시척 홍콩 경계지 전문조'를 체결했는데, 거기에 영국은 청나라에 구룡, 대붕만[다펑완—大鵬灣], 심수만[선수이완—深水灣] 등 지역을 조차지로 하며 7월 1일부터 99년 동안 유효한 내용이 포함되었다. 그렇지만 청나라 관원들이 구룡 안에서 정상적으로 업무를 할 수 있었고, 일할 수 있었다. 그해 8월, 영국은 청나라에 광구철도를 포함한 다섯 개 철도의 건설권을 획득하는 데 성공했다.

영국 식민지인 홍콩 정부는 당시 청나라와의 합의에 따라 광구철도의 독점권은 영국 측에 귀속되고, 철도는 지역에 따라 화단과 영단 구룡 구간으로 각각 중국과 영국 정부가 건설을 맡았다. 청 정부 내부에 이의가 있었지만 영국의 압력에 밀려 성선회盛宣懷[55]에게 중영은회사中英銀會社를 대표하는 이화양행怡和洋行과 1899년 3월 28일 '광구철도초계약廣九鐵路草合同'을 맺었다.

광동성의 성도인 광주에서 영국의 식민지인 홍콩 구룡까지 철도를 연결하기로 합의했다. 1907년 청나라의 외무부 관원 당소의唐紹儀[56]와 중영은회사가 북경에서 정식으로 '광구철도차입계약'을 맺었다. 계약한 화단 구간은 모두 20개 항목으로, 청 정부는 150만 파운드를 영국에서 빌려 건설하고, 중영은회사가 채권을 판매하는 방식으로 지불하며, 대출금 94%, 연리 5%, 상환기간 30년, 광구철도의 화단 구간의 자산 및 미래 영업 수입을 담보로 하고, 또한 '중국은 장래에 광구철도 노선 이익을 얻기 위해 별도의 철도 노선을 건설하지 않는다.'라고 규정

---

55) 당소의唐紹儀(1847~1916). 청나라 말기의 관료로 내각의 우전부 대신이 된 뒤 간선 철도의 국유령을 발포하여 신해혁명을 유발하였다.

56) 청 말의 관료, 외교관, 중화민국의 초대 국무총리

광구철도 노선도

1911년 10월 광구철도 화단 광주~심천이 개통되어 첫 열차가 심천에 도착한 모습

광구철도 영단의 증기기관차. 홍콩 철도박물관에 보관

출처 : https://zh.wikipedia.org/wiki

하였다. 청 정부는 중영은회사가 돈을 빌려준 것에 대해 감사하기 위해서 사례금 35,000파운드를 지불하였다.

　광구철도의 화단은 영국에서 돈을 빌려 건설하였고, 영단 구룡은 영국이 건설하였다. 이 두 구간은 1907년 8월에 동시에 착공하여 1911년 3월과 9월에 각각 완공되었다. 화단은 광주에서 심천까지 길이 142.8km이고, 영단은 심천에서 구룡까지 길이 35.8km이며, 전 구간은 178.6km이다. 광구철도는 지역에 따라 중국(화단; 중국 구간)과 영국(구룡) 두 부분으로 나뉘며 각각 중국과 영국 정부가 건설을 담당한 것이었다.

광구철도의 포스터

출처 : https://zh.wikipedia.org/wiki/%E5%BB%A3%E4%B9%9D%E9%90%B5%E8%B7%AF

(9) 도청철도 – 영국 차관

1893년 3월 영국과 이탈리아가 합자한 중국 이름의 복福회사(The Peking Syndicate)는 산시성과 허난성의 광산자원 60년 채굴권을 획득하였는데 1902년 복회사는 석탄자원을 편리하게 수송하기 위하여 청 정부와 '광무계약'을 체결하고, 그해 석탄 운송 철도 전용선인 도청[다오칭–道淸]철도를 건설하기 시작했다.[57]

하지만 이 회사는 자금난 등의 어려움을 겪어서 1903년 6월부터 영국은 여러 차례 나서서 청나라 정부에 도택([다오쩌–道澤]; 하남[허난–河南] 도구[다오커우–道口]~산서[산시–山西] 택주[쩌저우–澤州]철도를 건설할 것을 요구했다.

여기에 제시된 도택철도는 건설 중인 도청철도 및 아직 건설되지 않은 청화[칭화–淸化]–택주 구간(약 50km)을 포함하였다. 이 중 원래 도청철도의 기건설 구간의 비용은 청나라 정부가 복회사에서 빌린 돈으로 사용되었다. 다시 말하면

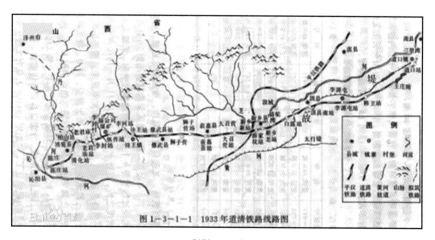

도청철도 노선도

---

57) 道淸鐵路管理局編, 《道淸鐵路三十周紀念》, 中華民國, 2022. 12, pp.1–5

영국은 청 정부에게 도청철도를 매수하여 택주까지 연장시켜 복회사의 석탄자원을 운송하는 데 유리하도록 요구했던 것이다.

1905년 7월 3일 성선회盛宣懷와 복회사의 대리인(G. Jam Ieson)은 북경에서 '도청철도차입계약'을 맺었다.

계약에 따라 도택철도는 하남[허난-河南] 도구[다오커우-道口]~청화[칭화-清化], 청화[칭화-清化]~산서[산시-山西]성 택주까지 약 60.8km의 두 구간으로 나뉘었다. 영국 복회사로부터 700,000파운드를 빌리고, 90%의 돈 630,000파운드를 지불하기로 하였고, 연리 5리였다. 이 중 614,600파운드는 이미 건설하는 철도 노선을 사용한 비용과 이자로 영국 복회사에 교부하였다. 나머지 15,400파운드는 운행 경비로 사용하고, 대출 기간은 30년이었다.

1906년에는 백산[바이산-柏山]~청화 노선을 건설하기 위하여 성선회는 복회사로부터 다시 10만 파운드를 빌렸고, 원리금 상환 방법은 이전 70만 파운드와 함께 처리하였다.

1907년 도청철도의 첫 열차 출발 모습

출처 : https://inf.news/zh-hans/history/eceaf0f455d3051eb194ab0706ace28a.html

도청철도 관리국

출처 : https://inf.news/zh-hans/history/eceaf0f455d3051eb194ab0706ace28a.html

1905년 철도 노선권과 광산자원채굴권 환수운동을 시작하여 산서山西성 시민들은 맹현[멍셴-孟縣], 평정[핑딩-平定], 노안[루안-潞安], 택주[쩌저우-澤州], 평양[핑양-平陽]의 다섯 곳에서 복회사의 석탄·철광 채굴권 환수를 요구하였다.

1907년 도청철도의 백산~청화 구간이 완공되어 1907년 3월 3일에 도청철도 전선이 정식으로 운행되었다. 전체 길이는 150여 km, 20개 역으로 중국 허남성 경내의 첫 번째 철도 노선이다.

1908년 산서상무국山西商務局은 복회사와 교섭하여, 백은白銀 275만 냥으로 각 광산을 회수하고, 원 계약을 취소했다. 그래서 청화~택주까지 가는 철도 노선은 건설이 중단되었다.

1930년 12월 5일 남경 정부 철도부는 도청 철도관리국을 폐지하고, 도청철도는 경한철도의 지선으로 바뀌었다.[58]

---

58) https://toujikyaku.cocolog-nifty.com/blog/2012/04/post-7ca3.html

〈표 2〉 제국주의 자본으로 건설된 철도

철도 노선 및 연도		자금제공 국가	운영권 및 조건	중국의 회수
경한[징한-京漢]철도(1897년)		벨기에	벨기에회사 30년 운영권	1909년 회수
정태[정타이-正太]철도(1902년)		러시아 / 프랑스	러시아회사, 25년 운영권	1932년 회수
변락[벤뤄-汴洛]철도(1903년)		벨기에	벨기에회사, 30년	1911년 회수
관내외철도-경봉철도 (1898)	북경[베이징-北京]~수중[쑤이중-綏中]		청 정부 건설	
	수중[쑤이중-綏中]~심양[선양-瀋陽]	러시아, 영국	중영은행(British and Chinese Corporation), 45년	1900-러시아 1902-영국 회수
	지선 : 금주[진저우-錦州]~영구[잉커우-營口]			
호녕[후닝-滬寧]철도		영국	중영은행(British and Chinese Corporation), 50년	1929년 회수
월한[위에한-粤漢]철도		미국	화미합흥회사華美合興公司(American China Development Company), 50년	1905년 회수
진포[진푸-津浦]철도(1908년)		영국, 독일	덕화은행德華銀行(Deutsch-Asiatische Bank, 화중철도공사華中鐵路公司[59], 30년	차입과 철도 건설은 두 가지 사항으로 나누어져 있어 중국이 거의 모든 관리권을 유지할 수 있게 됐다.
광구[광쥬-廣九]철도(1907년)		영국	중영은행(British and Chinese Corporation), 30년	화단[[화돤-華段]; 광주[광저우-廣州]~심천[선전-深圳])은 중국이 소유하고 영단([잉돤-英段]; 심천[선전-深圳]~홍콩香港 구룡[쥬룽-九龍] 구간은 1997년 홍콩 반환 후 중국 소유
도청[다오칭-道淸]철도		영국	복회사(영국과 이탈리아 합작회사) 30년	1905년 회수

---

59) 화중철도공사華中鐵路公司는 1904년 중영은회사(British and Chinese Corporation)와 복福회사(The Peking Syndicate)가 합병해 만든 것으로 영국은 중국 투자 역량 강화에 목적을 두고 있다.

3. 제2차 세계대전 이후

1945년 2월 제2차 세계대전의 결정적 승리를 눈앞에 둔 시점에서 미국, 영국, 소련 등 3개국 정상인 루스벨트, 처칠, 스탈린은 소련 흑해 크림반도의 얄타에서 비밀회의를 열었다.

소련은 독일에 승리한 후 3개월 내에 일본과의 전투에 참가하기로 결정하였고, 동시에 소련은 1935년 2월 23일에 만주국에 양도하여 14,000만 엔을 받아 동청[둥청-東淸]철도를 계속 중국과 소련이 함께 관리한다는 협정을 체결하고, 여순군항旅順軍港과 대련[다렌-大連]을 자유항으로 공동 사용하는 데 합의했다.

5월 8일 독일은 항복했으며, 6월 미군은 일본 류큐제도를 점령했다. 7월 미·영·소 세 나라는 독일에서 포츠담담화 내용을 발표했는데 일본에 마지막 조건 없는 항복의 기회를 주었고, 같은 달 26일 중·미·영 3개국의 포츠담 선언은 일본에 "즉각 무조건 항복하라."고 요구했으며, 1943년 12월 1일 3개국 정상이 발표한 카이로 선언을 준수하고, 대만[타이완-臺灣]과 팽호[펑후-澎湖]열도 등을 중국에 반환해야 한다는 규정을 재확인했다. 1945년 8월 15일 일왕은 조건 없는 항복을 공식 선언했다. 일본은 9월 2일 중국에 무조건 항복하는 항복서에 서명하면서 "포츠담 선언의 조항을 충실히 이행한다."고 밝혔다.

1) 중·소 공동으로 관할하는 중국 장춘철도

장춘[창춘-長春]철도를 1897년부터 1920년까지는 대청동청大淸東淸철도로 부르고, 1920년부터 1932년까지 중국 동방철도(중동철도)로, 1932년부터 1935년까지 북만北滿철도로, 1945년부터 1952년까지는 중국 장춘[창춘-長春]철도로 불렸다.

일본이 동북지역의 이익에 개입하자 만주국과 소련이 공동 운영하던 시기에 북단은 북만철도로, 남단은 남만철도로 개칭하였다. 제2차 세계대전 이후 소련은 다시 이 철도를 장악해 중국 장춘철도로 불렀다.

1945년 8월 15일 일본이 항복하고, 9월 2일 소련군이 만주리[만저우리−滿洲里]~수분하[쑤이펀허−綏芬河]철도를 관할하였으며, 다른 철도는 여전히 남만주철도주식회사가 운영하였다.

1945년 8월 14일 중화민국 국민 정부는 소련 정부와 '중·소우호동맹조약'과 '중화민국과 소비에트사회주의공화국 연방의 중국 장춘철도 협정'을 맺었다. 협약에 따라 동청철도의 만주리~수분하 구간과 하얼빈[哈爾濱]에서 대련[다롄−大連], 여순[뤼순−旅順]에 이르는 남만철도 간선이 합쳐져 중국 장춘철도가 되었다. 중국 장춘철도의 약칭은 '중장中長철도'이다. 중장철도는 중국과 소련 양국의 공동 소유로 공동 경영하며, 순수 운송 사업으로서 30년 기한이 만료되면 중국에 무상 반환된다고 규정하였다.

또한 대련을 중국이 자유항으로 선포하고 각국의 항운 무역을 일률적으로 개방하였다. 항구의 공사 및 설비의 절반은 소련 측에 무상으로 대여하고 30년간의 기한에 나머지 절반은 중국이 사용한다. 항구의 주임은 소련인이 맡고, 부주임은 중국인이 맡는다.

여순을 중·소 양국이 해군 근거지로 공동으로 사용하고, 중·소 양국의 군함과 상선만 사용하며, 방위는 소련이 담당하지만, 이 지역의 민사 행정은 중국이 담당하며 30년 한도로 제한된다.

신중국 성립 후인 1950년 2월 14일 주은래周恩來 정무원 총리는 중국 정부를 대표해 소련 모스크바에서 '중·소 우호동맹 공조조약'과 '중국 장춘철도·여순구[뤼순커우−旅順口] 및 대련에 관한 협정'을 체결하였다. 양국은 소련 정부가 중국 장춘철도를 공동 관리할 모든 권리와 이에 속하는 전 재산을 중화인민공화국 정

부에 무상 이양하기로 합의했다.[60]

중·소 양국 대표는 1950년 4월 북경에서 1950년 4월 25일부터 중국 장춘철도회사를 설립해 중·소 양국이 공동 관리하는 기구로 하는 것에 합의했다.

1950년 5월 1일 중·소 양국 공관의 중소합작 중국 장춘철도회사가 설립되었다.

1952년 10월 20일 중·소 양국 합동위원회가 구성돼 하얼빈에서 중·소합동위원회의 첫 회의가 열렸다. 1952년 12월 31일 하얼빈에서 중·소 합동위원회

〈표 3〉 동청철도의 변화

	러시아 통치 시기	일본 통치 시기 (남만주철도주식회사)		중·소 공동관리 시기	중국 운영
운영	동청철도 / 중동철도	북만주철도와 남만주철도		중국 장춘[창춘─長春]철도	중국 철도 하얼빈철도국, 심양철도국
시간	1897~1932	1932~1945		1945~1952	1952~
하얼빈[哈爾濱]~만주리[만저우리─滿洲里] 구간	시베리아 횡단 철도	서단	빈주 ([빈저우─濱洲]; 하얼빈[哈爾濱]~만주리[만저우리─滿洲里])철도		
하얼빈[哈爾濱]~수분해[쑤이펀허─綏芬河] 구간		동단	빈수([빈쑤이─濱綏]; 하얼빈[哈爾濱]~수분해[쑤이펀허─綏芬河])철도 종점인 동시에 시베리아철도의 지선인 수분해[쑤이펀허─綏芬河]~그라데코보		
하얼빈[哈爾濱]~중국 장춘[창춘─長春] 구간	동청철도의 지선(남단)	남만주철도	경빈선 京濱線(북경 [베이징─北京]~하얼빈 [哈爾濱])	장빈선長濱線(장춘[창춘─長春]~하얼빈[哈爾濱]	하대철도 (하얼빈[哈爾濱]~대련[다렌─大連]	경합[징하─京哈]철도의 선하구간
장춘[창춘─長春]~대련[다렌─大連] 구간			연경선 連京線(대련 [다렌─大連]~북경[베이징─北京])	장대선 長大線(장춘[창춘─長春]~대련[다렌─大連]		선다철도

60) 金士宣·徐文述, 《中國鐵路發展史 1876~1949》, 中國鐵道出版社, 2000, pp.464-465

1897～1915 대청동청철도

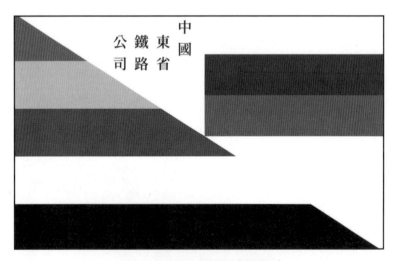

1915～1925 중국 동청철도(중동철도)

회의 종결 서명식을 갖고 중국 장춘철도는 공식적으로 모두 중국으로 이관됐다.

1953년 하얼빈 철도관리국이 부활되어 중장철도를 모두 관할하게 되었으며, 하얼빈에서 여순에 이르는 하얼빈철도를 포함하였다.

동청철도의 깃발은 양쪽 국기를 합쳐 만든 깃발로 정권이 바뀌면서 여러 차례 바뀌었다(역사 사진에 따라 복원된 시기별 철도기 참조).

오색기는 중화민국 건국 초에 집권한 남경 임시정부와 북양 정부가 채택한 국기이다.

2) 제국주의 시대 철도의 특징

당시 철도의 특징을 요약하면 첫째, 식민지·반식민지시기의 중국 철도는 제국주의가 정치·군사·경제 침략을 위한 도구였다고 할 수 있다.

소위 중외 공동 경영, 제국주의 국가가 직접 건설 경영, 중국 정부가 외화를 빌려 외국의 통제를 받고 건설하는 것은 모두 중국민들의 수많은 희생을 강요한 것이었다.

비록 철도는 선진적인 운송수단이지만, 엄밀하게는 중국 국민을 위한 철도는 아니었다. 1945년 제2차 세계대전의 종전과 1949년 10월 1일에 신중국이 성립된 후에야 비로소 중국 철도는 경제발전에 기여하였다.

구 중국 철도의 역사는 여기에서 끝나고, 새로운 중국철도 역사가 장을 열게 된다.

중국에서 열강이 본격적으로 철도부설에 뛰어들게 된 계기는 청일전쟁의 결과로 체결된 시모노세키 조약에서 자본의 투자를 허용하였기 때문이다.

이 철도들은 중국 정부가 스스로 건설한 경장[징짱-京藏]철도와 벨기에로부터 환매한 경한[징한-京漢]철도, 그리고 각 성의 상업용 철도 간선과 지선을 합하면 모두 9,100km에 달한다.

1912년~1928년 북양 정부 시기 북양의 군벌 원세개袁世凱가 제국주의 각국과 결탁하여 각 성에서 철도 국유와 철도권에 대한 외채 상담으로, 또 한 차례의 제국주의 철도권 수탈의 절정을 불러일으켰다. 중국 철도 부설권을 상실한 노선거리는 약 1만 km에 달하였으나, 제1차 세계대전이 일어나자 제국주의 각국이 자기들만의 전쟁에 빠져 중국 철도를 건설하는 데 신경 쓸 겨를이 없어 공사를 시작하지 못했다.

국민당 정부는 국내 자본과 제국주의 자본이 합작하여 철도에 투자하는 방식을 채택하여 1928년부터 1937년까지 10년 동안 3,600km를 건설하였다

둘째, 중국 철도 노선망은 동북과 연해지역에 치우쳐 있어 불균형적이라고 할 수 있다. 중국의 철도망 중 동북3성의 노선이 매우 긴데 이 지역은 농림과 광물자원이 풍부하고, 또 대련, 여순 두 곳의 부동항이 있기 때문에 러시아와 일본 양국이 반세기 이상 지속적으로 통제하려한 것이다. 이는 중외 공동 경영[61], 직접 경영, 투자 통제 등 다양한 형태를 띠고 있었다. 1931년 만주사변 후 동북 모든 철도는 식민지 철도로 전락하였다. 일본이 항복하기 전에 중국에 새로 건설된 철도는 5,700km에 달하였다.

구미歐美 제국주의 각국은 군함 외교정책을 채택하여 연해안의 각 성으로부터 내륙으로 침입하였는데, 이는 연해 각 성은 토지가 비옥하고 인구가 조밀하며 농산물이 풍부하고 수공업과 상업이 비교적 발달하였기 때문이다.

화북지역은 탄광자원이 많아 영국과 독일, 프랑스 등 삼국이 독단적으로 세력

---

61) 외국회사의 자본과 중국의 자본이 결합해 공동으로 경영하고 손익을 책임지며, 투자 위험을 분담하는 형태로 권리와 책임을 출자 비율에 따라 결정하는 방식이다.

범위를 나누어 철도 건설권을 탈취하였다. 미국은 비록 세력권을 나누지는 않았지만, 벨기에, 러시아와 프랑스 양국의 세력이 모두 적극적으로 철도권을 쟁탈하였다.

이렇게 청나라와 북양 정부 때 수도인 북경을 중심으로 영국과 프랑스, 벨기에, 독일 등 4개국으로부터 차관과 본국으로부터 약간의 교부금을 받아 건설한 경한철도, 경봉철도, 진포철도, 도청철도 등의 철도 노선과 독일이 직접 경영하다가 일본이 환매한 교제철도를 포함하여 길이 7,800km의 화북철도망을 구축하였다.

셋째, 중국 철도는 자금과 기술을 국외에 의존하였다.

철도의 건설은 노반, 궤도, 교량, 터널, 기관차, 여객과 화물차량, 차량공장 기계, 전력과 신호 등의 부분을 포함하고 있으며, 대량의 자금과 많은 기술 인력이 필요하다.

청나라와 북양 정부는 철도 건설에 필요한 조달과 부지 매입, 노반 공사에 대한 제반 비용도 지불할 능력이 없어 모두 제국주의 각국에게 돈을 빌려야 했다. 약간의 건설비가 국내에서 지출되는 것을 제외하고 레일, 교량, 기관차, 여객과 화물차량, 차량공장의 기계, 전신 등 모두 외화로 해외에서 구입한 것이다.

제2절 1949년 이후의 중국 철도의 발전과정

1945년 제2차 세계대전이 끝나고 1949년 중화인민공화국이 성립됐다. 중국 정부가 철도를 돌려받은 이후인 1949~1952년은 주로 철도망과 운영을 서둘러 정비한 시기이다.

1953년에서 1978년까지는 철도 건설이 계획적으로 진행되었고, 중국 철도망 골격이 형성되는 시기였다.

1953년부터 국가가 계획적으로 국민경제를 발전시키는 시기에 들어섰으며, 1980년까지 5개년 계획으로 총 100여 개의 간선과 지선을 신설했다. 1980년 말 기준 철도 영업거리가 4만 9,940km에 달할 정도로 전국의 철도망이 확장되었다.

개혁개방 정책을 관철하여 중국 철도는 새로운 발전기에 들어섰다. 1979년 이후 국민경제가 급속하게 성장하였고 여객과 화물수송량이 급증하여 철도 수송능력이 수요를 만족시킬 수 없었기에 철도부는 영업철도 개조에 자금을 투입하여 수송 능력을 확대하고 새로운 철도 노선 건설도 진행하였다.

2003년 현재 경합([징하–京哈]; 북경[베이징–北京]–하얼빈[哈爾濱) 고속철도의 일부 노선 구간이 되는 진심([친선–秦瀋]; 진황도[친황다오–秦皇島]~심양[선양–瀋陽])철도 여객전용선은 설계 속도가 250km/h이지만, 실제 운영속도는 160km/h로 시작하였다. 당시 진심철도의 영업거리는 404km로, 이는 중국 철도 건설의 이정표가 되었다.

2008년 8월 1일에 시속 350km의 경진([징진-京津]: 북경[베이징-北京]~천진[톈진-天津]) 도시 간 고속철도가 개통되어 중국이 공식적으로 '고속철도 시대'에 진입했음을 알렸다.

1. 서남지역 철도

1) 성유철도 - 중화인민공화국 수립이후의 최초의 간선철도

성유([청위-成渝]: 성도[청두-成都]~중경[충칭-重慶])철도는 중국 서부의 사천성 성도와 중경을 잇는 철도로 1950년 6월 15일 착공해 1952년 7월 1일 전 노선이 개통되었다. 1949년 신중국 성립 이후 건설된 첫 간선 철도이자 성도와 중경 두 도시를 연결하는 철도로, 성도철도국이 관할하고 있다.

성유철도는 성도역을 출발하여 동쪽으로 운행하다가, 홍화당[홍화탕-紅花塘]역을 지나 남쪽으로 꺾어 타강하곡[퉈장허구-沱江河谷]을 따라 남쪽으로 간양[젠양-簡陽], 자양[쯔양-資陽], 자중[쯔중-資中], 내강[네이장-內江], 융창[룽창-隆昌]을 지나 동쪽으로 중경 경내로 진입하였다. 전체 길이는 505km이다.[62]

---

62) 王芝芬,《成渝鐵路》, 新知識出版社, 1954. 05, p.14

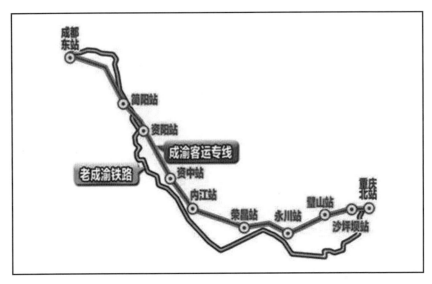

성유철도 노선도

출처 : https://twgreatdaily.com/zh-hans/svucqW8BUQOea5Owf7OD.html

1952년 7월 1일, 성유철도의 전 노선 개통 모습

출처 : https://twgreatdaily.com/zh-hans/svucqW8BUQOea5Owf7OD.html

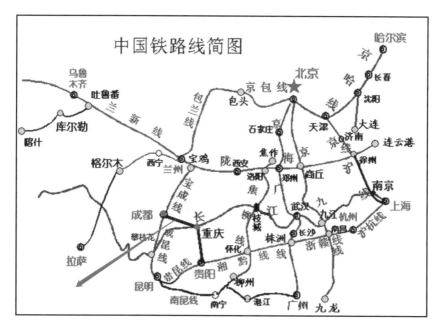

중국 성유철도

출처 : https://slidesplayer.com/slide/11096635/

성유철도

출처 : https://twgreatdaily.com/zh-hans/svucqW8BUQOea5Owf7OD.html

1953년에서 1980년 사이에 간·지선 100여 개가 신설되었는데 중국 서남지역의 개발을 위해 성유철도, 보성([바오청-寶成]; 보계[바오지-寶雞]~성도[청두-成都])철도, 천검([촨첸-川黔]; 사천성[쓰촨-四川]~귀주[궤이저우-貴州]성)철도, 상검([샹첸-湘黔]; 호남[후난-湖南]~귀주성)철도, 검귀([첸궤이-黔桂]; 귀양[궤이양-貴陽]~유주[류저우-柳州])철도, 귀곤([궤이쿤-貴昆]; 귀양[궤이양-貴陽]~곤명[쿤밍-昆明])철도, 성곤([청쿤-成昆]; 성도[청두-成都]~곤명[쿤밍-昆明])철도, 양안([양안-陽安]; 한중[한중-漢中] 양평관[양평관-陽平關]~안강[안캉-安康])철도 등의 노선들이다.

2) 보성철도 - 최초의 전철화 노선

보성([바오청-寶成]; 보계[바오지-寶雞]~성도[청두-成都])철도는 중국 섬서성[산시성-陝西省]보계[바오지-寶雞]에서 사천[쓰촨-四川]성 성도[청두-成都]를 연결하는

보성철도 개통식 모습

출처 : https://www.12371.cn/2021/01/14/VIDE1610590801525722.shtml

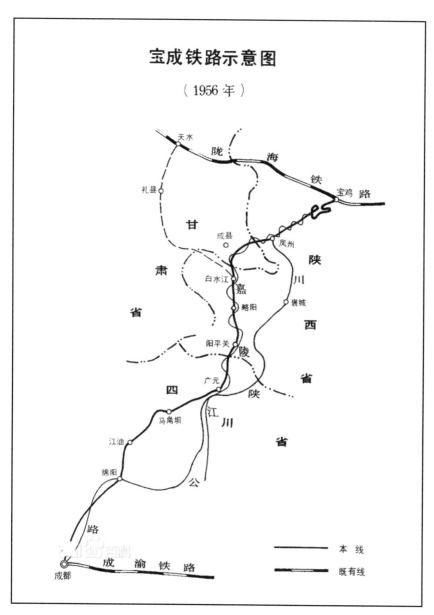

보성철도 노선도

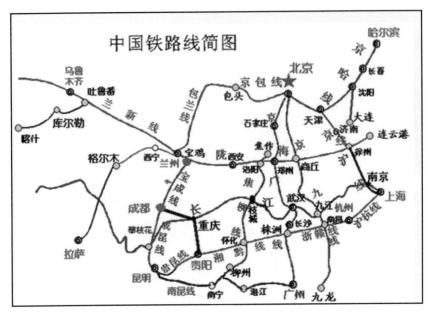

중국 철도 노선 약도(보계[바오지-寶雞]~성도[청두-成都])

출처 : https://slidesplayer.com/slide/11096635/

668.2km의 노선이다. 1952년 7월, 1954년 1월 각각 성도와 보계 양쪽에서 착
공하여 1956년 7월 12일 황사하[황사허-黃沙河]에 연결하고 1958년 1월 1일 운
영이 개시되었다. 보성철도는 1975년 7월 1일 전 노선의 전철화가 완료된[63] 최
초의 전철화 노선이며, 중국 서북부와 서남부를 연결하는 최초의 철도 간선이기
도 하다.[64]

그중 성도에서 양평관[양핑관-陽平關]까지는 복선, 양평관에서 보계까지는 단선
이다. 보성철도 복선은 1993년부터 건설돼 1999년 12월 26일 완공되었고, 운

---

63) 裵征, 《通向幸福之路 寶成鐵路介紹》, 四川人民出版社, 1956. 06, p.1

64) 西寧鐵路局編著, 《寶成鐵路 修建記》, 人民鐵道出版社, 1960. 01, pp.54~56

영은 시속 80km이다.

3) 천검철도

천검([촨첸-川黔]; 사천[쓰촨-四川]성~귀주[궤이저우-貴州]성)철도는 중국에서 중경[충칭-重慶]시가 한때 속했던 사천[쓰촨-四川]성과 귀주[궤이저우-貴州]성의 약칭에서 비롯되었다.

천검철도는 중국에서 충칭 중경과 귀주성 귀양[궤이양-貴陽]시를 연결하는 철도로 중국 철도부는 1997년 중경시가 직할로 복귀한 뒤에도 이름을 바꾸지 않고 천검성철도로 불렸다. 이 노선은 중경시와 귀주성에 있으며, 이중 귀주성 경내 292.8km로 성도[청두-成都] 철도국 관할이다.

천검철도는 1956년 4월 착공되어 1965년 7월 13일 전 구간이 개통되었으며 1965년 10월 운행을 시작하였는데 전 노선 470km이다. 1991년 12월 28일 전 구간이 전철화되었고 최고 운행속도는 60km/h이다.[65]

천검철도는 북쪽으로 성유([청위-成渝]; 성도[청두-成都]~중경[충칭-重慶])철도, 양유([샹위-襄渝]; 양양[샹양-襄陽]~중경[충칭-重慶])철도, 남쪽으로 검귀([첸궤이-黔桂]; 귀양[궤이양-貴陽]~유주[류저우-柳州])철도, 귀곤([궤이쿤-貴昆]; 귀양[궤이양-貴陽]~곤명[쿤밍-昆明])철도, 상검([샹첸-湘黔]; 호남[후난-湖南]성~귀주[궤이저우-貴州]성)철도 등과 연결되며, 서남지방 철도망의 중요한 구성 부분이다. 건설 후 연선 광공업 관련 기업의 발전이 매우 빠르게 진행되고 있다.[66]

천검철도는 개통된 지 반세기가 지나 노선의 노후화가 심각하며 지형적인 기

---

65) 孫永福, 《中國鐵路建設史》, 北京: 中國鐵道出版社, 2003, pp.158-159
66) 亢賓·紀丽君·白月廷, 《圖說建國初期鐵路》, 北京: 中國鐵道出版社, 2011. 10, p.77

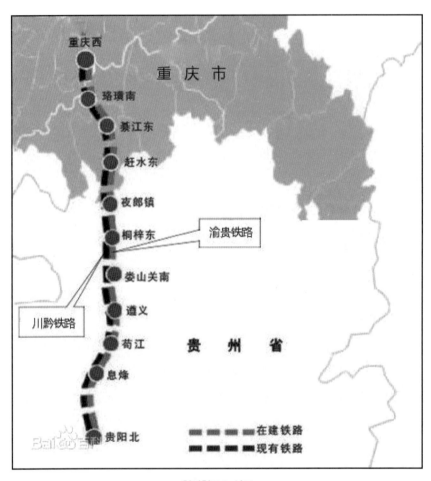

천검철도 노선도

출처 : https://baike.baidu.com/item/

후 때문에 매년 여름 장마철이면 폭우로 선로가 끊기는 일도 있다.

2018년 초 유귀([위궤이-渝貴]; 중경[충칭-重慶]~귀양[궤이양-貴陽])철도가 개통된 후, 천검철도는 점점 화물만 운송하는 노선으로 전환되어 주로 통학, 관광, 친지 방문을 목적으로 하는 여객철도 노선 왕복만(5,630회) 운행하고 있다.

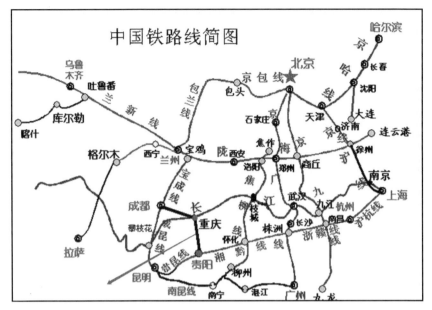

천검철도 노선

출처 : https://slidesplayer.com/slide/11096635/

4) 상검철도

상검([샹쳰-湘黔]; 호남[후난-湖南]성~귀주[궤이저우-貴州]성)철도는 호남성과 귀주성의 약칭에서 비롯되었다. 상검철도는 중국 호남성 주주[주저우-株洲]에서 귀주성 귀양[궤이양-貴陽]시까지의 노선이다.

이 철도는 1937년 착공해 1972년 10월 건설됐으며, 총길이는 905km로 전 노선이 복선 전철화가 되었다.[67]

중국 철도의 제6차에 걸친 철도 수송관리 사업의 필요성에 부응하기 위해서

---

67) 孫永福, 《中國鐵路建設史》, 中國鐵道出版社, 2003, p.136

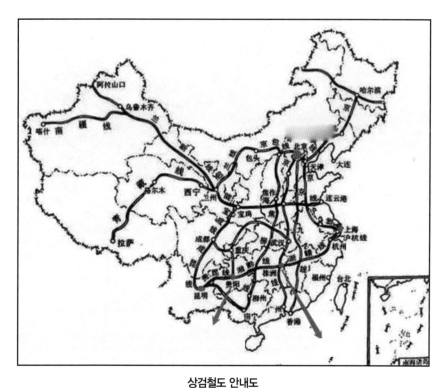

상검철도 안내도

출처 : https://www.sgss8.com/tpdq/18652260/2.htm

2006년 12월 31일 상검철도는 호항([후항-滬杭]; 상해[상하이-上海]~항주[항저우-杭州])철도, 절간([저간-浙贛]; 절강[저장- 浙江]성 항주[항저우-杭州]~호남[후난-湖南]성 주주[주저우-株洲])철도, 귀곤([궤이쿤-貴昆]; 귀양[궤이양-貴陽]~곤명[쿤밍-昆明])철도와 합병하여 호곤([후쿤-滬昆]; 상해[상하이-上海]~곤명[쿤밍-昆明])철도로 불리며, 중국 중남부지역의 동서 방향 철도 간선이 되었다. 1999년 1월 19일 전 구간 전철화, 최고속도 시속 120km로 운행하였다.

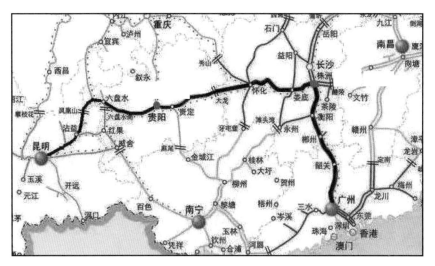

상검철도 안내도

5) 검계철도

검계([첸궤이-黔桂]: 귀양[궤이양-貴陽]~유주[류저우-柳州])철도는 귀주[궤이저우-貴州]성과 광시장족자치구廣西壯族自治區에서 비롯되었다.

검계철도는 귀주성 귀양시에서 광시장족자치구 유주시까지 연결하는 간선 철도다. 검귀[첸궤이-黔桂]철도는 국철 1급 단선 전철화 철도이며, 용리[룽리-龍里]역에서 시작하여 유주역까지 연결하고 있다.

중국철도성도국집단유한공사中國鐵路成都局集團有限公司는 용리역~마미[마웨이-麻尾]역 구간을 관리하고 중국철도남녕국집단유한공사中國鐵路南寧局集團有限公司는 마미역~유주역 구간을 관리하는 중국 서남지역 최초의 표준궤 철도이다.[68]

---

68) 孫永福,《中國鐵路建設史》, 中國鐵道出版社, 2003, p.138

검계철도 노선도

출처 : https://baike.baidu.com/item

　2004년 12월 검귀철도는 확대 개량공사가 시작됐으며, 606.7km였던 선로의 전체 길이는 489km로 기존 노선보다 약 118km 단축되었다.

　개량공사에 총 91억 7,000만 위안이 투입되었으며 최고 속도는 시속 160km에 이른다.

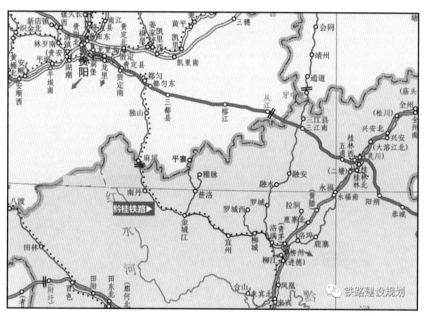

검계철도 안내도

출처 : https://www.sohu.com/a/483880654_121119252

남녕국 vs 성도국 관리구역

출처 : https://www.sohu.com/a/483880654_121119252

6) 귀곤철도

귀곤([꿰이쿤-貴昆]; 귀양[꿰이양-貴陽]~곤명[쿤밍-昆明])철도는 귀양에서 곤명까지 644km에 이른다. 1958년 8월에 착공하여 1966년 3월에 개통하였으며, 1970년 12월에 운영을 시작하였다.

귀곤철도는 운귀[윈꿰이-雲貴] 고원高原 오몽산[우멍산-烏蒙山] 구역을 운행하는데 지세가 험준하고 지질이 복잡하다. 건설된 후, 연선 광공업 관련 기업이 발전하면서 수송량이 급격히 증가하였다. 1980년에 전철로 개량하였으며 전 구간에 터널 187개, 교량 301개가 있다.[69]

귀곤철도 건설 설명도

출처 : http://www.tdbjy.com/cms/show-64300.html

---

69) 孫永福,《中國鐵路建設史》, 中國鐵道出版社, 2003, pp.160-161

7) 성곤철도

성곤([청쿤-成昆]; 성도[청두-成都]~곤명[쿤밍-昆明])철도는 사천성 성도인 성도와 운남성 성도인 곤명을 연결하는 길이 1,090.9km로 중국 철도의 주요 간선 중 하나이다. 1958년 착공하여 1970년 7월 개통하였으며, 1970년 12월에 운영을 시작하였다.[70]

성곤철도는 남북 방향으로 중국 서남지역의 간선이며, 설계 속도는 시속 80km, 부분 구간은 개량을 거친 후 시속 160km로 속도를 향상시켰다.

성곤철도의 곤명~반지화[판즈화-攀枝花] 구간은 곤명 철도국이 관리하며, 반지화~성도 구간은 성도 철도국의 관할이다.

성곤철도는 지형과 지질이 매우 복잡한 사천성 서남부와 운남성 북부지역을 통과하고 있다.

성곤철도는 토석방공사 1억 m³, 터널 427개 연장 345km, 교량 991개 연장 106km이다. 교량과 터널의 총연장은 총선로 길이의 41%나 차지하고 있다.

성곤철도의 연선지역은 7억 톤의 철광석 매장량, 3억 톤의 석탄 매장량, 800만 톤의 이산화티타늄 매장량, 200만 톤의 오산화바나듐 매장량을 보유하고 있다. 그리고 다양한 금속, 비금속 광산, 희소금속과 비금속광 등 50여 종으로 당시 철광자원이 적었던 중국의 입장에서 성곤철도의 건설은 매우 큰 의미가 있었다.[71]

---

70) 成昆鐵路技術總结委員會編, 《成昆鐵路 第2冊 線路, 工程地质 及路基》, 人民鐵道出版社, 1980, p.1

71) 雨涵, 《交通回眸》, 遠方出版社, 2003. 04, p.21

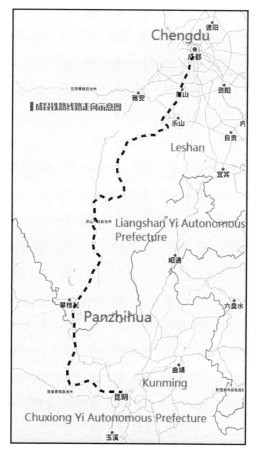

성곤철도 노선도

출처 : http://mzt.fujian.gov.cn/ztzl/dsxxjy/zggcdbnsj/202107/t20210722_5653798.htm

성곤철도 연선의 풍경

출처 : http://mzt.fujian.gov.cn/ztzl/dsxxjy/zggcdbnsj/202107/t20210722_5653798.htm

8) 양유철도

양유([샹위-襄渝]; 양양[샹양-襄陽]~중경[충칭-重慶])철도는 중국 내 호북성[후베이성-湖北省] 양양시(襄陽; 옛날의 양번시[샹판시-襄樊市])와 중경[충칭-重慶]을 연결하는 국가 1급 여객화물 철도이다. 2010년 12월 9일 양번시가 양양시로 개칭되었다.

양유철도의 동쪽 선(양양~안강[안캉-安康])은 동서로, 중선(안강~달주[다저우-達州])과 서쪽 선(달주~중경[충칭-重慶])은 남북으로 각각 향하고 있다. 중국 화북華北과 화중華中, 화남華南을 연결하는 노선으로 3횡·5종 간선 철도망의 일종이다.

양유철도는 철도 노선 중 세 번째의 전철화 노선이다.

양유철도는 양양부터 중경까지 897km에 달한다. 그 중 양양~노하구[라오허커우-老河口] 동역 구간이 57km이고 원래 한단([한단-漢丹]; 무한[우한-武漢]~단강구[단장커우–丹江口)철도의 일부분이었다. 양양~노하구 동역 구간은 1960년에 개통하였다. 나머지 노하구~중경 구간 노선은 1968년 4월 착공, 1973년 10월 개통하여 1978년 운영되었다. 이 구간 길이는 840km이다.[72]

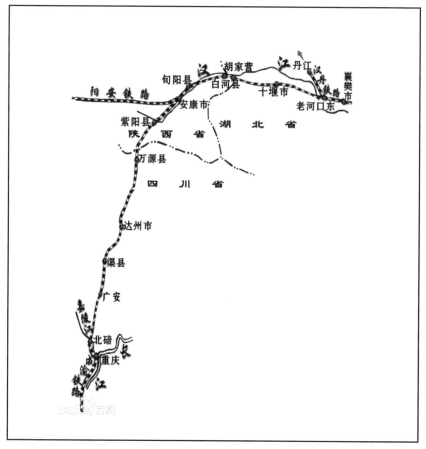

양유철도 노선도

출처 : https://baike.baidu.com/item/

---

72) 馬述林 · 孫力達 · 張海榮, 《重慶鐵路發展 : 歷史與願景》, 重慶大學出版社, 2020. 12, pp.18~19

양유철도는 터널 405개에 연장 287km, 교량 716개에 연장이 113km나 되었다. 전체 90개 역 중 36개가 교각 위나 터널 안에 세워져 있다.

양유철도의 건설은 서남지역과 화중지역의 또 다른 철도 통로가 개척되어, 호북성湖北省, 섬서성陝西省, 사천성四川省 간 교통 운수를 편리하게 하였다. 또한 연선 광공업의 발전을 촉진시켰는데, 예를 들면 과거 몇십 가구밖에 없었던 십언[스옌−十堰]시는 현재 이미 유명한 자동차 도시로 변모하였다.

9) 양안철도

양안([양안−陽安]; 한중[한중−漢中]시 양평관[양핑관−陽平關]역~안강[안캉−安康])철도는 서쪽부터 한중시의 양평관역부터 보성([바오청−寶成]; 보계[바오지−寶雞]~성도[청두−成都])

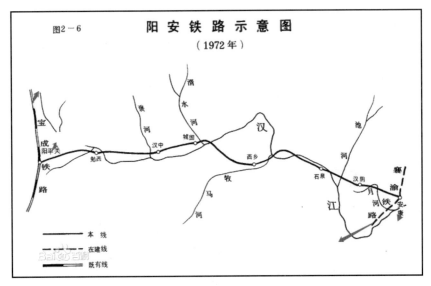

양안철도 노선도

출처 : https://baike.baidu.com/item

양안철도 안내도

철도와 연결된다. 동쪽으로 섬서성[산시성-陝西省] 안강[안캉-安康]시까지 양유([샹위-襄渝]: 양양[상양-襄陽]~중경[충칭-重慶])철도와 연결되며 총 노선 길이는 356.5km이다. 1969년 착공하여 1978년 개통되었고 설계속도가 120km/h이다.[73]

2014년 양안철도 제2선 추가 건설을 시작하여 2019년 12월 27일 전 구간이 개통되어 운영되고 있다.

개량 후 양안철도의 여객과 화물은 각각 시속 120km와 80km로 운영되었다. 전 구간 국철 1급으로 승격된 양안철도는 '복선' 운영으로 운송효율성이 크게 향상되었다.

전철화 개량공사는 1973년 6월에 착공하여 1978년 4월 1일 정식으로 전기기관차 견인을 개통하여 운행하였다. 전철화 투자액은 5,840만 위안으로 km당 평균 16만 4,000위안이었다. 중국의 두 번째 전철화 철도이며 첫 번째로 전 구간 전철화를 한 번에 개량 완성하는 철도 노선이기도 하다.

보성([바오청-寶成; 보계[바오지-寶雞]~성도[청두-成都])철도의 수송력 부족을 해소한 이 노선의 건설은 섬서성陝西省 남부의 개발과 경제에 대한 긍정적인 중요한 역

---

73) 孫永福, 《中國鐵路建設史》, 中國鐵道出版社, 2003, p.174

할을 하고 있다.

2. 서부지역 철도

중국 서북지역의 개발을 위해 여러 개의 철도 노선을 건설하였다. 주요 노선은 롱해([룽하이-隴海]; 연운항[롄윈강-連雲港]~난주[란저우-蘭州])철도의 천란([톈란-天蘭]; 천수[톈쉐이-天水]~난주[란저우-蘭州]) 구간, 난신([란신-蘭新]; 난주[란저우-蘭州]~우루무치烏魯木齊)철도, 포란([바오란-包蘭]; 포두[바오터우-包頭]~난주[란저우-蘭州])철도, 난청([란칭-蘭青]; 난주[란저우-蘭州]~서녕[시닝-西寧])철도, 청장([칭짱-青藏]; 서녕[시닝-西寧]~라싸拉薩)철도의 서녕[시닝-西寧]~격이목[거얼무-格爾木] 구간, 난강([난쟝-南疆]; 투루판吐魯番~화전[허톈-和田])철도의 투루판~카스[喀什] 구간 등이다.

1) 롱해철도, 천란 구간

롱해([룽하이-隴海]; 연운항[롄윈강-連雲港]~난주[란저우-蘭州])철도는 중국의 강소[쟝쑤-江蘇]성 연운항에서 감숙[간쑤-甘肅]성 난주까지 통하는 간선으로 1905년 착공해 40여 년의 구간 건설을 거쳐 1952년 전 구간이 완성됐으며, 현재 길이는 1,759km로 국가 1급 복선 전철화선로이다.[74]

롱해철도의 '隴'은 감숙성의 약칭이다. '海'는 해주[하이저우-海州]로 연운항시의 시할구(대도시의 현급 행정구역)이다.

---

74) 西北人民出版社編, 《慶祝天蘭鐵路通車》, 西北人民出版社, 1952, p.3

롱해철도는 중국 동·중·서부를 관통하는 가장 주요한 철도간선이며, 태평양의 중국 연운항에서 대서양 네덜란드 로테르담까지 이어지는 아시아 유럽 대륙 교통의 중요한 구성 요소이다.

1905년 10월 변락([벤뤄–汴洛]; 변량[벤량–汴梁](오늘날의 개봉[카이펑–開封]시)~낙양[뤄양–洛陽])철도가 착공되었고, 1909년 12월 완공되었으며 길이는 183km이다.

1912년 9월 북양 정부는 벨기에와 1,800km에 이르는 롱해철도를 차관으로 건설하는 계약을 체결하고, 변락철도를 기반으로 동서 방향으로 연장하여 1913년 5월 동시에 착공하였다. 1915년 5월, 개봉~서주[쉬저우–徐州] 구간이 개통됐으며 전 길이 277km이다. 그해 9월 낙양~관음당[관인탕–觀音堂](오늘날 산문협[산먼

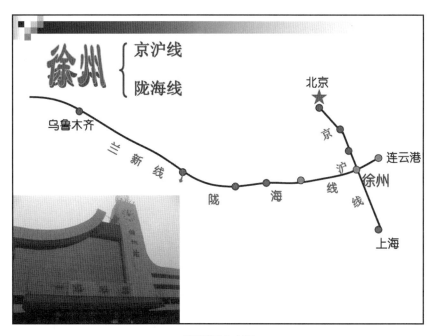

롱해철도 노선도

출처 : https://www.sgss8.com/tpdq/7790198/1.htm

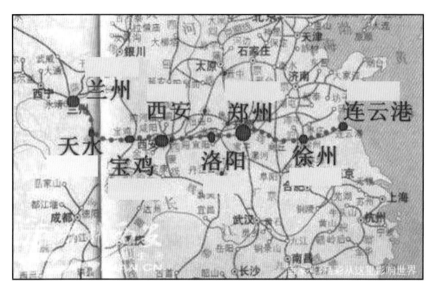

롱해철도 노선도

출처 : https://www.sgss8.com/tpdq/7790198/1.htm

샤-三門峽])시의 섬주[산저우-陝州] 구간 30km를 완공했다.

　1920년 5월에는 북양 정부가 벨기에, 네덜란드와 차관 계약을 맺고 롱해철도를 계속 건설했다. 서주~해주[하이저우-海州](오늘날의 연운항시에 있음) 구간 198.3km를 1920년에 착공하여 1923년에 준공하였다. 1927년 11월까지 관음당역~영보[링바오-靈寶]시 구간을 건설하였다.

　남경 정부 철도부는 1928년 설립돼 롱해철도를 연장하기로 했다. 영보시~동관[퉁관-潼關] 구간 길이는 72km로, 1930년 11월 착공해 1931년 12월 완공했다. 동관~서안[시안-西安] 구간 길이는 131km로, 1932년 8월 착공해 1934년 12월에, 서안~보계[바오지-寶鷄] 구간 길이는 173km로 1935년 1월 착공해 1936년 12월에 완공하였다. 롱해철도의 보계~천수 구간은 154km에 이르며 1939년 5월부터 1945년 12월까지 7년 가까이 걸려 겨우 완성하였다.

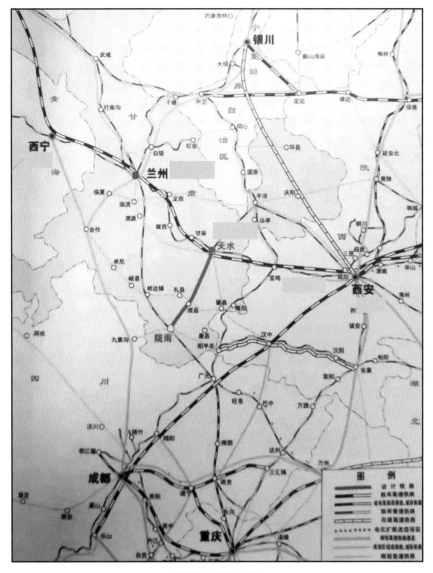

롱해철도, 천란 구간

출처 : https://www.sgss8.com/tpdq/7790198/4.htm

롱해철도의 천란 구간은 1946년 5월 착공해 1949년까지 전체 공사의 13%만 완공했다. 신중국 성립 이후 1950년 4월 착공해 1952년 10월 개통했고, 1954년 8월 정식 운행을 시작하였으며, 길이 348km에 이른다.

천수~난주 구간은 롱해철도의 가장 서쪽 구간이다. 동쪽으로 감숙성 천수시까지, 서쪽으로 감숙성 성도인 난주시까지 348km에 이른다.[75] 수송량이 증가하자 1984년 전기 철도로 개조했다. 1985년 열차 화물 밀도는 1,028만 톤으로 건설 초기보다 약 7배나 증가했다.

롱해철도의 천수~난주 구간은 서쪽으로 난신철도, 난청철도와 연결되고, 북쪽으로는 포란철도와 연결되었는데 롱해철도의 천수~난주 구간은 중국 본토에서 서북지역으로 연결하는 요충지이다.[76]

2) 난신철도

난신([란신-蘭新]; 난주[란저우-蘭州]~신강[신쟝-新疆] 위구르자치구 우루무치烏魯木齊)철도는 감숙[간쑤-甘肅]성 난주시에서 신강, 위구르자치구 우루무치시까지 총길이는 1,892km구간이다. 1952년 10월 착공해 1962년 말 우루무치 서역까지 철도를 부설하고 1966년 전 구간을 운행하였다. 난신철도는 신중국 성립 이후 건설한 가장 긴 간선이다.[77]

이 철도는 동쪽으로 롱해철도와 접하여 서쪽으로 북강([베이쟝-北疆]; 우루무치~아납산구[아라산커우-阿拉山口])철도와 연결된다.

75) 楊帥,《挑戰距離》, 遠方出版社, 2004. 09, pp.44-45

76) 郭海成,《隴海鐵路與近代關中經濟經濟社會變遷》, 西安交通大學出版社, 2011. 03, p.6

77) 田立·肖磊,《鐵路縱橫》, 遠方出版社, 2005. 12, pp.38-39

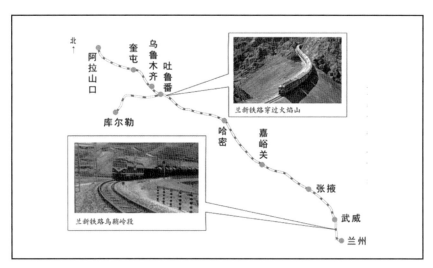

난신철도 노선도

출처 : http://www.neac.gov.cn/seac/c100508/201509/1085877.shtml

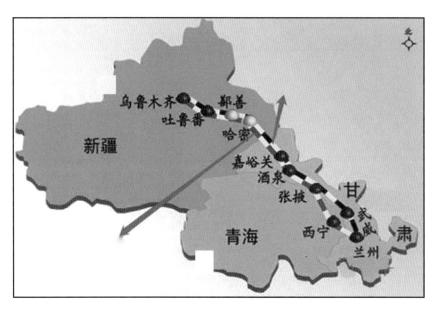

난신철도 VS 난신 고속철도 노선도

출처 : http://www.scio.gov.cn/ztk/wh/slxy

1980년대에는 난주~무위[우웨이-武威] 구간이 전철화되었고, 1994년에는 무위~우루무치 구간이 복선으로 증설되었다. 2012년 말에 전 구간이 전철화되었으며 현재 전 구간은 국철 1급 복선 전철화철도이다.

이 철도망은 대체적인 평행 방향의 고속철도 노선이며, 지금은 '난신 고속철도'라고 부른다. 선로는 난주 서역에서 서란([쉬란-徐蘭]; 서주[쉬저우-徐州]~난주) 고속철도와 연결하였다.

난주 서역에서 우루무치역까지 전 길이 1,776km에 이르며 최고시속 300km로 설계되었다. 난신 고속철도는 중국 동부에서 신강 위구르자치구까지 연결하는 두 번째 철도가 되었고, 중국 동서 방향 횡단철도선을 이루고 있어 신아시아 유럽 대륙 교통의 중요한 부분을 차지하고 있다. 또한 서북지역의 경제를 개발하고 국방상 중요한 역할을 하고 있다.

3) 포란철도

포란([바오란-包蘭]; 포두[바오터우-包頭]~난주[란저우-蘭州])철도는 내몽고內蒙古자치구의 포두시에서 감숙[간쑤-甘肅]성 난주시까지 990km에 이르는데 동서로 나누어 시공하였다. 포두~은천[인촨-銀川] 구간은 동쪽 527km, 은천~난주 구간은 서쪽 463km이다. 각각 철도부 화북·서북 설계 지국에서 측량·설계하였고, 1954년 10월에 착공하여 1958년 7월에 개통하였으며, 1958년 10월에 운행을 개시하였다.[78]

포란철도의 중위[중웨이-中衛]~간당[간탕-甘棠]역 구간은 등격리[텅거리-騰格里] 사막을 지나 전 구간 140km의 사막을 달린다. 50년대 사막에 건설된 철도로 방

---

78) 孫永福, 《中國鐵路建設史》, 中國鐵道出版社, 2003, p.153

사ㆍ치사 조치는 1987년 국가과학기술진보특등상을 받은 바 있다. 간선이 사막을 가로지르는 만큼 '중국 최초의 사막철도'로도 불린다.

포란철도는 포두역~혜농[훼이눙–惠農]역(영하회족자치구寧夏回族自治區) 석취산([스쭈이산–石嘴山]시 관할구에 있음) 구간은 후허하오터呼和浩特 철도국이 관리하고, 혜농역~난주역 구간은 난주 철도국이 관할한다. 1997년 12월에 간당~난주 동역 구간은 전철화가 시작되었고, 석취산~중위역 구간은 1998년 11월에 전철화되고, 2009년에는 포두역~혜농역까지 전 구간이 전철화되었다.

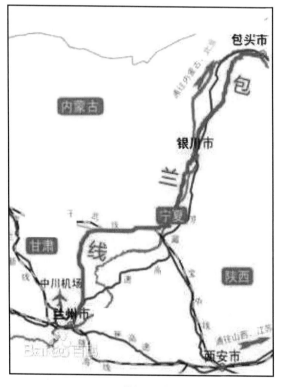

포란철도 노선도

출처 : http://news.sina.com.cn

간무([간우-干武]; 간당~무위[우웨이-武威] 남역)철도는 동쪽 포란철도의 간당역부터 서쪽 난신철도의 무위 남역까지 영하회족자치구, 내몽고자치구, 감숙성 3개 성

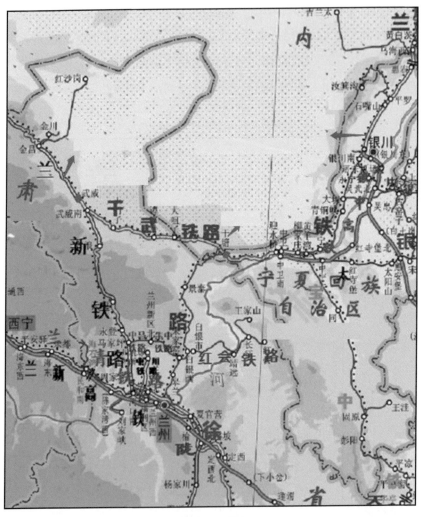

간무철도 노선도

출처 : https://baike.baidu.com/item/%E5%B9%B2%E6%AD%A6%E9%93%81%E8%B7%AF/3962530

省 172km에 걸쳐 있다. 1958년에서 1961년까지 건설되었으며, 화북에서 서북 지역으로의 운행을 단축시켰다. 이 철도는 화북에서 서북으로 가는 중요한 간선으로 영하회족자치구, 내몽고자치구, 감숙성 3개 성의 경제 건설을 가속화하는 데 중요한 역할을 한다.

4) 난청철도

난청([란칭–蘭靑]; 난주[란저우–蘭州]~청해[칭하이–靑海]성 서녕[시닝–西寧])철도는 난주에서 청해성 서녕시까지 188km에 이른다. 1958년 5월에 착공하여 1959년 9월에 개통하였으며, 1960년 2월에 운행을 개시하였다. 이 철도는 중국에서 처음

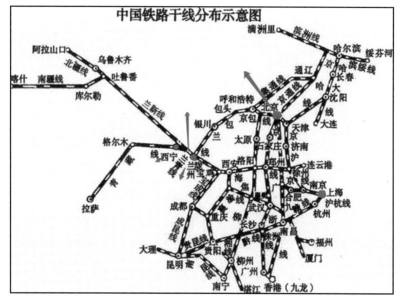

2009년 중국 철도 노선도. 난청철도

출처 : https://www.lujiaoben.com/a/205939.html

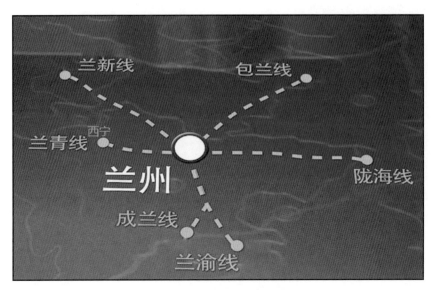

2009년 중국 철도 노선도. 난청철도

출처 : https://www.lujiaoben.com/a/205939.html

으로 청장[칭짱-靑藏] 고원에 이르는 철도이다.[79]

난청철도는 청해성과 감숙성를 연결하는 간선으로 서북 철도망에서 중요한 중추 노선 중의 하나이다. 연선지역은 청해성의 주요 농업지역으로 인구가 조밀하고 도시가 많아 청해 경제 발전을 촉진하는 데 큰 역할을 하고 있다.

2006년 4월 24일 난청철도의 제2선 및 전철화를 착공, 총액 28억 500만 위안이 소요되었다. 이 중 전철화 개량 1억 3,800만 위안, 총 공사기간 30개월이다. 2007년 3월 18일 전철화 공사가 시작되어 2009년 4월 1일 전 구간이 전철화되었다.

난청철도는 동쪽에서 난주시의 하구[허커우-河口] 남역으로 바뀌어 서쪽에서

---

79) 鐵道部西寧鐵路局編, 《蘭青鐵路 河口西寧段通車紀念》, 人民鐵道出版社, 1959, p.4

서녕역까지 174km로 단축되었다. 열차 견인 정수는 4,000톤이고, 설계 시속 160km, 연간 수송 능력 8,000만 톤 이상이다.

5) 청장철도

청장([칭짱-靑藏]; 청해[칭하이-靑海]성 서녕[시닝-西寧]~티베트西藏자치구 라싸拉薩시)철도는 청해성의 서녕시에서 티베트자치구 라싸시까지 연결하는 국철 1급 철도로 중국 신세기 4대 프로젝트 중 하나이다. 이 철도는 티베트 배후로 가는 첫 철도이자 세계에서 해발이 가장 높고 긴 고원 철도이다.

청장철도는 2단계로 나누어 건설되었다. 1단계 공사는 청해성 내 서녕에서 거얼무[格爾木]시까지 1958년 착공해 1984년 5월 개통됐다. 2단계 공사는 동쪽으로 거얼무, 서쪽으로 티베트자치구 라싸까지 2001년 6월 29일 착공해 2006년 7월 1일 전 구간이 개통되었다.[80]

청장철도 노선도

출처 : https://baike.baidu.com/item

80) 雷風行, 《靑藏鐵路通到拉薩》, 五洲傳播出版社, 2008. 09, p.35

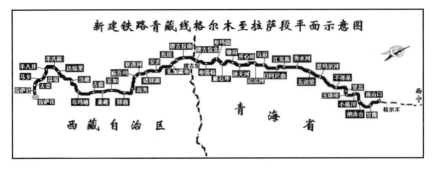

청장철도의 2단계 거얼무~라싸 안내도

출처 : http://www.mjjq.com/blog/photos/xining-lhasa.jpg

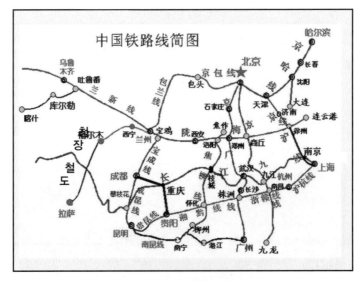

중국 철도 노선 약도. 청장철도

출처 : https://slidesplayer.com

청장철도는 서녕역에서 라싸역까지 노선 길이가 1,956km으로, 이 중 서녕~
거얼무 구간은 814km, 거얼무~라싸 구간 1,142km로 85개 역이 설치돼 있다.

설계 운행 최고속도는 서녕~거얼무 구간이 시속 160km이고, 거얼무~라

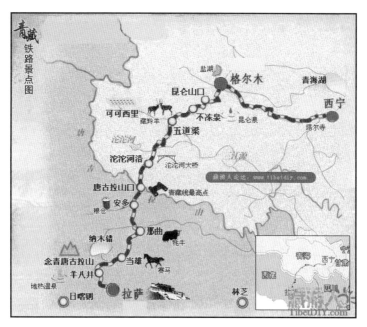

청장철도 명소 소개도

출처 : http://media.tibet.cn

싸 구간은 시속 100km로 설계되었다. 실제 운영속도는 서녕~거얼무 구간이 140km, 거얼무~라싸 구간이 시속 100km로 운행되고 있다.

　중국 정부는 2022년 6월 하순 청장철도의 거얼무~라싸 구간을 전기화해 총 공사기간 3년, 사업추계 148억 4,000만 위안, 이 중 티베트자치구 구간 72억 600만 위안을 투입하였다.

　이 철도가 개통된 후 자연환경 제약으로 교통 사각지대였던 티베트를 청해와 티베트자치구를 연결해 자원개발과 지역발전에 큰 역할을 했다.[81]

---

81) 劉同德·何邕健·張效娟, 《青藏鐵路經濟經濟帶聯動開發研究》, 中國經濟經濟出版社, 2012. 01, pp.3~4

6) 남강철도

남강([난쟝-南疆]; 투루판吐魯番시~화전[허톈-和田]시)철도는 중국 신강[신쟝-新疆] 위구르자치구 투루판시에서 화전시까지를 잇는 국철 전철화철도이다. 또한 중국 국가 '95'의 중점 공사이며 신장[신쟝-新疆] 위구르자치구의 주요 철도 간선이다.[82)

남강철도는 세 구간으로 나뉘어 건설되었는데, 이 중 1단계 동단(투루판~쿠얼러 庫爾勒) 구간은 1974년에 착공하여 1984년에 운영을 개시하였다. 그리고 2단계

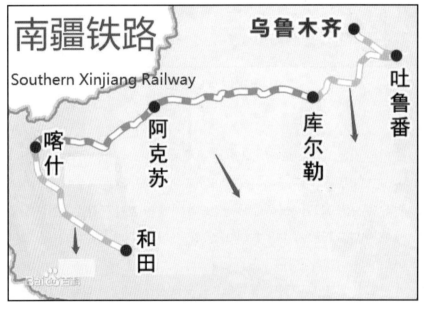

남강철도 노선도

출처 : https://baike.baidu.com/item/

---

82) 孫永福,《中國鐵路建設史》, 中國鐵道出版社, 2003, p.186

서쪽 연장 구간인 쿠얼러~카스[喀什]는 1996년 9월에 착공하여 1999년 12월 6일에 운영 시작, 3단계 카스~화전 구간은 2008년 7월 3일에 착공하여 2011년 6월 28일에 운영을 시작하였다. 남강철도 전 노선은 1,930km이다.

남강철도는 대체로 역사적으로 유명한 '실크로드'의 방향을 따라 뻗어 나갔다. 연선에 물산이 풍부하고, 석탄과 철, 구리, 납, 아연, 석면, 수정 등 각종 광물자원이 매장되어 있어 개통된 후 광물자원 개발에 중요한 인프라가 되었다.

철도 개통으로 남강지역의 개발을 촉진하고, 신강 위구르자치구의 경제 건설을 가속화하였다.

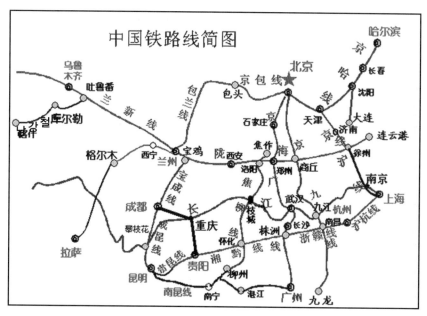

중국 철도 노선 약도. 남강철도의 투루판~카스 구간

출처 : https://slidesplayer.com/slide/11096635/

〈표 4〉 1950년 이후의 철도건설(서부-중부 중심)

철도명	노선	내용	지역	특징과 발전
성유[청위-成渝]철도	성도[청두-成都]~중경[충칭-重慶]	1950~1952년개통 505km	서부~중부	100개의 지선과 고속철도노선 신설
보성([바오청-寶成]철도	보계[바오지-寶雞]~성도[청두-成都]	1952~1954년 668.2km	서부	
천검[촨첸-川黔]철도	사천성[쓰촨성-四川省]~귀주[궤이저우-貴州]성	1956~1965년 470km	서부	화물과 여객수송
상검[샹첸-湘黔]철도	호남성[후난성-湖南省]~귀주[궤이저우-貴州]성	1937~1972년 905km	서부~중부	상해[상하이-上海]~곤명[쿤밍-昆明]까지 확대
검귀[첸궤이-黔桂]철도	귀양[궤이양-貴陽]~유주[류저우-柳州]		서남지역	
귀곤([궤이쿤-貴昆]철도	귀양[궤이양-貴陽]~곤명[쿤밍-昆明]	1958~1966년	서부	
성곤[청쿤-成昆]철도	성도[청두-成都]~곤명[쿤밍-昆明]	1958~1970년	서남지역	연변[옌볜-延邊] 지하자원 풍부
양유([상위-襄渝]철도	양양[상양-襄陽]~중경[충칭-重慶]	1968~1973년 897km		산시성 남부개발
양안[양안-陽安]철도	한중[한중-漢中]시 양평관[양핑관-陽平關]~안강[안캉-安康]	1969~1978년 56.5km		산시성 남부개발

〈표 5〉 서부지역 철도(1950년대 이후)

철도명	노선	내용	특징과 발전
롱해[룽하이-隴海]철도	연운항[롄윈강-連雲港]~난주[란저우-蘭州]	1905~1952년 1,759km	본토에서 서북지역
난신[란신-蘭新]철도	난주[란저우-蘭州]~우루무치[烏魯木齊]	1952~1962년 1,776km	동서방향 횡단철도, 유라시아 연결철도
포란[바오란-包蘭]철도	포두[바오터우-]~난주[란저우-蘭州]	1954~1958년 990km	중간 140km 사막
난청[란칭-蘭青]철도	난주[란저우-蘭州]~청해[칭하이-青海]성 서녕[시닝-西寧]	1958~1959년 188km	
청장[칭짱-青藏]철도	서녕[시닝-西寧]~라싸[拉薩]	1958~1984년 1,958km	세계에서 가장 높은 고원철도
남강[난장-南疆]철도	투루판[吐魯番]시~화전[허톈-和田]	1974~2011년 1,930km	신강[신장-新疆]지역 경제성장

〈표 6〉 새로운 철도노선(1970년대 이후)

철도명	노선	내용	특징과 발전
경진[칭진–京秦]철도	북경[베이징–北京]~ 진황도[친황다오–秦皇島]	1973~1975년 294km	중국 최초의 복선철도 지역의 경제발전과 대외무역에 공헌
연석[옌스–兖石]철도	연주[옌저우–兖州]~ 석구소[스저우쒀–石臼所]	1981~1985년 308km	산동성의 동남지역개발
신연[신옌–新兖]철도	신향[신샹–新鄉]~ 연주[옌저우–兖州]	1983~1985년 305km	석탄수송
대진[다친–大秦]철도	대동[다퉁–大同]~ 진황도[친황다오–秦皇島]	1985~1988년 653km	석탄자원수송
통곽[퉁훠–通霍]철도	통요[퉁랴오–通遼]~ 곽림하[훠린허–霍林河]	1978~1985년 419km	석탄수송과 동북지역경제에 기여
난신철도의 우루무치烏 魯木齊~아라산커우阿拉 山口 간	우루무치烏魯木齊~ 아라산커우阿拉山口	1958~1990년 467km	유라시아교역로

〈표 7〉 주요철도노선(1990년대 이후)

철도명	노선	내용	특징과 발전
경구[징쥬–京九] 철도	북경[베이징–北京]~ 홍콩香港 구룡[쥬룽–九龍]	1993~1996년 2,315km	중국 내에서 가장 많은 투자를 하여, 한꺼번에 건설한 최장 복선 철도
경합[징하–京哈] 철도	북경[베이징–北京]~ 하얼빈[哈爾濱]	1881~1881년 (초기10km건설) 1,241km	선로는 남북 방향으로 뻗어 있어, 중국과 러시아를 연결하는 중요한 통로
초류[쟈오류–焦柳] 철도	하남[허난–河南]~ 초작[쟈오쭤–焦作]~ 광서[광시–廣西]~ 유주[류저우–柳州]	1970~1978년 1,655km	노선은 남북 방향으로 중국 화북·화중· 화남 지역을 관통
경포[징바오–京包] 철도	북경[베이징–北京]~ 포두[바오터우–包頭]	1905~1924년 817km	석탄 수출선일 뿐만 아니라 몽골 및 러시아 연방과 통하는 국제선의 일부
복하[푸샤–福廈] 고속철도	복주[푸저우–福州]~ 하문[샤먼–廈門]	2009~2013년 275km	중국 최초의 중국 독자적인 지적 재산권 기술을 채택한 고속철도
청장[칭짱–青藏] 철도	청해[칭하이–青海]~ 서녕[시닝–西寧]~ 라싸拉薩	2001~2006년 1,956km	세계에서 해발이 가장 높은 철도로 '하늘길'로 불리
심대[선다–瀋大] 고속철도	심양[선양–瀋陽]~ 대련[다롄–大連]	2010~2012년 300km	중국이 처음으로 자주적으로 설계 건설한 고속철도
성유[청위–成渝] 고속철도	성도[청두–成都시 ~중경[충칭–重慶]	2005~2021년 653km	CTCS-3 열차 제어 시스템을 채택한 중국 최초의 고속철도

철도명	노선	내용	특징과 발전
하얼빈[哈爾濱~ 자무스[佳木斯] 여객 전용선철도	하얼빈[哈爾濱~ 자무스[佳木斯]	2013~2018년 343km	중국 최초의 동북 종단 고속철도
낙초[뤄쟈오-洛焦] 여객 전용선철도	낙양[뤄양-洛陽]~ 초작[쟈오쭤-焦作]	2014~2019년 138km	중국의 첫 번째 전 노선은 자율주행 기술을 적용한 고속철도
하심[사선-廈深] 철도	하문[샤먼-廈門]~ 심천[선전-深圳]	2013~2020년 502km	중국 최초의 성급 간 고속철도이자 복건성 과 광둥성 간 고속철도의 중요한 부분
귀광[케이광-貴廣] 고속철도	귀양[케이양-貴陽]~ 광주[광저우-廣州]	2011~2014년 857km	중국 최초의 다섯 개의 큰 강을 가로지르는 고속철도
항구[항취-杭衢] 고속철도	항주[항저우-杭州]~ 구주[취저우-衢州]	2014~2021년 269km	중국의 첫 번째 고속철도 노선은 기존의 동적 모니터링 기술을 채택
북경[베이징-北京]~ 웅안[슝안-雄安] 간 철도	북경[베이징-北京]~ 웅안[슝안-雄安] 신구新區	2019~2022년 92km	중국 최초로 수도 북경과 웅안 신구를 잇는 도시 간 철도
진치[뎬츠-滇池] 철도	곤명[쿤밍-昆明]~ 안녕[안닝-安寧]	2016~2021년 87km	중국 최초의 전 노선에 선로 주파수 이동 기술을 채택한 고속철도
청도[칭다오-靑島]~ 연태[옌타이-煙台] 고속철도	청도[칭다오-靑島]~ 연태[옌타이-煙台]	2016~2020년 186km	중국 최초의 산동반도 양대 도시를 잇는 고속철도
난신[란신-蘭新] 고속철도	난쥐[란저우-蘭州]~ 신강[신장-新疆] 우루무치烏魯木齊	2011~2019년 1,776km	중국 서부지역의 첫 고속철도
하대[하다-哈大] 고속철도	하얼빈[哈爾濱~ 대련[다롄-大連]	2007~2012년 921km	중국 고한 지역에서 여객이 가장 많고, 운행 거리가 가장 긴 고속철도

3. 기존 노선의 개량

1950년~1978년 사이 중국 철도는 급성장하는 수요에 따라 새로운 철도를 건설하는 동시에 기존 철도에 대한 개량사업으로 수송 능력을 향상시켰다.

주요 협궤를 표준궤로 개량하였으며, 복선의 증설과 관련해서는 1950년대부터 1960년대 초까지 심천[선전-深圳] 복선공사가 약 4,000km 완료되었다. 또 중국 전국 주요 간선 여객열차가 내연기관차로 견인되고 화물열차도 내연기관차로 견인되는 비중도 점차 높아지고 있었다. 1978년 말까지 내연기관차가 견인한 선로 거리는 7,000여 km에 달했다.

1979년 이래 중국 개혁 개방 정책을 관철하고, 중국 철도는 새로운 발전 시기로 접어들었다. 1982년 중국 공산당 제12차 대표자회의는 "철도수송은 이미 국민경제 발전을 제약하는 중요한 원인이 됐다."며 "수송량 증가에 따른 수송 능력이 불일치한 것을 타개하기 위해서는 철도가 중점적으로 건설돼 발전 속도를 높이고 수송력을 높여야 한다."고 밝혔다. 이에 따라 철도는 기본 새로운 건설과 기존 철도의 개량에 두었고, 꼭 필요한 신선 건설도 계획하였다. 동시에 견인동력의 개조를 가속화하여 기관차와 차량의 수송 능력을 향상시키고 철도의 각종 설비의 부속품을 중시하여 운송 능력을 향상시키며 취약한 부분을 해결하였다.[83]

중국 제6차 5개년 계획(1980~1985년) 기간 중국 철도가 완성한 기반시설 투자는 역대 5개년 계획 중 가장 많았다.

이중 기존 철도 개조에 대한 투자는 33.2%나 차지하였다. 기존 철도 노선의 복선 건설은 1,870km로 주요 간선이 복선철도가 되었다.

개량 및 새로운 전철노선 건설은 2,483.5km이며, 동력차 중에 내연기관차(디젤기관차)와 전기기관차가 차지하는 비중은 39.1%였다.

운수 조직 방면에서 많은 개혁이 이루어졌다. 소량 화물(Less-than-Truck-Load) 집중화 운송방식으로 연선의 소량 화물 수송 열차와 운송업무를 취급하는 역을 감축하여 운행속도를 향상시켰다.

그리고 여객열차 승무제도를 개혁하고, 여객열차의 승무원 풀링 시스템을 실시하여 운송 능력을 발휘하였다. 이전에는 열차의 책임 승무제가 운영되었는데 열차의 책임 승무제(Responsible Crew System)는 철도 운송 부서의 기관차

---

83) 李遠富, 《鐵路規劃與建設》, 西南交通大學出版社, 2011. 04, pp.93-94

승무업무에 대한 책임을 지는 시스템으로, 1956년 시행되기 시작하여 1960년대 초에 적극적으로 추진되었다. 이는 정기관사, 부기관사 등에게 열차 한 대를 맡겨 고정적으로 사용하는 것을 말하며, 이들이 보관, 운전, 유지보수, 일상 점검 등을 담당하여 기관차의 전체 사용 과정에서 기관차의 기술 상태와 사용 효율성에 대한 전반적인 책임을 갖게 하는 것이다.

또한 서비스 품질을 보장하기 위해 전체 열차의 전 과정을 책임지는 승무 서비스 책임 시스템을 구축하였다. 장점은 기관차에 대한 승무원의 책임감을 강화하고 기관차의 유지보수에 도움이 된다. 또한 기관차의 좋은 상태 유지와 승무원은 기관차의 성능 특성을 숙지하며 조종 기술을 연구하여 발휘하기 쉽고 기관차의 운용 및 관리에 편리한 조건을 제공한다는 것이다. 이는 괄목할 만한 성과를 거두었지만, 기관차의 이용은 승무원의 근무시간에 의해 제한되기 때문에 승무원의 휴식시간을 보장하기 위해 기관차가 때때로 장시간 머무르는 경우가 있어 기관차 운용의 효율성이 떨어지는 단점이 있었다. 이를 대신하여 도입된 승무원 풀링 시스템(Crew Shifting System)은 철도 운송 작업에서 기관차 및 차량의 승무원이 고정 장비에서 일하지 않는 제도이다. 내연기관차 및 전기기관차의 장거리 교대로 운행을 위한 기관차 승무팀, 열차 운전 차장 및 특정 중장거리 여객열차의 열차 승무팀에 적합하다. 장점은 기관차와 차량의 운용 효율을 지속적으로 향상시키고 기관차와 승무원 수를 절약할 수 있다는 것이다. 그러나 기관차와 차량은 전담 인력이 아닌 교대로 사용하기 때문에 기관차와 차량의 유지 관리에 특별한 주의를 기울이고 엄격한 기술 관리 및 인계 시스템을 구축하며, 필요한 지상 유지보수 인력을 늘려야 했다.

또한 컨테이너화 운송을 발전시켜 화물운송 효율을 높였다. 1985년 말까지 중국 전국의 철도 영업거리는 52,119km에 달하였는데, 승객과 화물의 환산 수송량은(수송량×수송거리) 1조 톤·km를 돌파했다.

1986년부터 중국은 제7차 5개년 계획(1986~1990) 시기에 접어들면서 중국 철도는 투입-산출 계약책임제(Input and Output Contract System)를 시행해 전 노선의 효율성을 향상시켰다. 경진[징친-京秦]철도 등 복선전철 노선이 잇따라 준공되었으며 길이 14km의 대요산[따야오산-大瑤山]터널이 성공적으로 뚫리면서 남북 간 주요 간선인 경광([징광-京廣]; 북경[베이징-北京]~광주[광저우-廣州])철도 복선 전 구간이 개통되었고 운송능력이 크게 향상되었다. 난신([란신-蘭新]; 난주[란저우-蘭州]~우루무치[烏魯木齊])철도의 서쪽 연장선은 아라산커우[阿拉山口]까지 건설돼 동서 를 가로지르는 철강 수송선을 완성했다. 기타 기존 노선 개조와 기관차 차량 공 업도 많은 진전이 있었다.[84]

1) 기존 철도 개량, 운수 능력 확대

1978년 12월 28일 중국 11기 3중 전회 이후 중국 국민경제가 급성장하고 화 물운송량이 급증하면서 철도 수송 능력이 수요를 충족시키지 못하는 상황이 더 욱 두드러졌다. 그래서 철도부는 건설자금을 주요 기존 철도 노선의 기술 향상 에 사용하였다. 여객터미널 면에서 상해[상하이-上海], 천진[텐진-天津], 석가장[스쟈 쟝-石家莊], 성도[청두-成都], 하얼빈[哈爾濱], 심양[선양-瀋陽], 우루무치[烏魯木齊], 서안 [시안-西安] 등의 새로운 여객터미널(역)을 건설했다.

또한 철도 기존 노선의 복선화 약 4,400km의 선로를 이미 완성했는데, 주로 경광[징광-京廣]의 형양[헝양-衡陽]~광주[광저우-廣州] 구간, 중점 공정인 대요산 [따야오산-大瑤山] 심천[선전-深圳] 복선터널의 개통, 호녕[후닝-滬寧]철도의 복선 공 사, 롱해[룽하이-隴海]철도의 정주[정저우-鄭州]~서주[쉬저우-徐州] 구간, 교제[쟈오

84) 李遠富,《鐵路規劃與建設 第2版》, 成都 : 西南交通大學出版社, 2020. 10, pp.90-91

지-膠濟]철도, 경포[징바오-京包]철도 등의 복선 개조 공사를 완성하였다. 그리고 전철화는 롱해철도 정주[정저우-鄭州]~난주[란저우-蘭州] 구간, 귀곤[궤이쿤-貴昆]철도, 성유[청위-成渝]철도, 천검[촨첸-川黔]철도, 양유[샹위-襄渝]철도, 경진[징친-京秦]철도 등의 구간 4,700km가 완공되었다.

(1) 북경철도역(Beijing Railway Station)

북경역은 신중국 건국 이후 가장 먼저 지어진 대형 여객터미널이다. 1958년 1월 착공하여 그해 9월 완공하였다. 당시에는 역 본관은 건물 면적 약 4만 6,700m²이고 승강장 6개, 노선 12개, 역 앞 광장 4만 m² 규모로 지어졌다.

2017년 말 기준 북경역 면적은 25만 m²이고, 연건평이 8만 m²이다. 북경역 역사 건물 면적은 7만 1,054m², 역전 광장은 면적이 4만 m²이다. 북경역에는 8개 승강장, 16개 노선이 설치돼 있다.

북경역은 경호[징후-京滬]철도, 경합[징하-京哈]철도, 경성[징청-京成]철도, 풍사[펑사-豐沙]철도, 경원[징위안-京原]철도, 경광[징광-京廣]철도 등 여러 여객전용선 및 도시 간 고속철도의 교차점이다. 동북쪽, 화동지방으로 가는 열차는 대부분 이 역에서 출발하는 북경철도의 중요부분이다.

1996년 1월 21일 북경 서역(Beijingxi Railway Station)이 완공되어 개장한 후 대부분의 경원철도, 경광철도, 경구[징쥬-京九] 노선 열차의 운송 업무를 분담하였다. 북경역은 현재 주요 경광철도를 거쳐 화동, 동북 방향으로 가는 열차의 인수인계를 담당하고 있다.[85] 또 러시아 모스크바와 몽골 울란바토르, 북한 평양으로 가는 국제여객열차도 북경역에서 출발한다.

---

85) 李軍,《中國鐵路新讀》, 中國鐵道出版社, 2009. 05, pp.94-95

2021년 5월 북경역

출처 : https://zh.wikipedia.org/wiki

(2) 경광철도

경광([징광-京廣]; 북경[베이징- 北京]과 광주[광저우-廣州])철도는 옛 경한[징한- 京漢]
철도와 월한[위에한-粤漢]철도가 무한장강대교武漢長江大橋에 연결되며 명칭은 경
광철도로 바뀌었다. 1906년 4월 1일 경한철도, 1936년 9월 1일 월한철도가 개
통하였다. 1957년 10월 15일 건설에 2년이 걸린 무한장강대교가 개통된 후, 이
두 철도가 연결되고, 총길이 2,313km로 중국 남북을 관통하는 교통의 대동맥
이 되었다. 전 노선은 1급 복선전철로 중국의 중요한 남북 방향 철도 간선 중의
하나다. 여섯 개의 성도들과 수십 개의 대도시를 연결했고, 여러 개의 철도 노선
과 연결됐다.[86]

---

86) 楊帥,《挑戰距離》, 遠方出版社, 2004. 09, pp.37-39

현재 경광철도의 본선 기점은 풍대[펑타이-豐臺]역이다. 1996년 북경 서역이 건설되어 사용된 후 북경역의 운송 부담을 덜기 위해 대부분 경광철도를 통해 북경으로 들어가는 열차는 서연장선을 거쳐 북경 서역으로 진입한다.

경광철도의 복선화 공사는 1950년대부터 시작하여 1954년 4월 북경~무한[우한-武漢] 구간을 복선화하여 개축하였으며, 1961년 9월 복선 개량을 완료했다. 1970년 10월 무한~형양[형양-衡陽] 구간은 복선 개량를 완료하였다. 1988년 12월 형양~광저우 구간은 복선화를 끝내고 징광철도 전 구간이 복선철도가 되었다. 형양~광주 구간 복선화 공사는 제7차 5개년 계획(1986~1990) 시기의 중점 철도 공사 중의 하나로, 총투자액은 32.1억 위안이다.

경광철도의 전철화 공사는 1990년대에 시작되어 정주[정저우-鄭州]~무창[우창-武昌] 구간은 1992년 12월에 먼저 완성되었고, 북경~정주 구간이 1993년에 착공되어 1998년 8월 8일 완공되었으며, 무창~광주 구간이 1998년 2월에 착공되어 2001년 9월 1일 완공되었다.

경광철도는 중국 개혁개방을 실시한 이래 줄곧 과부하가 걸린 상태로, 평행한 경구철도가 1997년에 건설된 후에도 여전히 큰 역할을 하고 있다. 현재 경광철도의 대다수 여객열차와 화물열차는 이미 전기기관차로 견인되고 있다. 고속화 개조에 맞춰 1997년 중국 철도 첫 번째 고속화부터 2004년 다섯 번째 고속화까지 북경에서 광주까지 운행 시간이 40시간에서 22시간으로 단축되었다. 중국 철도의 여섯 번째 고속화에 맞춰 2005년 11월 고속화 개량 공사가 시작되어 20억 위안을 투자하고 2007년 3월 26일에 전선 고속화 개조 공사가 완성되었다.

2012년 개통된 경광 고속철도는 경광철도와 평행한 고속철도 여객전용선으로 시속 350km로 설계되어 있다.[87] 경광 고속철도의 개통으로 인해 경광철도의

---

87) 盧春房, 《中國高速鐵路》, 北京 : 中國鐵道出版社, 2017. 08, p.10

여객수송 정체를 해소하는 한편, 더 많은 화물수송도 할 수 있게 되었다.

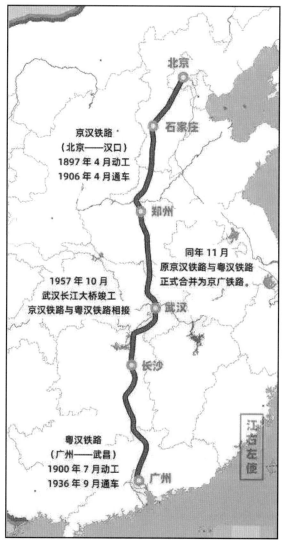

京汉铁路
（北京——汉口）
1897 年 4 月动工
1906 年 4 月通车

同年 11 月
原京汉铁路与粤汉铁路
正式合并为京广铁路。

1957 年 10 月
武汉长江大桥竣工
京汉铁路与粤汉铁路相接

粤汉铁路
（广州——武昌）
1900 年 7 月动工
1936 年 9 月通车

北京

石家庄

郑州

武汉

长沙

广州

江右左使

경광철도 노선도

출처 : https://new.qq.com/omn

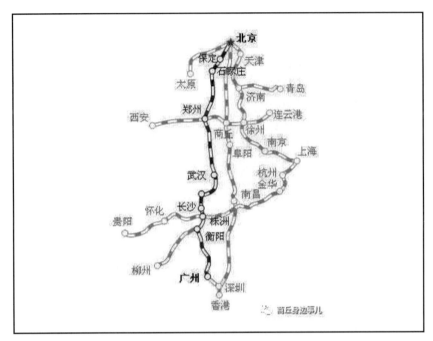

경광철도와 경구철도 비교

출처 : https://www.xuehua.us

(3) 상해철도역(Shanghai Railway Station)

상해[상하이-上海]역은 비록 여러 차례 개·증축을 거쳤지만, 종국에는 지리적인 환경의 제약으로 인해 역과 설비가 크게 개선되지 않아 빠르게 증가하는 승객 흐름에 대처하기 어려웠다. 이를 타개하기 위해 상해 신역을 1984년 9월 20일 착공해 1987년 12월에 개통했다. 상해 철도역은 중국 철도 상해국 소속의 특등역으로서, 경호[징후-京滬]철도와 호곤[후쿤-滬昆]철도 외 호녕[후닝-滬寧] 고속철도 등의 출발역과 종착역이다. 현재 상해역은 상해 남역, 상해 홍교[훙챠오-虹橋]역과 함께 상해의 철도여객운송의 주요 허브역이다.

4. 새로운 철도 건설 : 화물수송량 증대

1) 새로운 철도건설을 중점적으로 진행

개혁 개방 정책을 관철한 이래 석탄 운송 임무가 매우 증가했다. 당시 석탄 수송량이 철도 화물 운송량의 40% 이상을 차지하였다. 이 시기 철도부는 석탄 수송을 해결하기 위해 신철도 건설에 초점을 맞추었다. 신설 철도 노선은 주요한 것으로 경진[징친-京秦]철도, 연석[옌스-兗石]철도, 신연[신옌-新兗]철도, 대진[다친-大秦]철도와 통곽[퉁훠-通霍]철도가 있다. 난신[란신-蘭新]철도의 서연선인 우루무치烏魯木齊~아라산커우阿拉山口 구간은 중국에서 옛 소련으로 통하는 또 다른 중요한 국제 간선이자 아시아와 유럽 대륙을 연결하는 중요한 부분으로, 정치·경제·국방적으로 큰 의의가 있다.

(1) 경진철도

경진[징친-京秦]철도는 북경[베이징-北京]에서 하북성 동북부를 거쳐 진황도[친황다오-秦皇島]에 이른다. 전체 영업거리는 294km로 현재 경합([징하-京哈]; 북경~하얼빈哈爾濱]철도의 일부분이다. 경진[징친-京秦]철도의 통주[퉁저우-通州]~난주[롼저우-灤州](지금의 타자두[퉈쯔토우-坨子頭]) 구간은 1973년 1월 시공하여 1975년 완공하였다. 2단계 공사 통주~진황도 구간은 1982년 3월 시공하여 1984년 하반기에 일부를 개통하여 석탄 운행을 시작하였고, 1985년 12월에 전 노선이 개통되었다. 경진철도는 중국 제6차 5개년의 중점 건설 프로젝트 중 하나이며, 중국 최초의 복선전철화 철도이기도 하다.[88]

---

88) 孫永福,《中國鐵路建設史》, 中國鐵道出版社, 2003, p.186

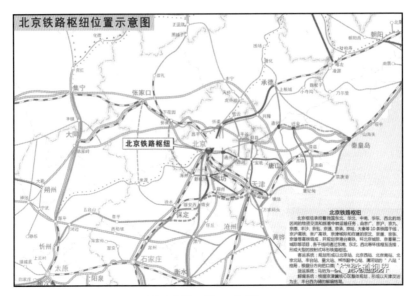

북경의 철도 약도. 경진철도

출처 : https://mp.weixin.qq.com

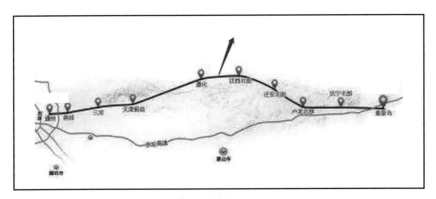

경진철도의 통주~진황도 노선도

출처 : https://baike.baidu.com

경진철도는 북경에서 경포[징바오-京包]철도, 경원[징위안-京原]철도와 서로 연결하며, 동쪽으로 진황도시로 직통하였다. 경진철도는 주로 산서성에서 진황도항

경진철도 노선도

출처 : http://cnrail.geogv.org/enus/

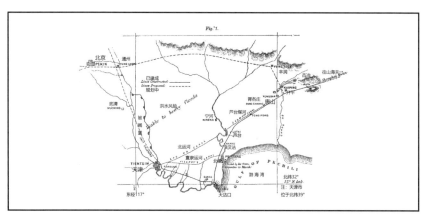

1891년 중국 철도 계획도

출처 : https://zh.wikipedia.org/wiki

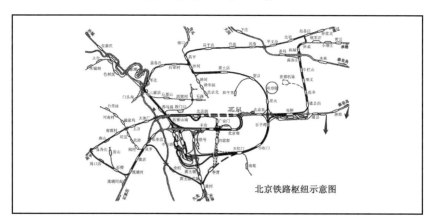

북경의 철도 노선 안내도

출처 : http://www.kepu.net.cn

까지 석탄 수송 임무를 맡고 있었다. 연간 설계수송량은 8,700만 톤이다. 경진
철도는 중국 화북·화동·화남지역의 경제발전과 대외 무역에 중요한 의의를 가
지고 있다.

(2) 연석철도(Yanzhou-Shijiusuo Railway)

연석([옌스-兗石]; 연주[옌저우-兗州]~석구소[스쥬쒀-石臼所])철도는 중국 산동성 제
녕[지닝-濟寧]시의 연주구에서 일조[르자오-日照]시를 잇는 국철 1급 철도이다. 연
석철도는 연주구의 정가장[청자좡-程家莊]역에서 연주의 석구소역까지 308km의
길이로 산시성, 산동성 석탄이 해양으로 향하는 통로로 1981년 4월에 착공하여
1985년 12월 31일에 운영을 시작하였다.[89]

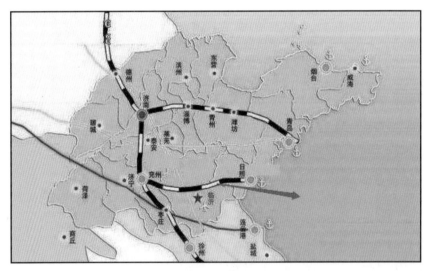

연석철도 노선도

출처 : https://www.sgss8.com/tpdq/9596276/3.htm

---

89) 孫永福, 《中國鐵路建設史》, 中國鐵道出版社, 2003, p.186

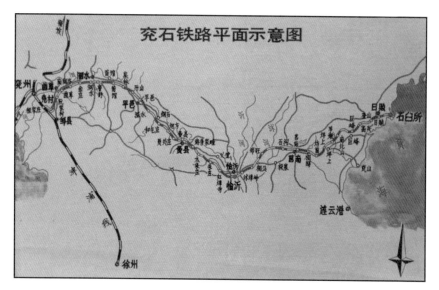

연석철도 안내도

1979년 6월 16일 연석철도는 중국 제6차 5개년 계획(1980~1985년) 기간 동안 전국 중점 건설 프로젝트 중 하나로 지정되었다. 2001년 12월 연석철도가 전구간 복선 부설을 완료하였다. 2002년부터 2003년까지 운행속도가 시속 60km에서 120km로 향상되어 제남[지난-濟南]에서 일조까지 열차 운행시간을 4시간 59분으로 단축하였다. 2005년까지 총 27개 역, 운행속도 시속 120km로, 이 철도의 건설은 산시성과 산동성의 석탄 운송과 산동성의 동남지역 경제를 진흥시키는 데 중요한 역할을 하였다.

(3) 신연철도

신연([신옌-新兖]; 신향[신샹-新鄉]~연주[옌저우-兖州])철도는 서쪽으로 하남성의 신향에서 동쪽으로 산동성 연주까지 305.303km를 연결하는 노선이다. 그 중 산

신연철도 안내도

출처 : https://twgreatdaily.com/zh-hans/234M4HEBfwtFQPkdp7tX.html

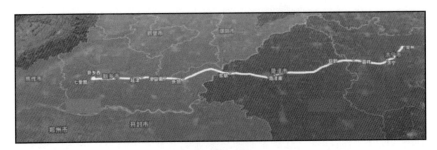

신연철도 노선도

출처 : https://baike.baidu.com/item/%E6%96%B0%E5%85%96%E9%93%81%E8%B7%AF/5478037

동성 경내 길이는 190.7km이다. 1983년 3월 착공해 1985년 12월 개통되었다. 신연철도의 연주~제녕[지닝-濟寧] 구간이 원래 연제[옌지-兗濟] 지선이라 불리다가 1912년 개통, 1944년 철거, 1958년 다시 복원했다. 제녕~하택[허쩌-菏

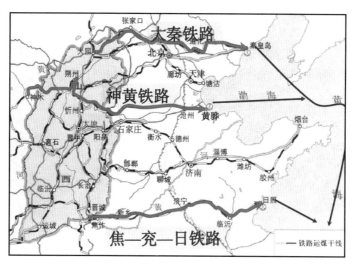

산시성 석탄 철도 운송노선

출처 : https://www.sgss8.com/tpdq/9596276/

澤] 구간이 일찍이 제하[지허-濟菏]철도로 명명되어 1979년에 건설되어 1980년에 운행을 개시하였다. 신향~하택 구간이 1983년 3월 14일에 착공하여 1985년 12월에 개통되었다. 신향~연주~일조[르자오-日照]철도의 석탄 운반 통로 건설에 맞춰 기존 연제~하택 구간을 국철 3급에서 국철 1급으로 업그레이드해 연간 1,900만 톤의 수송량을 설계했다. 신연철도의 전철화 개조는 2008년 9월에 착공하여 2010년 7월에 완공하였다.

신연철도는 연석[옌스-兗石]철도와 함께 신석[신스-新石]철도로 불리게 됐다. 산동성과 하난성을 잇는 중요한 철도 간선으로 연석철도, 태초[타이쟈오-太焦]철도와 연결되어 동서 방향 간선으로 석탄이 운송되는 주요 통로 중 하나가 되었다.[90]

---

90) 孫永福, 《中國鐵路建設史》, 中國鐵道出版社, 2003, p.260

(4) 대진철도

대진[다친-大秦]철도는 산서성 대동[다퉁-大同]시에서 하북성 진황도[친황다오-秦皇島]시까지 산서성과 하북성 등을 가로지르는 653km 길이의 화물철도 노선이다. 대진철도는 중국 산시성의 석탄자원을 외부로 수송하는 주요 통로 중 하나이며 중국 북방에 있는 석탄자원을 남부지역으로 수송하는 노선으로, 현재 세계에서 석탄자원 연간 수송량이 가장 많은 철도이다.

대진철도의 대동[다퉁-大同]~삼하[산허-三河]현 구간은 1985년 1월 착공하고 1988년 12월 28일에 개통하였다. 대동~삼하 현 구간은 길이 410.8km이고, 중국 제7차 5개년 계획(1986~1990) 기간 중 중점 공사 중의 하나이다. 삼하현~진황도 구간은 1988년 6월 착공하고 1992년 12월 21일에 개통하였다. 삼하현~진황도 구간은 길이 242.2km이며, 최초 수송 설계능력은 연간 5,000만 톤으로 1997년 개량 이후 연간 1억 톤의 수송 능력을 갖췄다.[91]

대진철도는 중국 최초의 복선전철화 석탄 운송 전용선이며, 동시에 중국 현대화 수준이 가장 높은 화물철도 중의 하나로 중국 내몽고자치구, 영하회족자치구, 산서성과 섬서성 등의 지역에서 석탄자원을 외부로 수송하는 중요한 노선이다. 대진철도의 경우, 평균 12분마다 한 번씩 중량열차(The Heavy-haul Technologies Train)를 운행하고 있으며, 연간 수송량이 최고 4억 5천만 톤을 돌파하였다. 대진철도는 2018년 12월 28일까지 누적 석탄 60억 톤을 수송했다.

---

91) 劉國跃, 丁茂廷, 張格明,《非凡的重載鐵路》, 中國鐵道出版社有限公司, 2021. 06, p.37

<표 8> 철도화물 수송량

	2009년	2010년	2011년	2012년	2013년	2014년	2015년	2016년	2017년	2018년
수송량 (억 톤)	3.3	4.5	4.4	4.3	4.5	4.5	4.0	3.5	4.3	4.51

대진철도 노선도

출처 : https://img1.mydrivers.com

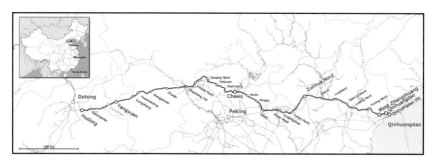

영어로 된 대진철도 노선도

출처 : https://zh.wikipedia.org/wiki

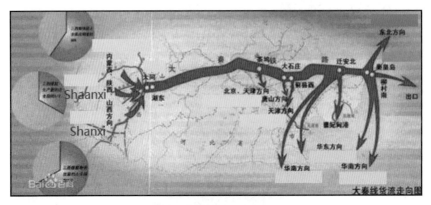

대진철도 화물 운송 동향도

출처 : https://baike.baidu.com

(5) 통곽철도

통곽([퉁훠-通霍]; 통요[퉁랴오-通遼]~곽림하[훠린허-霍林河])철도는 내몽고자치구의 철도로 총길이는 419km이다. 이 철도는 곽림하의 노천 채굴 탄광개발을 위해 건설된 석탄 운송 철도이다. 1978년 5월에 착공하여 1984년에 개통하였으며, 동북과 내몽골지역의 에너지 부족을 해소하고, 연선의 경제발전을 촉진하며, 국방을 강화하는 데 의의가 있다.

여러 해 동안 개조를 거쳐, 통곽철도는 현재 복선 자동폐색 전동화 중량열차 (The Heavy-haul Technologies Train)로서 화물 운송을 주로 하고 여객수송도 겸하는 철도 노선이다.

1987년 통곽철도가 건설된 초기에는 중국 국가 1급 석탄 지선으로 단선 반자동으로 인해 연간 수송 능력이 300만 톤에 불과했다.

1988년 12월 21일 통곽철도가 운행된 지 2년 만에 처음으로 전 노선에서 서행 운행을 폐지하고 운행속도를 개통 초기 45km/h에서 65km/h로 향상시켰다. 이는 통곽철도의 운송 능력이 더욱 향상되었음을 보여준다.

2000년 말 기준 통곽철도는 2급으로 85km/h의 속도를 낼 수 있었다. 견인 기관차 종류 내연기관 DF4, 견인정수 상행 3,500톤 하행 2,000톤이다. 2000년 여객 발송량은 85만 6천 명, 화물 발송량은 668만 톤이고, 도착량은 293만 5,000톤이다.

2000년대 들어 동북지역의 경제 발전 속도가 증가하여 곽림하탄광의 생산량이 계속 증가하였다. 철도를 개조하고 수송량을 늘리는 것이 급선무였는데. 단기간 내에 복선 전철화가 불가능한 경우, 심양[선양] 철도국은 2003년부터 중량 견인모델을 모색하기 시작했다.

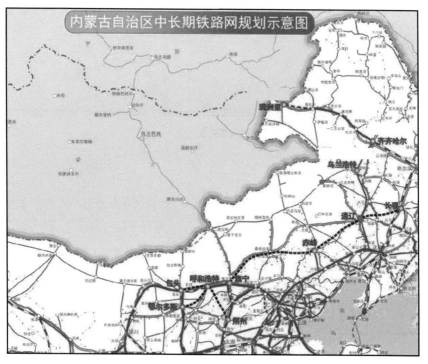

통곽철도(내몽고 자치구 중장기 철도망 계획 노선도)

출처 : https://www.sgss8.com/tpdq/9371022/

통곽철도 노선도

출처 : https://www.sgss8.com/tpdq/14651991/

통곽철도는 2007년 2만 톤(4조합 1+1+1+1)의 내연기관 중량열차 운행에 성공했다. 중국에서 처음으로 단선에 2만 톤의 중량열차 운행 기록을 가지고 있다.

2009년 통곽철도는 전 노선에 복선을 증축하고, 단선 반자동 폐색에서 복선 자동으로 개조하였다. 여객열차 속도 120km/h, 공사 기간은 24개월이며, 통곽철도 개통된 이래 가장 큰 공사이기도 했다.

2014년 7월 통곽철도 전철화 개조에 착공하여 2016년 11월 10일 전기기관차가 견인한 최초의 만 톤짜리 중량열차의 운영은 통곽철도가 전철화 시대에 들어섰음을 상징한다.

(6) 난신철도의 우루무치~아라산커우 구간

난신[란신-蘭新]철도의 서연장선인 우루무치烏魯木齊~아라산커우阿拉山口 구간은 중국 신장[신장-新疆] 위구르자치구의 우루무치시에서 국경 아라산커우까지 467km이다. 이 철도는 '북강[베이장-北疆]철도'라고도 부른다.

우루무치시에서 국경 아라산커우 구간은 1958년 착공하여 1961년 중단되었다가 1985년 재건설되어 1990년 9월에 완공되었다.[92]

난신철도의 우루무치~아라산커우 구간은 동쪽으로 난란신철도의 본선과 연결되고, 서쪽으로 신장 아라산커우 항구를 거쳐 카자흐스탄 철도와 연결되며,

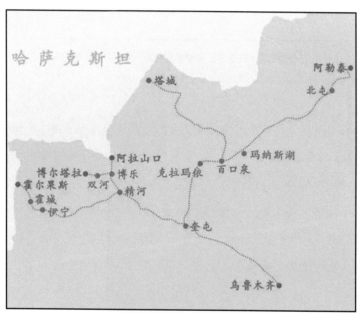

난신철도의 서연장선인 우루무치~아라산커우 구간 노선도

출처 : https://new.qq.com/omn/20201106/20201106A0I0QB00.html

---

92) 黃福特, 《人民日報中的共和國大事 : 1949~2019》, 人民日報出版社, 2020. 01, pp.43~44

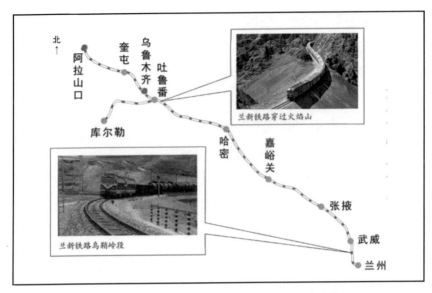

난신철도의 서연장선인 우루무치~아라산커우 구간 안내도

출처 : http://www.neac.gov.cn

유라시아 대륙을 관통하고 있다. 중국과 중앙아시아 국가들의 교역이 날로 증가함에 따라 이 철도의 연간 수출 화물은 이미 500만 톤 이상에 달하여, 중국에서 가장 수출량이 많은 철도이다.

우루무치~아라산커우 구간의 전철화 공사는 2009년 3월 24일에 착공하여 2011년 9월 1일에 완성하였다. 이 구간의 전철화 개통으로 철도 운수 능력이 상승하여 납품 기한을 단축하고, 화물 운송을 효과적으로 보장하였다.

제2장

철도정책

제1절 철도 네트워크의 발전

철도는 국가전략상 중대한 인프라로 국민경제의 대동맥, 중대한 민생과 종합 교통수송체계의 중추적인 역할을 하며 경제사회 발전에서 기여하고 있다.

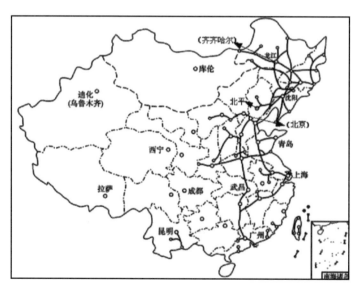

1937년 중국 주요 철도 노선도

출처 : https://www.sgss8.com/tpdq/13068561/2.htm

1. 중국 철도 노선망

1949년 1월 내전이 끝나기도 전에 중국 정부는 중국 인민혁명군사위원회 철도부를 설립했다. 같은 해 10월 건국 당시 중앙인민 정부 철도부가 정식으로 설립되어 전국 철도 업무를 통일적으로 관리하였으며, 가장 중요한 임무는 운송질서를 정비하고 전쟁 중에 파괴된 철도 간선을 서둘러 보수하는 것이었다.[93]

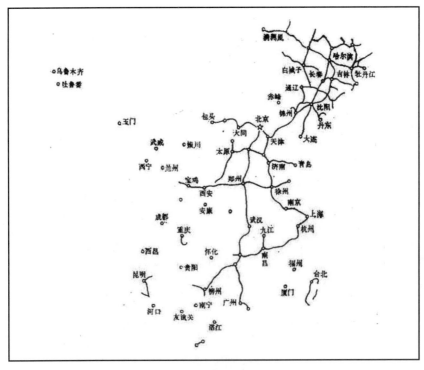

1949년 중국 철도망 노선도

출처 : https://www.sgss8.com/tpdq/13068561/2.htm

---

93) 孫永福,《中國鐵路建設史》, 中國鐵道出版社, 2003, p.37

1949년 1년 동안 경한[징한−京漢]철도, 롱해[룽하이−隴海]철도 등 8,278km의 간선을 복구하여 전국 철도의 영업거리는 21,810km에 이르렀고, 여객 130.01억 명·km, 화물 운송량은 184억 톤·km였다.

1953년부터 중국은 제1차 5개년 계획을 통하여 대규모 철도를 건설하는 시기에 접어들었다. 1980년까지 다섯 번째 5개년 계획의 건설을 거쳐 중국 철도 사업은 점차 발전해 나갔다. 1980년 말까지 전국 철도의 영업거리는 49,940km였고, 여객수송량은 1,382.01억 명·km, 화물 환산의 회전량(수송량)[94]은

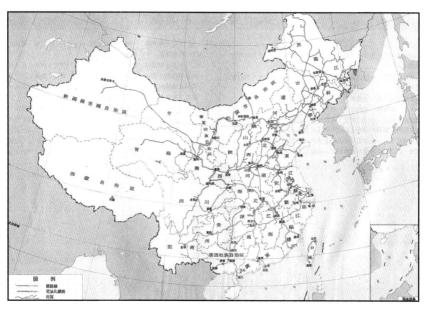

1982년 중국 철도망

출처 : https://zhuanlan.zhihu.com/p/31305019

---

94) 중국에서 회전량은 일정기간 동안 실제 운송된 여객인원과 화물톤수와 그 운송거리의 곱을 말한다. 즉 인·km, 톤·km로, 이는 생산량의 지표이며, 운송비를 계산하여 운송원가와 노동생산성을 분석하는 근거이다.

5,716.6억 톤 · km에 달하여 철도네트워크의 기본골격이 완성되었다.

1978년 중국 11기 3중 전회에는 개혁 · 개방을 실행하는 중대한 결정을 내렸다. 개혁개방정책은 철도 건설의 물결을 야기하였다. 제6차 5개년 계획 (1980~1985) 시기 중 중국 철도가 완성한 기반시설 투자는 역대 5개년 계획 중 가장 많았다.

1979년 광동廣東성과 복건福建성은 대외경제활동에서 '특수정책, 유연한 조치'를 채택하고 심천[선전-深圳], 주해[주하이-珠海], 하문경제특구를 시범적으로 운영하기로 결정하였다.

경제특구는 외자를 도입하고 외국의 선진기술과 경영관리방법을 배우는 창구로 삼았는데 1984년 4월에는 대련[다롄-大連], 진황도[친황다오-秦皇島], 천진[톈진-天津], 연태[옌타이-煙台], 청도[칭다오-靑島], 연운항[롄윈강-連雲港], 남통[난퉁-南通], 상해[상하이-上海], 영파[닝보-寧波], 온주[원저우-溫州], 복주[푸저우-福州], 광주[광저우-廣州], 진강[전쟝-鎭江], 북해[베이하이-北海] 등 14개 항구를 추가로 개방했다. 1985년 2월 장강[창쟝-長江] 삼각주, 주강[주쟝-珠江] 삼각주, 민남[민난-閩南] 삼각주를 경제 개방지역으로 확대하였다.

1982년 중국 제12기 대표대회에서 '철도수송은 이미 국민경제 발전을 제약하는 중요한 원인이 되었다.'라고 제출했다. 그래서 중국 철도부는 철도 기본 건설의 중점을 기존 철도의 개량과 필요한 신선 건설도 적절히 안배하여 '北戰大秦, 南攻衡廣, 中取華東(북전대진, 남공형광, 중취화동; 북쪽으로 대진을 공략하고, 남쪽으로 형광을 공략하며, 가운데로 화동을 취한다.)'이라는 철도 대동맥 건설 전략을 제시했다. 1982년 중국 제12기 대표대회에서 발표한 당시 중국 철도 건설 전략은 다음과 같다.[95]

---

95) 孫永福, 《中國鐵路建設史》, 中國鐵道出版社 2003, pp.65-70

① 주로 중국 북방지역에서 대진([다친-大秦]; 대동[다퉁 - 大同]~진황도[친황다오-秦皇島])철도를 건설하여 개통한다는 목표이다.

대진철도는 중국 산서山西성의 석탄자원을 외부로 수송하는 중요한 철도 노선이다. 중국 서부의 석탄자원을 동부지역으로 수송하는 주요 통로 중 하나이며, 동시에 중국 북부지역의 석탄자원을 남부지역으로 수송하기 위해서는 이 철도가 필요하다. 1985년 1월 착공하여 1992년 12월 21일에 개통하였다.

② 경광([징광-京廣]; 북경[베이징-北京]~광주[광저우-廣州])철도 복선공사 중 형양[형양-衡陽]~광주 구간의 건설은 중국 제7차 5개년 계획의 세 가지 중점 철도 공사 중의 하나이다.

남령[난링-南嶺]산맥의 대요산[다야오산-大瑤山]터널은 전 구간이 14,295m이며 시공이 가장 어렵다. 1988년 12월 16일 형양~광주 구간 복선이 개통됨과 동시에 경광철도의 복선건설이 완료되었다.[96]

③ 중국 화동華東지역 철도건설은 중국 제7차 5개년 계획의 세 가지 중점 철도 공사 중의 하나이다. 화동지역은 중국 경제가 가장 발달한 지역으로 1980년대 중반에 공업과 농업의 총생산액이 전국의 3분의 1 정도에 이르렀다. 하지만 이와는 대조적으로 수송량의 70%를 담당하는 대동맥인 철도는 전국의 10분의 1에 불과하여 철도 교통이 매우 혼잡하였다.

제7차 5개년 계획 시기에 중국 정부는 화동지역에 70억 위안을 투자해 473km의 철도 노선을 신설하여 740km의 철도 노선을 복선 공사를 하고 513km의 전철화철도를 건설하였다. 철도 노선은 서주[쉬저우-徐州], 남경[난징-南京], 상해[상하이-上海] 등의 거점을 확장하기로 하였다.

---

96) 中取華東 http://www.tdbzy.com/index.php/zhanyouzhuanlan/497347.html

화동華東지역은 산동성, 강소江蘇성, 안휘安徽성, 절강浙江성, 강서江西성, 복
건福建성, 상해, 대만臺灣 등이다. 동북東北, 화북華北, 서북西北, 서남西南, 중
남中南 지구와 함께 중국 6대지리구中國 六大地理區의 하나로 행정구획상 화
동華東 6성省 1시는 산동성, 강소성, 안휘성, 절강성, 강서성, 복건성 및 상
해시를 지칭한다.[97]

1985년 말 현재 중국 전국 철도 영업거리는 52,119km에 달하고, 여객수송량

중국 지역 분류도

출처 : https://terms.naver.com

---

97) https://terms.naver.com/entry.naver?docId=955564&cid=43792&categoryId=51740

은 2,416.14억 명 · km이고, 화물수송량은 8,125.66억 톤 · km였다.

1986년부터 제7차 5개년 계획 시기에 접어들면서 철도는 투입−산출 도급 책임제를 시행하였는데, 이는 철도 직원의 적극성을 불러일으켰다. 1990년 말 기준 중국 전국 철도 영업거리는 53,378km에 달하고, 여객수송량은 2,610억 명 · km고, 화물수송량은 10,601억 톤 · km를 넘었다.

중국 국민경제 제8차 5개년 계획부터 제14차 5개년 계획까지에 따르면 국가의 철도 지원 정책은 철도 운송능력 증대에 중점을 둔 것에서 '8종8횡' 철도의 주통로 개량, 고속철도망 구축 추진에 이르는 변화를 가져왔다.

제8차 5개년 계획(1991~1995)부터 제9차 5개년 계획(1996~2000)까지 국

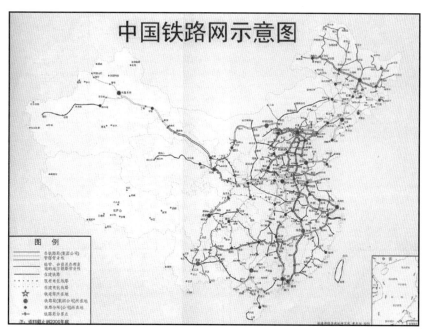

2000년 중국 철도망

출처 : 2001년 중국 철도 연감

가차원에서 철도 운송 능력을 증가시키는 것을 중점으로 철도건설 공사를 대대적으로 전개하였다. 제8차 5개년 계획의 주요 목적은 철도의 수송 능력을 강화하고 종합 수송체계 건설을 추진하였다.[98] 제9차 5개년 계획의 주요 목적은 철도의 수송 능력 강화에 중점을 두고 도로, 수운, 항공, 파이프라인(Pipeline Transport) 등 다양한 수송 방식의 장점을 살리는 것이다.[99]

제10차 5개년 계획(2001~2005) 시기에 중국의 교통수송에서 중추적인 역할을 하는 8종8횡 철도 통로는 건설 중점 사항이 되는 것이다. 8종8횡 철도 노

'8종8횡' 철도 통로 안내도

출처 : 2001년 중국 철도 연감

98) 劉統畏,《發展鐵路振興經濟經濟》, 中國鐵道出版社, 1992. 05, p.224

99) 王玉澤·靖仕元,《高速鐵路網規劃》, 中國鐵道出版社有限公司, 2021. 11, p.21

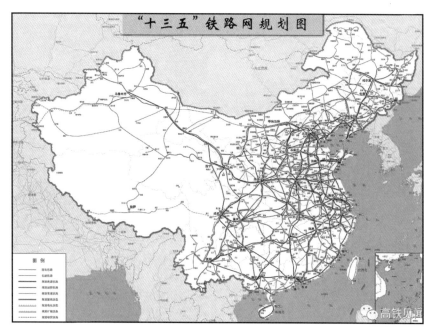

제13차 5개년 계획(2016~2020) 중국 철도 계획도

출처 : https://www.sohu.com/a/208238893_656927

선을 건설·개량하고 기존선의 기술을 고도화하여 열차 운행속도를 향상시켰다.[100] 2003년 10월 12일 진심([친선-秦瀋]; 진황도[친황다오-秦皇島]~심양[선양-瀋陽]) 여객전용선은 중국 최초의 여객전용선 철도로 개통되어 시속 160km로 운행됐다. 2005년 말까지 중국 전국 철도 영업거리는 52,119km에 달하고, 여객수송량은 2,413억 명·km이며, 화물수송량은 8,112억 톤·km을 넘어섰다.

제11차 5개년 계획(2006~2010)부터 제13차 5개년 계획(2016~2020)까지 중점적으로 여객 수송 고속 철도망 건설에 집중하여, 전국 고속철도 건설이 절

---

100) 李遠富, 《鐵路與規劃 第2版》, 西南交通大學出版社, 2020. 10, p.113

中国铁路营业线路示意图

2005년 중국 철도망

출처 : http://www.cn-zhangjiajie.cn

정에 달했다. 제11차 5개년 계획 시기 여객전용선, 도시 간 궤도 교통, 석탄 운송 통로를 중점적으로 건설하였다. 이로 인해 빠른 여객 수송과 석탄 수송 네트워크를 형성하였다.[101]

2008년 경진[칭진-京秦]철도 도시 간 철도(Beijing - Tianjin Intercity Railway)의 개통은 중국이 고속철도 시대에 들어섰음을 상징한다. 2010년 말까지 중국 전국 철도 영업거리는 9.1만 km에 달하고, 여객수송량은 8,762.18억 명 · km이며, 화물수송량은 27,644.13억 톤 · km였다. 제12차 5개년 계획

---

101) 李遠富, 《鐵路與規劃 第2版》, 西南交通大學出版社, 2020. 10, pp.165-166

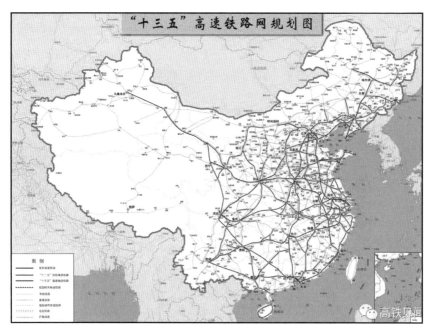

제13차 5개년 계획(2016~2020) 중국 고속철도 계획도

출처 : https://www.sohu.com

(2001-2015) 시기에는 지역 간 교통 네트워크를 보완하였다. 철도 여객전용선, 지역 간 도시 간선, 석탄 운송로 건설을 가속화하여 발전하는 동시에 고속철도와 일반철도의 합리적인 운영으로 새로운 수요에 부응하는 철도 여객 수송망을 구축하였다.

제13차 5개년 계획(2016-2020) 시기에는 고속철도 네트워크 형성 및 중서부 철도 건설을 가속화하고, 도시 간 철도, 시역(교외) 철도를 대대적으로 발전시켰다.

제14차 5개년 계획(2021~2025)에는 '8종8횡' 고속철도를 기본적으로 구축하고, 기존 철도 노선의 전철화를 가속화하며, 철도의 여객 수송과 화물 운송의 배

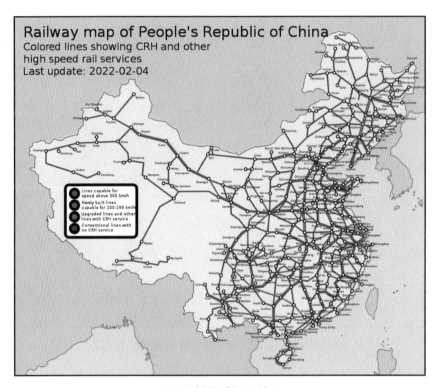

2022년 중국 철도 노선도

출처 : https://zh.wikipedia.org/wiki

치를 최적화한다고 제시하였다. 제14차 5개년 계획 시기에는 철도 과학기술 혁신 사업을 진행하고, 철도기술 발전을 촉진하며, 과학기술 강국, 교통 강국을 위해 노력하고, 철도업체의 품질을 높이는 새로운 시기로 접어들었다.

당시의 내용을 보면 1990년 당시 고속철도 건설보다는 기존선 고속화로 정책의 우선순위가 정해졌다. 이후 제6차에 걸친 속도 향상에서 자연스럽게 고속철도로 이어지는 국산화 전략이 추진되었다.

(1) 제1차 속도 향상

1997년 4월 1일 중국 철도가 처음으로 대대적으로 속도 향상의 성과를 거두었으며, 경광[징광-京廣]철도, 경호[징후-京滬]철도, 경합[징하-京哈]철도의 3대 간선이 전면적으로 속도를 높였다. 심양[선양-瀋陽], 북경[베이징-北京], 상해[상하이-上海], 광주[광저우-廣州], 무한[우한-武漢] 등 대도시를 중심으로 최고 시속 140km로 운행하고, 전국 철도 여객열차의 평균 운행속도를 1993년 시속 48.1km에서 시속 54.9km로 높였다. 급행열차(K로 시작하는 열차)와 야간 열차(낮 12시부터 밤 12시 사이에 출발하고 익일 오전 6시에서 낮 12시 사이에 도착하는 열차)를 처음으로 운행했다.

(2) 제2차 속도 향상

1998년 10월 1일 중국 철도가 두 번째로 대폭 속도를 향상하였다. 직통 급행열차가 3대 간선 구간에서 최고시속 140~160km로 운행할 수 있도록 했다. 전국 철도 여객열차의 평균 운행속도는 시속 55.2km, 직통급행·특급행열차는 시속 71.6km였다. 소화물급행특별열차(Parcel Express Special Train)와 관광직통열차가 처음으로 운행되었다. 두 차례의 속도 향상 후에 중국 철도 여객운송 경쟁력이 향상되어 운영수지가 1999년에 흑자로 전환되었다.

(3) 제3차 속도 향상

2000년 10월 21일 중국 철도가 세 번째로 속도를 높이기 시작하였다. 제3차 철도운영 속도의 향상은 롱해[룽하이-隴海]철도, 난신[란신-蘭新]철도, 경구[징쥬-京九]철도와 절감[저간-浙贛]철도에서 순조롭게 실시되었으며, 중국 전국 주요 지역을 누비는 '4종4횡'의 속도 향상 네트워크가 형성되었다. 그리고 전국 철도 여객열차의 평균 속도는 시속 60.3km에 달하였다.

(4) 제4차 속도 향상

2001년 10월 21일 중국 철도가 네 번째로 속도 향상을 꾀하였다. 속도 향상 범위는 기본적으로 전국에 비교적 큰 도시와 대부분 지역을 연결하며, 무창[우창-武昌]에서 성도[청두-成都], 경광[징광-京廣]철도, 경구[징쥬-京九]철도와 절감[저간-浙贛]철도, 호항[후항-滬杭]철도, 합대[하다-哈大]철도에 대해 속도를 향상시켰다. 중국 전국 열차 평균 운행속도는 시속 61.6km로 높아졌다.

(5) 제5차 속도 향상

2004년 4월 8일 중국 철도가 다섯 번째로 속도를 높이기 시작하였다. 이번에 속도를 높인 목표는 경호[징후-京滬]철도, 경합[징하-京哈]철도 등 주요 간선에서 시속 200km를 달성하였다. 19개의 직통 특급열차를 운행하며, 주요 범위는 경호[징후-京滬]철도, 경합[징하-京哈]철도 등의 철도 간선이다. 일부 열차는 시속 200km에 달하였으며, 전국 열차 평균 운행속도는 시속 65.7km로 높아졌다. 다섯 번째 속도 향상 이후 중국 철도망에서 시속 160km 이상의 노선은 7,700km이고, 시속 200km의 노선은 1,960km가 되었다.

(6) 제6차 속도 향상

2007년 4월 18일 중국 철도가 여섯 번째로 속도 향상을 추진하였다. 노선 범위는 경호[징후-京滬]철도, 경합[징하-京哈]철도, 경광[징광-京廣]철도, 경구[징쥬-京九]철도와 절감[저간-浙贛]철도, 호항[후항-滬杭]철도, 광심[광선-廣深]철도, 롱해[룽하이-隴海]철도, 교제[쟈오지-膠濟]철도, 무구[우쥬-武九]철도, 선항[쉬안항-宣杭]철도이다. 이들 철도 여객열차는 시속 200~250km로 철도 노선의 속도 향상 개량 중에서 최고 수준에 도달했다. 중국 열차 평균 운행속도는 시속 70.18km로 높아졌다. 중국의 6차 철도 속도 향상은 철도 수송력 자원 배치가 전면적으로 최적화되어 여객 및 화물 운송 능력이 대폭 확충되었다. 철도 운송의 애로를 해소하고 지역 간 사람, 물자, 자금, 정보 등 경제 요소들이 빠르게 이동을 촉진하며, 국민의 삶의 질을 높였다.

〈표 9〉 중국 철도 속도 향상(1997~2007)

차례	날짜	총 노선 길이(km)					중국 열차 평균 운행속도(km/h)
		≥ 120km/h	≥ 140km/h	≥ 160km/h	≥ 200km/h	≥ 250km/h	
1	1997-04-01	1,398	1340	752			54.9
2	1998-10-01	6,449	3,522	1,104			55.2
3	2000-10-21	9,581	6,458	1,104			60.3
4	2001-10-21	13,166	9,779	1,104			62.6
5	2004-04-18	16,500		7,700	1,960		65.7
6	2007-04-18	22,000		14,000	6,003	846	70.2

참고 : 총 노선 길이는 복선의 경우 두 번 계산

출처 : https://zh.wikipedia.org/wiki

중국의 속도 향상의 발전 과정을 보면 근대에 외국 자본과 기술로 만들어진 노선을 자력과 외국 기술을 습득하여 속도의 향상을 이루었고 이를 기반으로 고속철도 기술이 축적되어 운영하는 연속성 있는 과정을 거쳤다고도 할 수 있다.

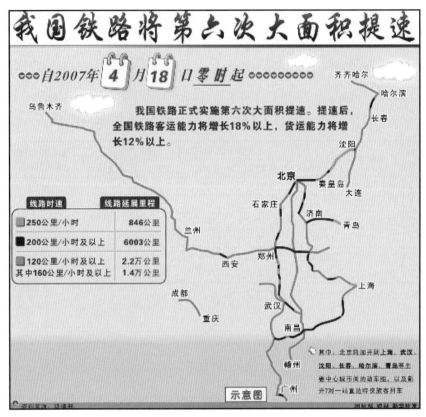

중국 철도 제6차 속도 향상도

출처 : http://www.gov.cn/jrzg

2. '4종4횡' 고속철도망

2003년에는 현재 경합[징하—京哈] 고속철도의 일부 노선이 되는 진심[친선—秦瀋]
철도 여객전용선은 설계 속도가 250km/h이지만, 실제 운영속도는 160km/h
로 시작하였다. 당시 진심 고속철도의 운영거리는 404km로, 이는 중국 철도 건설의 이정표이며, 여객전용선이 진정한 의미를 담고 있는 중국 첫 고속철도 노선이라고 발표하였다.

2004년 1월에 중국 국가발전개혁위원회가 발표한 '중장기 철도망 계획'에 따르면 빠르게 증가하는 여객 운송 수요를 만족시키기 위해 성회(省會, 성의 수도) 및 대중 도시 간의 빠른 여객 운송 통로를 건설해서 '4종4횡' 고속철도망을 계획하였다.[102]

'4종4횡' 여객전용선의 건설은 세로 4개, 가로 4개로 노선 모두 8개 기존 노선을 의미하는 중국 고속철도망 프로젝트이다. 이는 4종; 북경[베이징-北京]-상해[상하이-上海], 북경-심천[선전-深圳], 북경-하얼빈哈爾濱, 상해-심천 구간과 4횡; 서주[쉬저우-徐州]-난주[란저우-蘭州], 항주[항저우-杭州]-곤명[쿤밍-昆明], 청도[칭다오-靑島]-태원[타이위안-太原], 남경[난징-南京]-성도[청두-成都] 구간을 포함한다. 2011년 6월 30일에 경호[징후-京滬] 고속철도가 개통되었으며, 이어서 중국을 동-서, 남-북으로 연결하는 기타 고속철도 노선들이 잇따라 운행되면서 중국 정부의 '4종縱4횡橫' 철도망 계획이 가시화되었다. 4종4횡의 건설은 중국 서부지역 철도망 규모를 확대하고, 접경지역 국제철도, 에너지 운송 통로 등의 건설을 추진하였다. 4종4횡의 운영 노선은 2017년까지는 중국 전국 300개 도시를 연결하면서 도시 간의 거리를 좁혀 물류 시간을 단축하고 여행 활성화를 촉진하였다.

---

102) 1989년~2013년 사이에는 소도시는 도시인구수가 20만 명 미만, 중도시는 20~50만 명, 대도시는 50만 명 이상의 도시로 구분하였다. 2014년 이후에는 소도시는 50만 명 이하, 중도시는 50~100만 명, 대도시는 100~150만 명, 특대도시는 500~1,000만 명, 초대형도시는 1,000만 명 이상으로 구분하고 있다.

중국 '4종4횡' 고속철도망

출처 : https://m.blog.naver.comhttps://m.blog.naver.com

3. '8종8횡' 고속철도망

2016년 7월에 발표된 '중장기 철도망 계획 2016~2030'에 따르면, '4종4횡'을 골격으로 도시 간 철도를 보강하는 고속철도망 구축을 제안하였다. 인접하는 대도시와 중대 도시 사이에는 1~4시간 교통권, 도·시·군 내는 0.5~2시간의 교

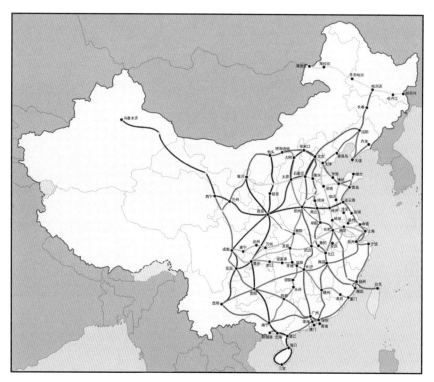

중국 '8종8횡八縱八橫' 고속철도망

출처 : https://zh.wikipedia.org/wiki

통권을 실현하는 것이다.[103]

　'8종8횡' 여객전용선의 건설은 초기의 '4종4횡' 노선을 기초로 연장선을 건설하여 세로 8개, 가로 8개 노선 등 모두 16개 노선을 의미하는 중국 고속철도망 프로젝트이다. '8종8횡' 계획에서 일부 통로는 복합 노선으로 여러 개의 주 노선과 지선으로 구성되었다. 일부 통로는 기존 노선을 이용하기 때문에 16개 노선

---

103) 佟立本,《高速鐵路槪論 第5版》, 中國鐵道出版社, 2017. 08, pp.25-27

중국 고속열차 CRH2

의 경우 중국 고속철도 기준 시속 250~350km/h가 아니라, 시속 250km/h 미만으로 속도를 낼 수 있다. 16개 노선은 중국 내의 18개 대도시를 연결하여 중국 국내 철도 노선의 총길이 120,000km 중 43%인 51,000km를 차지하며, 이들 노선이 한해 수송하는 여객은 전체 수송여객의 80%를 차지한다. 2021년까지 '8종8횡' 계획 총 약 4만 5,600km는 현재 70% 가까이 건설되었다. 나머지 부분 노선은 대부분 착공했거나 곧 착공할 예정이다.

'8종8횡' 고속철도망을 자세히 보면 8종은 연해통로沿海通道, 경호통로京滬通道, 경항(대)통로京港(臺)通道, 경합－경항오통로京哈－京港澳通道, 호남통로呼南通道, 경곤통로京昆通道, 포(은)해통로包(銀)海通道, 난(서)광통로蘭(西)廣通道 등의 고속철도 노선을 포함하고 있다.

8횡은 수만통로綏滿通道, 경란통로京蘭通道, 청은통로靑銀通道, 육교통로陸橋通道,

연강통로沿江通道, 호곤통로滬昆通道, 하유통로廈渝通道, 광곤통로廣昆通道 등 고속철도를 포함하고 있다.

1) 8종 통로

(1) 연해통로

연해[옌하이-沿海]통로通道는 요녕[랴오닝-遼寧]성 단동[단둥-丹東]에서 광서[광시-廣西]성 방성항[팡청강-防城港]까지 연결한다. 〈표 10〉과 같이 연해통로는 단대([단다-丹大]: 단동[단둥-丹東]～대련[다롄-大連]) 여객전용선, 합대([하다-哈大]; 하얼빈哈爾濱～대련[다롄-大連]) 고속철도, 진심([친선-秦瀋]; 진황도[친황다오-秦皇島]～심양[선양-瀋陽]) 여객전용선, 진진([진전-津鎮]; 천진[텐진-天津]～진강[전장-鎭江]) 고속철도, 진유연([진

중국 고속열차 CRH5

웨옌-津濰煙]; 천진[톈진-天津]~유방[웨이팡-濰坊]~연태[옌타이-煙台]) 고속철도, 제청([지칭-濟青]; 제남[지난-濟南]~청도[칭다오-青島]) 고속철도, 청영([칭룽-青榮]; 청도[칭다오-青島]~영성[룽청-榮成]) 도시 간 철도, 청염([칭옌-青鹽]; 청도[칭다오-青島]~염성[옌청-鹽成])철도, 염통([옌퉁-鹽通]; 염성[옌청-鹽成]~남통[난퉁-南通]) 고속철도, 호소통([후쑤퉁-滬蘇通]; 상해[상하이-上海]~소주[쑤저우-蘇州]~남통[난퉁-南通])철도, 호항([후항-滬杭]; 상해[상하이-上海]~항주[항저우-杭州]) 여객전용선, 항용([항융-杭甬]; 항주[항저우-杭州]~영파[닝보-寧波]) 고속철도, 용대온([융타이온-甬臺溫]; 영파[닝보-寧波]~대주[타이저우~臺州]~온주[원저우-溫州])철도, 온복([원푸-溫福]; 온주[원저우-溫州]~복주[푸저우-福州])철도, 복하([푸샤-福廈]; 복주[푸저우-福州]~하문[샤먼-廈門])철도, 하심([샤선-廈深]; 하문[샤먼-廈門]~심천[선전-深圳])철도, 심담([선잔-深湛]; 심천[선전-深圳]~담강[잔장-湛

중국 '8종8횡' 중 연해통로 노선도

출처 : https://www.sohu.com/a/446838614_763498

江])철도, 함담([허잔–合湛]; 북해[베이하이–北海] 합포[허푸–合浦]~담강[잔장–湛江]) 여객전용선, 흠북([친베이–欽北]; 흠주[친저우–欽州]~북해[베이하이–北海]) 고속철도, 흠방([친팡–欽防]; 흠주[친저우–欽州]~방성항[팡청강–防城港]) 철도 20개 철도 노선을 포함하고 있다. 총 주행거리는 약 5,000km에 달하고, 각 구간별로 시속은 200~350km/h로 설계됐다. 2020년 말 기준으로 연해 통로는 대부분 이미 건설되었고, 나머지 노선은 2025년 말까지 건설될 전망이다.

〈표 10〉 중국 '8종8횡' 중 연해통로 노선 구성[104]

노선 명	정차 도시	설계속도 (km/h)	총 거리 (km)	개통 시기	서비스 유형
단대[단다–丹大] 여객전용선	단동[단둥–丹東]~ 대련[다롄–大連]	200	293	2015. 12. 17.	여객전용선
합대[하다–哈大] 고속철도	하얼빈[哈爾濱]~ 대련[다롄–大連]	350	383	2012. 12. 01.	여객전용선
진심[친선–秦瀋] 여객전용선	진황도[친황다오–秦皇島]~심양[선양–瀋陽]	250	393	2003. 10. 12.	여객전용선
진진[진전–津鎭] 고속철도	천진[톈진–天津]~ 진강[전장–鎭江]	350	223	2013. 12. 01.	여객전용선
진유연[진웨옌–津濰煙] 고속철도	천진[톈진–天津]~ 유방[웨이팡–濰坊]	350	354	2025년 예정	여객전용선
	유방[웨이팡–濰坊]~연태[옌타이–煙台]	350	236	2024년 예정	
제청[지칭–濟青] 고속철도	제남[지난–濟南]~ 청도[칭다오–青島]	350	117	2018. 12. 26.	여객전용선
청영[칭룽–青榮] 도시 간 철도	청도[칭다오–青島]~ 영성[룽청–榮成]	200	186	2016. 11. 16.	여객전용선
청염[칭옌–青鹽]철도	청도[칭다오–青島]~ 염성[옌청–鹽成]	200	429	2018. 12. 26.	여객, 화물
염통[옌퉁–鹽通] 고속철도	염성[옌청–鹽成]~ 남통[난퉁–南通]	350	156	2020. 12. 29.	여객전용선
호소통[후쑤퉁–滬蘇通] 철도	상해[상하이–上海]~소주[쑤저우–蘇州]~남통[난퉁–南通]	200	123	2020. 07. 01.	여객, 화물
호항[후항–滬杭] 여객전용선	상해[상하이–上海]~ 항주[항저우–杭州]	350	159	2010. 10. 26.	여객전용선

노선 명	정차 도시	설계속도 (km/h)	총 거리 (km)	개통 시기	서비스 유형
항용[항융–杭甬] 고속철도	항쥐[항저우–杭州]~ 영파[닝보–寧波]	350	152	2013. 07. 01.	여객전용선
용대온[용타이온– 甬臺溫]철도	영파[닝보–寧波],~대주 [타이저우~臺州]~온주 [원저우–溫州]	250	279	2009. 09. 28.	여객, 화물
온복[원푸–溫福]철도	온쥐[원저우–溫州]~ 복주[푸저우–福州]	250	298	2009. 09. 28.	여객, 화물
복하[푸샤–福廈]철도	복주[푸저우–福州]~ 하문[샤먼–廈門]	250	226	2010. 04. 26.	여객, 화물
하심[샤선–廈深]철도	하문[샤먼–廈門]~ 심천[선전–深圳]	250	514	2013. 12. 28.	여객, 화물
심담[선잔–深湛]철도	담강[잔쟝–湛江]~ ~강문[쟝먼–江門]	250	116	2025년 예정	여객, 화물
	강문[쟝먼–江門] ~무명[마오밍–茂名]	250	268	2018. 07. 01.	
	무명[마오밍–茂名] ~담강[잔쟝–湛江]	200	103	2013. 12. 28.	
함담[허잔–合湛] 여객전용선	북해[베이하이–北海] 합포[허푸–合浦]~ 담강[잔쟝–湛江]	350	137	2025년 예정	여객
흠북[친베이–欽北] 고속철도	흠쥐[친저우–欽州]~ 북해[베이하이–北海]	250	67	2013. 12. 30.	여객, 화물
흠방[친팡–欽防]철도	흠쥐[친저우–欽州]~ 방성항[팡청강–防城港]	250	62	2013. 12. 30.	여객, 화물

104) {8종}

1. 연해통로沿海通道 노선 구성

출처 : https://zh.wikipedia.org/wiki/%E6%B2%BF%E6%B5%B7%E9%80%9A%E9%81%93

2. 경호통로京滬通道 노선 구성

출처 : ① https://zh.wikipedia.org/wiki/%E4%BA%AC%E6%B2%AA%E9%AB%98%E9%80%9F%E9%93 %81%E8%B7%AF

② https://baike.baidu.com/item/%E4%BA%AC%E6%B2%AA%E9%AB%98%E9%80%9F%E9% 93%81%E8%B7%AF%E4%BA%8C%E7%BA%BF/23742551

3. 경호통로京滬通道 노선 구성

출처 : https://zh.wikipedia.org/zh-hk/%E4%BA%AC%E6%B8%AF%EF%B-C%88%E5%8F%B0%EF%BC%89%E9%80%9A%E9%81%93

4. 경합-경항오통로京哈-京港澳通道 노선 구성

출처 : https://zh.wikipedia.org/wiki/%E4%BA%AC%E5%93%88%EF%BD%9E%E4%BA%AC%E6%B8%AF%E6%BE%B3%E9%80%9A%E9%81%93

5. 호남통로呼南通道 노선 구성

출처 : https://zh.wikipedia.org/wiki/%E5%91%BC%E5%8D%97%E9%AB%98%E9%80%9F%E9%93%81%E8%B7%AF%E9%80%9A%E9%81%93

6. 경곤통로京昆通道 노선 구성

출처 : https://zh.wikipedia.org/wiki/%E4%BA%AC%E6%98%86%E9%80%9A%E9%81%93

7. 포(은)해통로包(銀)海通道 노선 구성

출처 : https://zh.wikipedia.org/wiki/%E5%8C%85%EF%BC%88%E9%93%B6%EF%BC%89%E6%B5%B7%E9%80%9A%E9%81%93

8. 난(서)광통로蘭(西)廣通道 노선 구성

출처 : https://zh.wikipedia.org/wiki/%E5%85%B0%EF%BC%88%E8%A5%BF%EF%B-C%89%E5%B9%BF%E9%80%9A%E9%81%93

{8횡}

1. 수만통로綏滿通道 노선 구성

출처 : https://zh.wikipedia.org/wiki/%E7%BB%A5%E6%BB%A1%E9%80%9A%E9%81%93

2. 경란통로京蘭通道 노선 구성

출처 : https://zh.wikipedia.org/wiki/%E4%BA%AC%E5%85%B0%E9%80%9A%E9%81%93

3. 청은통로青銀通道 노선 구성

출처 : https://zh.wikipedia.org/wiki/%E9%9D%92%E9%93%B6%E9%80%9A%E9%81%93

4. 육교통로陸橋通道 노선 구성

출처 : https://zh.wikipedia.org/wiki/%E9%99%86%E6%A1%A5%E9%80%9A%E9%81%93

5. 연강통로沿江通道 노선 구성

출처 : https://zh.wikipedia.org/wiki/%E6%B2%BF%E6%B1%9F%E9%AB%98%E9%93%81%E9%80%9A%E9%81%93

6. 호곤통로滬昆通道 노선 구성

출처 : https://zh.wikipedia.org/wiki/%E6%B2%AA%E6%98%86%E5%AE%A2%E8%B-F%90%E4%B8%93%E7%BA%BF

7. 하유통로廈渝通道 노선 구성

출처 : https://zh.wikipedia.org/wiki/%E6%B8%9D%E5%8E%A6%E9%AB%98%E9%80%9F%E9%93%81%E8%B7%AF

8. 광곤통로廣昆通道 노선 구성

출처 : https://zh.wikipedia.org/wiki/%E5%B9%BF%E6%98%86%E9%80%9A%E9%81%93

(2) 경호통로

경호[징후-京滬]통로通道는 북경[베이징-北京]에서 상해[상하이-上海]까지 연결하는데 경호통로와 경호 고속철도 2선으로 나눈다. 경호통로, 즉 경호는 북경~천진[톈진-天津]~제남[지난-濟南]~남경[난징-南京]~상해 고속철도와 남경~항주[항저우-杭州] 고속철도, 방부[벙부-蚌埠]~합비[허페이-合肥]~항주 고속철도를 포함한다. 경호통로는 거의 전면적으로 건설 및 개통했지만 합항[허항-(合杭] 고속철도의 호주[후저우-湖州]에서 항주까지 구간만 2022년 8월에 완공되었다. 경호 고속철도 2선은 북경~천진~동영[둥잉-東營]~유방[웨이팡-濰坊]~임이[린이-臨沂]~회안[화이안-淮安]~양주[양저우-揚州]~남통[난퉁-南通]~상해 고속철도이다. 경호 고속철도 2선은 2008년 8월 1일에 개통한 경진[징진-京津] 도시 간 철도와 2020년

중국 '8종8횡' 중 경호통로 노선도

출처 : http://dzrb.dzng.com/articleContent/17_819463.html

12월 11일에 개통한 연진[롄전-連鎭] 고속철도를 빼고 나머지 노선은 아직까지 개통하지 않았는데 2026년 개통 예정이다. 경호통로는 중국 경제가 발달한 화북지역과 화동지역을 연계하고 경진, 장삼각장 등 도시군을 관통한다.

〈표 11〉 중국 '8종8횡' 중 경호통로 노선 구성

경호[징후] 주 통로					
노선 명	정차 도시	설계속도 (km/h)	총 거리 (km)	개통 시기	서비스 유형
경호[징후-京滬] 고속철도	북경[베이징-北京]~ 상해[상하이-上海]	380	1,318	2011. 06. 30.	여객전용선
합남[허난-合南] 고속철도	합비[허페이-合肥]~ 남경[난징-南京]	350	156	2008. 04. 18.	여객전용선
남항[닝항-南杭] 고속철도	남경[난징-南京]~ 항주[항저우-杭州]	350	249	2013. 07. 01.	여객전용선
합방[허방-合蚌] 고속철도	합비[허페이-合肥]~ 방부[방부-蚌埠]	350	132	2012. 10. 16.	여객전용선
합항[허항-合杭] 고속철도	합비[허페이-合肥]~ 호주[후저우-湖州]	350,250	305	2020. 06. 28.	여객전용선
	호주[후저우-湖州]~ 항주[항저우-杭州]	350	137,8	2022년 완공	여객전용선
경호[징후] 고속철도 2선					
경진[징진-京津] 도시 간 철도	북경[베이징-北京]~ 천진[톈진-天津]	350	200	2008. 08. 01.	여객전용선
진위[진웨이-津潍] 고속철도	천진[톈진-天津]~ 유방[웨이팡-潍坊]	350	348.9	2026년 예정	여객전용선
위신[웨이신-潍新] 고속철도	유방[웨이팡-潍坊]~ 신이[신이-新沂]	350	330	2026년 예정	여객전용선
임회[린화이-臨淮] 고속철도	임이[린이~臨沂]~ 회안[화이안-淮安]	350	–	2026년 예정	여객전용선
연진[롄전-連鎭] 고속철도	연운항[롄윈강-連雲港]~진강[전쟝-鎭江]	250	304	2020. 12. 11.	여객전용선
북연강[베앤강-北沿江] 고속철도	상해북[상하이베이-上海北]~하북남[허베이난-河北南上]	350	–	2026년 예정	여객전용선

(3) 경항통로

경항[징강-京港(臺)]통로通道는 중국 북경[베이징-北京]에서 홍콩까지 남북으로 종단하는 고속철도이다. 경항[징강-京港(臺)]통로通道는 주 노선과 대북[타이베이-臺北] 지선으로 나눌 수 있다. 구체적으로 보면 북경~형수[형수이-衡水]~합택[허쩌-菏澤]~상구[상치우-商丘]~부양[푸양-阜陽]~합비[허페이-合肥]~구강[쥬쟝-九江]~남창[난창-南昌]~감주[간저우-贛州]~심천[선전-深圳]~홍콩香港 구룡[쥬룽-九龍] 고속철도와 합비~복주[푸저우-福州]~대북[타이베이-臺北] 고속철도 지선과 남창[난창-南昌]~복주철도를 포함한다. 경항통로는 복주에서 대북까지 연장될 수 있는 노선을 계획 중이다. 중국 화북지역, 화중지역, 화동지역과 화남지역을 연계하고 경진[징진-京津], 장강중류長江中游, 해협서안海峽西岸, 주삼각珠三角 등 도시군

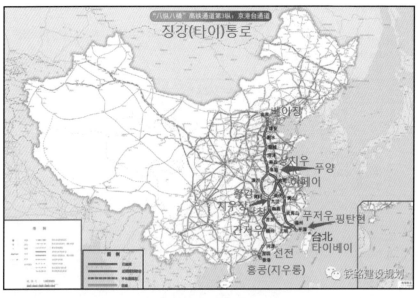

중국 '8종8횡' 중 경항통로 노선도

출처 : https://www.sohu.com/a/446838614_763498

을 관통한다.

(4) 경합~경항오통로

경합[징하-京哈]통로通道~경항오[징강아오-京港澳]통로通道는 하얼빈哈爾濱에서 북
경[베이징-北京]-하얼빈으로 홍콩香港과 마카오澳門에 이르는 고속철도 노선인데
모든 구간이 건설 및 개통하였다. 구체적으로 보면 경합통로~경항오통로는 경
합([징하-京哈]; 북경~하얼빈) 고속철도, 경광([징광-京廣]; 북경~광주[광저우-廣州]) 고
속철도, 광심항([광선강-廣深港]; 광주~심천[선전-深圳]~홍콩香港) 고속철도와 광주오
([광주아오-廣珠澳]; 광주[광저우-廣州]~주해[주하이-珠海]~마카오澳門) 고속철도를 포함
한다. 경합통로~경항오통로의 총주행거리는 약 3,700km이고, 광주오 고속철

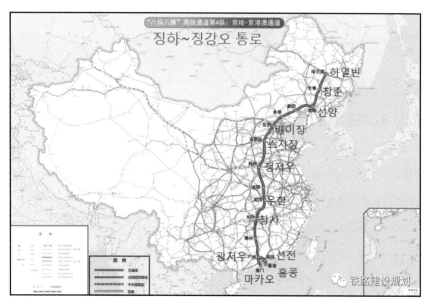

중국 '8종8횡' 중 경합통로~경항오통로 노선도

출처 : https://www.sohu.com/a/446838614_763498

도를 제외한 나머지 노선은 모두 개통됐다. 광주오 고속철도는 기존 광주~주해 도시 간 철도를 이용하며, 장기적으로 계획하고 있다. 경합통로~경항오통로는 중국 동북·화북·화중·화남·홍콩·마카오지역을 연계하고 경진[징진-京津], 장강중류, 해협서안, 주삼각 등 도시군을 관통한다.

〈표 12〉 중국 '8종8횡' 중 경합통로~경항오통로 노선 구성

노선 명	정차 도시	설계속도 (km/h)	총 거리 (km)	개통 시기	서비스 유형
경합[징하-京哈] 고속철도	북경[베이징-北京]- 하얼빈[哈爾濱]	350(여름), 250(겨울)	1,254	2021. 01. 22.	여객전용선
경광[징광-京廣] 고속철도	북경[베이징-北京]~ 광주[광저우-廣州]	350	2,118	2012. 12. 26.	여객전용선
광심항[광선강-廣深港] 고속철도	광주[광저우-廣州]~ 심천[선전-深圳]~ 홍콩香港	200	142	2018. 09. 23.	여객전용선
광주오[광주아오-廣珠澳] 고속철도	광주[광저우-廣州]~ 주해[주하이-珠海]	200	187	2011. 01. 07.	여객전용선
	광주[광저우-廣州]~ 주해[주하이-珠海]~ 마카오澳門	계획 중			

(5) 호남통로

호남[후난-呼南]통로通道는 중국 내몽고 자치구 후허하오터呼和浩特시 광서장족 자치구 남녕[난닝-南寧]까지 연결하는 고속철도 노선이다. 구체적으로 보면 호남 [후난-呼南]통로通道는 후허하오터~대동[다퉁-大同]~태원[타이위안-太原]~정주[정저 우-鄭州]~양양[샹양-襄陽]~상덕[창더-常德]~익양[이양-益陽]~소양[사오양邵陽]~영주 [융저우-永州]~계림[궤이린-桂林]~남녕[난닝-南寧] 고속철도를 포함한다. 호남통로 는 양상([샹창-(襄常]; 양양[샹양-襄陽]~상덕[창더-常德]) 고속철도와 소영([사오융-邵永]; 소양[사오양邵陽]~영주[융저우-永州]) 고속철도를 제외한 나머지 노선은 모두 개통되 었다. 후남통로는 화북·중원·화중·화남지역을 연계하고 후허하오터, 포두[바

중국 '8종8횡' 중 호남통로 노선도

출처 : https://www.sohu.com/a/446838614_763498

오터우-包頭], 어얼둬쓰鄂尔多斯 등 내몽고지역과 산시성 중부, 중원, 장강중류 등 도시들을 관통한다.

〈표 13〉 중국 '8종8횡' 중 호남통로 노선 구성

노선 명	정차 도시	설계속도 (km/h)	총 거리 (km)	개통 시기	서비스 유형
호외[후우-呼乌] 고속철도	후허하오터呼和浩特 ~울란차브乌兰察布	250	126	2017. 08. 03.	여객전용선
초대[쟈오다-焦大] 고속철도	울란차브乌兰察布 ~대동[다퉁-大同]	250	269.6	2024년 예정	여객전용선
대서[다시-大西] 고속철도	대동[다퉁-大同] ~서안[시안-西安]	250	859	2018. 09. 28.	여객전용선
태초[타이쟈오-太焦] 고속철도	태원[타이위안-太原] ~초작[쟈오쭤-焦作]	250	358.76	2020. 12. 12.	여객전용선

노선 명	정차 도시	설계속도 (km/h)	총 거리 (km)	개통 시기	서비스 유형
정초[정쟈오-鄭焦] 도시 간 철도	정주[정저우-鄭州] ~초작[쟈오쭤-焦作]	200	77.8	2015. 06. 26.	여객전용선
정유[정위-鄭渝] 고속철도	정주[정저우-鄭州] ~양양[샹양-襄陽]	350	389	2019. 12. 01.	여객전용선
양상[샹창-襄常] 고속철도	양양[샹양-襄陽]~상덕[창더-常德]			계획 중	
상익장[창이창-常益長] 고속철도	상덕[창더-常德]~익양[이양-益陽]~장사[창사-長沙]	350	157	2022. 06. 21. 완공	여객전용선
익루[이뤄-益婁] 고속철도	익양[이양-益陽]~루저[러우디-婁底]	350	99	2025년 예정	여객, 화물
루소[러우사오-婁邵] 도시 간 철도	루저[러우디-婁底]~소영[사오융-邵永]	200	98	2016. 01. 06.	여객, 화물
소영[사오융-邵永] 고속철도	소영[[사오융-邵永] ~영주[융저우-永州]	350	96	미정	여객전용선
영류[융류-永柳] 도시 간 철도	영주[융저우-永州] ~류주[류저우-柳州]	200	362.9	2013. 12. 28.	여객, 화물
류남[류난-柳南] 도시 간 철도	류주[류저우-柳州] ~남녕[난닝-南寧]	250	225	2012. 12. 30.	여객전용선

(6) 경곤통로

경곤[징쿤-京昆]통로通道는 북경[베이징-北京]에서 운남성 곤명[쿤밍-昆明]까지 연결하는 고속철도 노선이다. 구체적으로 보면 경곤통로는 주 노선인 북경~보정[바오딩-保定] 웅안[슝안-雄安]~태원[타이위안-太原]-서안[시안-西安]~성도[청두-成都]~곤명 고속철도와 제1 지선인 유곤([위쿤-(渝昆); 중경[충칭-重慶]~곤명) 고속철도와 제2 지선인 북경~장가구[장쟈커우-張家口]~대동[다퉁-大同]~태원 고속철도로 3가지 노선을 포함한다. 주의할 점은 처음에 경곤통로를 계획했을 때는 주 노선은 북경~석가장[스쟈좡-石家莊]~태원-서안~성도~곤명 고속철도 노선으로 정했지만, 실제 건설했을 때는 2019년 말에 중국 '경진[징진-京津]지역 핵심 구철도 계획시도'에 따르면 경곤통로의 주 노선은 북경~보정 웅안~태원으로 조정됐

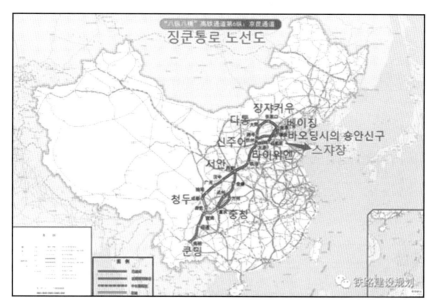

중국 '8종8횡' 중 경곤통로 노선도

출처 : https://www.sohu.com/a/446838614_763498

으며 석가장을 거치지 않았다.[105] 경곤통로의 노선은 웅흔[슝신-雄忻] 고속철도를 제외한 나머지 노선은 모두 개통됐다. 경곤통로의 제1 지선인 유곤 고속철도는 착공하였는데 아직 개통하는 시기를 결정하지 않았다. 경곤통로의 제2 지선은 다시 고속철도의 대동~태원 구간을 제외한 나머지 노선은 모두 개통됐다. 경곤통로는 화북·서북·서남지역을 연계하고 경진지역, 태원, 관중[關中]평원, 성유 [청위-成渝] 노선 등의 도시군을 지나고 있다.

---

105) 京昆高鐵新通道：雄忻高鐵, 太延高鐵, 西延高鐵, 不經石家莊了
　　　https://www.sohu.com/a/373060183_120421479

〈표 14〉 중국 '8종8횡' 중 경곤통로 노선 구성

주 노선					
노선 명	정차 도시	설계속도 (km/h)	총 거리 (km)	개통 시기	서비스 유형
경웅[징슝–京雄] 도시 간 철도	북경[베이징–北京]~ 보정[바오딩–保定]	250	92.03	2020. 12. 27.	여객전용선
웅흔[슝신–雄忻] 고속철도	웅안[슝안–雄安]~ 흔주[신저우–忻州]	350	342	미정	
대서[다시–大西] 고속철도	흔주[신저우–忻州]~ 서안[시안–西安]	350	570	2014. 12. 06.	여객전용선
서성[시청–西成] 여객 전용선	서안[시안–西安]~ 성도[청두–成都]	250	663	2017. 12. 06.	여객전용선
용곤[룽쿤–龍昆] 고속철도	성도[청두–成都]~ 곤명[쿤밍–昆明]	350	259	2023년	여객전용선
제1지선					
유곤[위쿤–渝昆] 고속철도	중경[충칭–重慶]~ 곤명[쿤밍–昆明])	350	698.96	미정	여객전용선
제2지선					
경장[징장–京張] 도시 간 철도	북경[베이징]~장가구 [장쟈커우–張家口]	250~350	174	2019. 12. 30.	여객전용선
장대[장다–張大] 여객전용선	장가구[장쟈커우–張家 口]~대동[다퉁–大同]	250	137	2018. 12. 30.	여객전용선
대서[다시–大西] 고속철도	대동[다퉁–大同]~ 태원[타이위안–太原]	250	288	미정	여객전용선

출처 : 인터넷 데이터 정리

(7) 포(은)해통로

포(은)해[바오(인)하이–包(銀)海]통로通道는 주 노선인 포두[바오터우–包頭]~연안[옌안–延安]~서안[시안–西安]~중경[충칭–重慶]~귀양[궤이양–貴陽]~남녕[난닝–南寧]~담강[잔쟝–湛江]~해구[하이커우–海口] 고속철도와 제1 지선인 은천[인촨–銀川]~서안[시안–西安] 고속철도와 제2 지선인 해남[하이난–海南] 순환 고속철도로 3가지 노선을 포함한다. 현재 포(은)해통로는 유귀([위궤이–渝貴]; 구이 중경[충칭–重慶]~귀양[궤이양–貴陽])철도와 은서([인시–銀西]; 은천[인촨–銀川]~서안[시안–西安]) 고속철도와 옹북

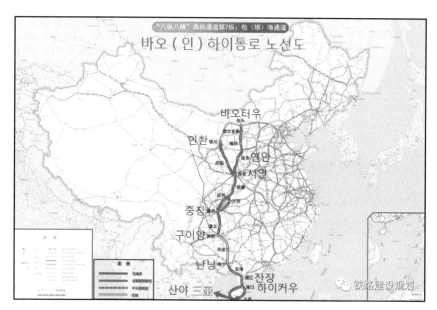

중국 '8종8횡' 중 포(은)해통로 노선도

출처 : https://www.sohu.com/a/446838614_763498

([융베이-邕北]; 남녕[난닝-南寧]~북해[베이하이-北海])철도와 해남[하이남-海南] 순환 고속철도 포(은)해통로 바오(인)하이는 서북 · 서남 · 화남지역을 연계하고 영하지역, 관중평원 등 도시군을 통과한다.

〈표 15〉 중국 '8종8횡' 중 포(은)해통로 노선 구성

주 노선					
노선 명	정차 도시	설계속도 (km/h)	총 거리 (km)	개통 시기	서비스 유형
포연[바오옌-包延] 고속철도	포두[바오터우-包頭]~ 연안[옌안-延安]	350	계획 중		
서연[시옌-西延] 고속철도	서안[시안-西安]~ 연안[옌안-延安]	350	294.69	2025년 예정	여객전용선
서유[시위-西渝] 고속철도	서안[시안-西安]~ 중경[충칭-重慶]	350	740	미정	여객전용선

주 노선					
노선 명	정차 도시	설계속도 (km/h)	총 거리 (km)	개통 시기	서비스 유형
유귀[위궤-渝貴] 고속철도	중경[충칭-重慶]~ 귀양[궤이양-貴陽]	350	345	2018. 01. 25.	여객,화물
귀남[궤이난-貴南] 고속철도	귀양[궤이양-貴陽]~ 남녕[난닝-南寧]	350	512	2023년	여객전용선
옹북[융베이-邕北] 철도	남녕[난닝-南寧]~ 북해[베이하이-北海]	250	197	2013. 12. 28.	여객,화물
하담[허잔-河湛] 여객전용선	북해[베이하이-北海]~ 담강[잔장-湛江]	350	137.82	2024년 예정	여객전용선
담해[잔하이-湛海] 고속철도	담강[잔장-湛江]~ 해구[하이커우-海口]	350	130	미정	여객전용선
제1지선					
은서[인시-銀西] 고속철도	은천[인촨-銀川]~ 서안[시안-西安]	250	617.9	2020. 12. 26.	여객전용선
제2지선					
해남[하이난-海南] 순환 고속철도	해구[하이커우-海口]~ 산애[산야-山亞]	동성 : 250	308	2010. 12. 30.	여객, 화물
		서선 : 200	344	2015. 12. 30.	

출처 : 인터넷 데이터 정리

(8) 난(시)광통로

난(시)광[란(시)광-蘭(西)廣]통로通道는 중국 난주[란저우-蘭州]와 서녕[시닝-西寧]에 서 광주[광저우-廣州]까지 연결하는 고속철도 노선이다. 구체적으로 보면 난(시)광 통로는 난주~성도[청두-成都]~중경[충칭-重慶)~익양[이양-益陽]~광주 고속철도 노 선을 포함한다. 난(시)광통로는 성녕[청녕-成寧]철도와 성난[청난-成蘭]철도를 제외 한 나머지 노선은 모두 개통되었다. 난(시)광통로는 중국 서북 · 서남 · 화남지역 을 연계하고 난시, 성유[청위-成渝] 노선, 주삼각 등 도시군을 통과한다.

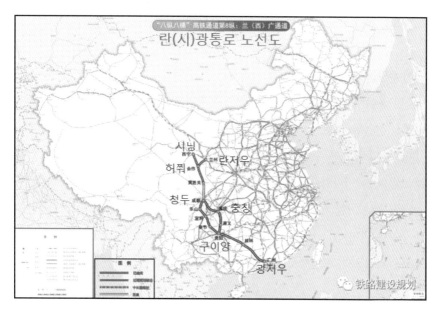

중국 '8종8횡' 중 난(시)광통로 노선도

출처 : https://www.sohu.com/a/446838614_763498

〈표 16〉 중국 '8종8횡' 난(시)광통로 노선 구성

노선 명	정차 도시	설계속도 (km/h)	총 거리 (km)	개통 시기	서비스 유형
성녕[청닝-成寧] 철도	성도[청두-成都]~ 서녕[시닝-西寧]	200	833.1	2027년 예정	여객.화물
성난[청란-成蘭] 철도	성도[청두-成都]~ 난주[란저우-蘭州]	200	730.549	2026년 예정	여객.화물
성귀[청궤이-成貴] 여객전용선	성도[청두-成都]~ 귀양[궤이양-貴陽]	250	632.6	2019. 12. 16.	여객전용선
성유[청위-成渝] 여객전용선	성도[청두-成都]~ 중경[충칭-重慶]	350	307	2015. 12. 26.	여객전용선
유귀[위궤이-渝貴] 철도	중경[충칭-重慶]~ 귀양[궤이양-貴陽]	350	345	2018. 01. 25.	여객.화물
귀광[궤이광-貴 廣] 여객전용선	귀양[궤이양-貴陽]~ 광주[광저우-廣州]	250	857	2014. 12. 26.	여객전용선

2) 8횡 통로

(1) 수만통로

수만[쑤이만-綏滿]통로通道는 중국 최동북지역에 위치하고 수분하[쑤이펀허-綏芬河]에서 하얼빈哈爾濱을 거쳐 만주리[만저우리-滿洲里]에 이르는 길이 약 1,400km이다. 자세히 보면 수만통로는 수분하~목단강[무단쟝-牧丹江]~하얼빈~치치하얼齊齊哈爾~하이라얼海拉爾~만주리 고속철도 노선을 포함한다. 수만통로에서는 수분하~치치하얼 구간은 이미 건설되었고, 나머지 치치하얼~하이라얼~만주리 구간은 이미 중국 내몽골 자치구 '제14차 5개년(2021년~2025년) 철도계획'에 포함되었으며, 수만통로는 흑룡강 및 내몽고 동부지역을 연계한다.

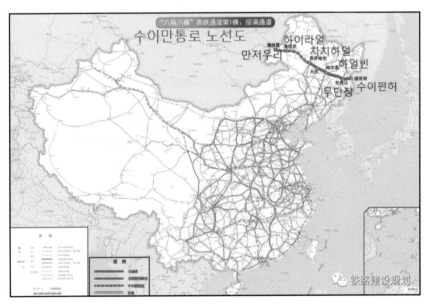

중국 '8종8횡' 중 수만통로 노선도

출처 : https://www.sohu.com/a/446838614_763498

〈표 17〉 중국 '8종8횡' 중 수만통로 노선 구성

노선 명	정차 도시	설계속도 (km/h)	총 거리 (km)	개통 시기	서비스 유형
목수[무쑤이-牧綏] 철도	목단강[무단장-牧丹江]~ 수분하[쑤이펀허-綏芬河]	200	138.8	2015. 12. 28.	여객, 화물
합목[하무-哈牧] 여객전용선	하얼빈哈爾濱~ 목단강[무단장-牧丹江]	250	299.34	2018. 12. 25.	여객전용선
합제[하치-哈齊] 여객전용선	하얼빈哈爾濱~ 치치하얼齊齊哈爾	250	281.5	2015. 08. 17.	여객전용선
제만[치만-齊滿] 고속철도	치치하얼齊齊哈爾~ 만주리[만저우리-滿洲里]	계획 중			

(2) 경란통로

경란[징란-京蘭]통로通道는 북경[베이징-北京]에서 후허하오터呼和浩特, 은천[인촨-

중국 '8종8횡' 중 경란통로 노선도

출처 : https://www.sohu.com/a/446838614_763498

銀川을 거쳐 난주[란저우-蘭州]로 가는 고속철도 노선인데 전체 길이 약 1,600km 이다. 이는 은천 및 난주에서 북경까지 가장 편리한 고속철도다. 은천~중위[중웨이-中衛] 구간이 이미 개통됐는데 나머지 노선은 늦어도 2024년에 개통될 예정이다. 경란통로는 중국 화북지역과 서북지역을 연계하고 경진[징친-京秦] 노선, 후허하오터, 포두[바오터우-包頭], 어얼둬쓰鄂尔多斯, 영하회족자치구 연황沿黃지역, 난서[란시-蘭西] 등 도시군을 지나고 있다.

〈표 18〉 중국 '8종8횡' 중 경란통로 노선 구성

노선 명	정차 도시	설계속도 (km/h)	총 거리 (km)	개통 시기	서비스 유형
경포[징바오-京包] 여객전용선	북경[베이징-北京]~ 포두[바오터우-包頭]	200~350	659.9	2019. 12. 30.	여객전용선
포은[바오인-包銀] 고속철도	포두[바오터우-包頭]~ 은천[인촨-銀川]	250	519	2024년 예정	여객전용선
은란[인란-銀蘭] 고속철도	은천[인촨-銀川]~ 중위[중웨이-中衛]	250	207	2019. 12. 29.	여객전용선
	중위[중웨이-中衛]~ 난주[란저우-蘭州]		218	2022년 완공	

(3) 청은통로

청은[칭인-靑銀]통로通道는 중국 산동성 청도[칭다오-靑島]에서 영화회족자치구 은천[인촨-銀川]까지 연결하는 고속철도 노선인데 전체 길이는 약 1,650km이다. 청은통로가 지나가는 주요 도시는 청도, 제남[지난-濟南], 석가장[스쟈좡-石家莊], 태원[타이위안-太原]과 은천이 있다. 청은통로는 은태[인타이-銀太] 고속철도가 아직 계획 중이지만, 나머지 노선은 모두 개통되었다. 청은통로는 중국 화동·화북·서북지역을 연계하고 산동반도, 경진[징친-京秦] 노선, 태원, 영하회족자치구 연황沿黃지역 등 도시군을 지나고 있다.

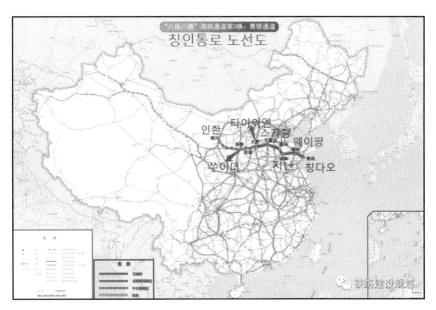

중국 '8종8횡' 중 청은통로 노선도

출처 : https://www.sohu.com/a/446838614_763498

〈표 19〉 중국 '8종8횡' 중 청은통로 노선 구성

노선 명	정차 도시	설계속도 (km/h)	총 거리 (km)	개통 시기	서비스 유형
제청[지칭-濟靑] 여객전용선	청도[칭다오-靑島]~ 제남[지난-濟南]	200	364	2008. 12. 21.	여객전용선
석제[스지-石濟] 여객전용선	석가쟝[스자좡-石家莊]~ 제남[지난-濟南]	250	298	2017. 12. 28.	여객전용선
석태[스타이-石太] 여객전용선	석가쟝[스자좡-石家莊]~ 태원[타이위안-太原]	250	232	2009. 04. 01.	여객전용선
은태[인타이-銀太] 고속철도	은천[인촨-銀川]~ 태원[타이위안-太原]	계획 중			

(4) 육교통로

육교[루챠오-陸橋]통로通道는 중국 우루무치烏魯木齊에서 연운항[롄윈강-連雲港]까지 연결하는 고속철도 노선인데 전체 길이 약 3,417km이다. 육교통로가 지나가는 주요 도시인 연운항, 서주[쉬저우-徐州], 정주[정저우-鄭州], 서안[시안-西安], 난주[란저우-蘭州], 서녕[시닝-西寧], 우루무치가 있으며, 2021년 2월 8일 이 통로는 정식으로 전 구간 개통되었다. 대륙 교통로는 중국 화동·화중·서북지역을 연계하고 중원, 관중關中 평원, 난서[란시-蘭西], 천산[톈산-天山] 등 도시군을 관통한다.

〈표 20〉 중국 '8종8횡' 중 대륙 교통로 육교통로 노선 구성

노선 명	정차 도시	설계속도 (km/h)	총 거리 (km)	개통 시기	서비스 유형
서연[쉬롄-徐連] 고속철도	서주[쉬저우-徐州]~ 연운항[롄윈강-連雲港]	350	180	2021. 02. 08.	여객전용선
정서[정쉬-鄭徐] 고속철도	정주[정저우-鄭州]~ 서주[쉬저우-徐州]	350	362	2016. 09. 10.	여객전용선
정서[정시-鄭西] 고속철도	정주[정저우-鄭州]~ 서안[시안-西安]	350	523	2010. 02. 06.	여객전용선
서보[서바오-西寶] 고속철도	서안[시안-西安]~ 보계[바오지-寶鷄]	350	148	2013. 12. 28.	여객전용선
보난[바오란-寶蘭] 고속철도	보계[바오지-寶鷄]~ 난주[란저우-蘭州]	250	401	2017. 07. 09.	여객전용선
난신[란신-蘭新] 고속철도	난주[란저우-蘭州]~ 우루무치烏魯木齊	250	1776	2014. 12. 26.	여객전용선

출처 : 인터넷 데이터 정리

(5) 연강통로

연강[옌장-沿江]통로通道는 2022년에서 2028년까지 3단계로 구간별 노선을 이용하여 건설 및 개통될 예정이다.

제1단계(2022년 전)는 상해[상하이-上海]~남경[난징-南京]~합비[허페이-合肥]~

<표 21> 중국 '8종8횡' 중 연강통로 노선 구성

노선 명	정차 도시	설계속도 (km/h)	총 거리 (km)	개통 시기	서비스 유형
북연강[베이옌장-北沿江] 고속철도	상해[상하이-上海]~ 합비[허페이-合肥]	350	554.59	2029년 예정	여객전용선
호녕[후닝-滬寧] 도시 간 철도	상해[상하이-上海]~ 남경[난징-南京]	350	301	2010. 07. 01.	여객전용선
호녕[후닝-滬寧]철도	합비[허페이-合肥] ~남경[난징-南京]	250	156	2008. 04. 18.	여객전용선
상합항[상허항-商合杭] 여객전용선 (합비[허페이-合肥]~ 호주[후저우-湖州] 구간)	합비[허페이-合肥] ~호주[후저우-湖州]	250~350	309	2020. 06. 28.	여객전용선
합무[허우- 合武] 고속철도	합비[허페이-合肥] ~무한[우한-武漢]	350	330.12	2025년 예정	여객전용선
한의[한이-漢宜] 고속철도	무한[우한-武漢] ~의창[이창-宜昌]	350	313.8	2025년 예정	여객전용선
유의[위이-渝宜] 고속철도	의창[이창-宜昌] ~중경[충]칭-重慶]	350	414.4	2028년 예정	여객전용선
정유[정위-鄭渝] 고속철도 (북선 구간)	중경[충]칭-重慶] ~만주[완저우-萬州]	250	247	2016. 11. 28.	여객전용선
정유[정위-鄭渝] 고속철도 (남선 구간)	중경[충]칭-重慶] ~만주[완저우-萬州]	350	291	2025년 예정	여객전용선
	만주[완저우-萬州] ~양양[샹양-襄陽]		429	2022년 6월 개통	
성유[청위-成渝] 고속철도	성도[청두-成都]~ 중경[충칭-重慶]	350	307	2015. 12. 25.	여객전용선

출처 : 인터넷 데이터 정리

무한[우한-武漢]~중경[충칭-重慶]~성도[청두-成都] 고속철도를 건축하고 시속 250~350km/h 속도 등급의 여객전용선 통로를 형성하며, 성도~중경~상해 간 운영거리는 각각 2,112km, 1,793km, 여행시간은 각각 12.2시간, 10.7시간에 서 10.4시간, 8.9시간으로 단축되었다.

제2단계(2025년 전)는 상해~남경~합비~무한~형문[징먼-荊門]~의창[이창-宜昌]~만주[완저우-萬州]~중경~성도 고속철도를 건설하고 전 구간 350km/h 여

중국 '8종8횡' 중 연강통로 노선도

출처 : https://www.sohu.com/a/446838614_763498

객전용선 통로를 형성한다. 성도와 중경~상해 간 운영거리는 각각 1,898km, 1,672km, 여행시간은 각각 6.8시간, 5.8시간으로 단축한다.

제3단계(2025년 후)는 유이[위이-渝宜] 고속철도를 신설하여 중경에서 상해까지 여행시간이 5.3시간으로 단축하였다. 연강통로는 북연강北沿江 고속철도와 합무合무 고속철도와 한의漢宜 고속철도, 유이 고속철도 등은 아직 계획 중이지만, 나머지 노선은 다 개통되었다. 연강통로는 중국 화동·화중·서남지역을 연계하고 장강 중류, 성유[청위-成渝] 노선 등 도시군을 지나고 있다.

(6) 호곤통로

호곤[후쿤-滬昆]통로通道는 중국 상해[상하이-上海]에서 곤명[쿤밍-昆明]까지 연결하는 고속철도 노선인데, 전체 길이는 약 2,252km이다. 자세히 보면 호곤[후쿤-滬昆]통로는 상해~항주[항저우-杭州]~남창[난창-南昌]~장사[창사-長沙]~귀양[궤이양-貴陽]~곤명 고속철도를 포함한다. 호곤통로는 동쪽에서 서쪽으로 호항[후항-滬杭] 고속철도, 항장[항창-杭長] 고속철도, 장곤[장쿤-長昆] 고속철도 등 3개 노선으로 구성되어 있으며, 2016년 12월 28일에 장곤 고속철도의 귀양~곤명 구간은 개통에 따라 전면적으로 건설되었다. 호곤통로는 중국 화동·화중·서남지역을 연계하고 장삼각, 장강 중류 등 도시군을 관통한다.

중국 '8종8횡' 중 호곤통로 노선도

출처 : https://www.sohu.com/a/446838614_763498

노선 명	정차 도시	설계속도 (km/h)	총 거리 (km)	개통 시기	서비스 유형
호항[후항–滬杭] 고속철도	상해[상하이–上海]~ 항주[항저우–杭州]	350	158	2010. 10. 26.	여객전용선
항장[항창–杭長] 고속철도	항주[항저우–杭州] ~장사[창사–長沙]	350	927	2014. 09. 16.	여객전용선
장곤[장쿤–長昆] 고속철도	장사[창사–長沙] ~곤명[쿤밍–昆明]	350	1167	2016. 12. 28.	여객전용선

출처 : 인터넷 데이터 정리

(7) 유하통로

유하[샤위–廈渝]통로通道는 중국 중경[충칭–重慶]과 하문[샤먼–廈門]을 연결하는 고속철도 노선인데 총길이 약 1,600km이다. 자세히 보면 유하통로는 하문~용암

중국 '8종8횡' 중 유하통로 노선도

출처 : https://www.sohu.com/a/446838614_763498

[룽옌-龍岩]~감주[간저우-贛州]~장사[창사-長沙]~상덕[창더-常德]~장가계[장쟈졔-張家界]~검강[쳰쟝-黔江]~중경 고속철도를 포함한다. 유하통로는 유검 도시 간 철도와 장의[창이-長宜] 고속철도, 장감[창간-長贛] 고속철도가 아직 개통되지 않았지만, 나머지 노선은 다 개통되었다. 유하통로는 중국 해협 서안·중남·서남지역을 연계하고 장강 중류, 성유[청위-成渝] 노선 등 도시군을 관통한다.

<표 23> 중국 '8종8횡' 중 유하통로 노선 구성

노선 명	정차 도시	설계속도 (km/h)	총 거리 (km)	개통 시기	서비스 유형
유검[위쳰- 渝黔] 도시 간 철도	중경[충칭-重慶] ~검강[쳰쟝-黔江]	350	269	2024년 예정	여객전용선
검상[쳰창-黔常] 철도	검강[쳰쟝-黔江] ~상덕[창더-常德]	200	336.25	2019. 12. 26.	여객, 화물
상의창[창이창-常宜長] 고속철도	상덕[창더-常德]~ 의창[이창-宜昌]~ 장사[창사-長沙]	350	156.82	2022년 6월	여객전용선
장감[창간-長贛] 고속철도	장사[창사-長沙] ~감주[간저우-贛州]	350	429.48	2026년 예정	여객전용선
감서용[간루이룽-贛瑞龍]철도	감주[간저우-贛州]~ 서금[루이진-瑞金] ~용암[룽옌-龍岩]	200	272.83	2015. 12. 26.	여객, 화물
용해[룽샤-龍廈] 철도	용암[룽옌-龍岩] ~하문[샤먼-廈門]	200	171	2012. 06. 29.	여객, 화물

출처 : 인터넷 데이터 정리

(8) 광곤통로

광곤[광쿤-廣昆]통로通道는 광주[광저우-廣州]~남녕[난닝-南寧]~곤명[쿤밍-昆明] 고속철도 노선인데 총길이 1,286km이다. 광곤통로는 기존의 남광[난닝-南寧]·[광저우-廣州]철도와 남곤[난쿤-南昆] 여객전용선으로 구성되어 있으며 동쪽 광동성 광주에서 남녕을 거쳐 운남성 곤명까지 직통한다. 2016년 12월 28일에 전 구간을 개통했으며, 설계 속도는 시속 250km다. 광곤통로는 중국 화남지역과 서남

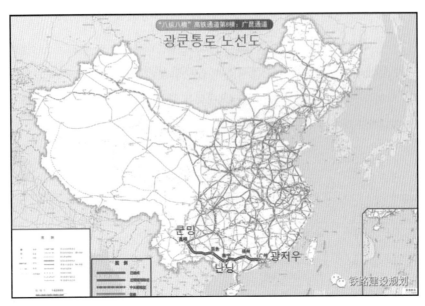

중국 '8종8횡' 중 광곤통로 노선도

출처 : https://www.sohu.com/a/446838614_763498

지역을 연계하고 주삼각, 베이부완, 덴중 등 도시군을 관통한다.

〈표 24〉 중국 '8종8횡' 중 광곤통로 노선 구성

노선 명	정차 도시	설계속도 (km/h)	총 거리 (km)	개통 시기	서비스 유형
남광[난광–南廣] 철도	남녕[난닝–南寧]~ 광주[광저우–廣州]	250	576	2014. 12. 26.	여객, 화물
남곤[난쿤–南昆] 철도	남녕[난닝–南寧]~ 곤명[쿤밍–昆明]	250	710	2016. 12. 28.	여객전용선

출처 : 인터넷 데이터 정리

4. 일대일로(One Belt, One Road)

중국의 '실크로드'는 중국을 시작점으로 아시아, 아프리카와 유럽을 연결한 육상 교역 통로이다.

최초의 실크로드는 중국의 비단이나 도자기를 운송하는 수단으로 사용되었고 후에 점점 동서양 간의 경제, 문화와 정치 등 여러 가지 측면의 교류를 돕는 중요한 통로로 발전하였다.[106]

2013년 9월, 중국의 시진핑 주석이 카자흐스탄 방문 시 새로운 '육상 실크로드 경제벨트'를 건설하자는 구상을 제안하였고, 그 해 10월 인도네시아를 방문할 때 '해상 실크로드 경제벨트'를 구축하자는 뜻을 밝혔다.

'육상 실크로드'는 중국, 중앙아시아 및 유럽을 연결하는 경제벨트이며, '해상 실크로드'는 중국, 동남아시아와 서남아시아를 거쳐 아프리카와 유럽까지 잇는 경제벨트를 의미한다. '육상 실크로드 경제벨트'와 '해상 실크로드 경제벨트'의 총칭이 곧 '일대일로(One Belt One Road)'이다.

일대일로—帶—路 건설의 주요 내용은 다섯 가지 측면으로 분류된다.

첫 번째는 정책의 소통이다. 정책 소통은 일대일로 건설에서 중요하게 제시된 보장 또는 약속이다. 정책 소통은 정부 간의 교류와 협력을 촉진하고 협력 방안에 대해 계획하거나 토론, 나아가 문제 해결 등을 의미한다.

두 번째는 시설의 연통이다. 이는 일대일로 건설에서 우선시되는 부분으로, 주로 교통망과 통신망, 가스와 전기와 같은 에너지 운송 및 저장 공간 등을 구축하는 것이다.

세 번째는 무역의 창통이다. 이 부분에서는 주로 투자와 무역의 장벽을 제거하

---

106) 馮芬玲,《'一帶一路'與中歐班列》, 中國鐵道出版社有限公司, 2019, p.2

는 작업을 진행하여 자유무역지대와 투자무역협력 대상을 확대한다.

네 번째는 자금 융통으로 금융 협력을 실시하고 안정적인 아시아 통화 제도를 촉진하는 것을 뜻한다.

마지막으로 민심 상통이다. 이는 주로 민간의 문화 교류, 인재 교류를 강화하는 것을 의미한다.[107]

일대일로 경제지구가 개방된 후 청부공사가 3,000개를 넘었다. 2015년 중국 기업들은 일대일로 관련 49개국에 직접적으로 투자하여 전년 대비 18.2%의 투자를 늘렸다.

2015년 중국은 일대일로 관련국 서비스 아웃소싱의 계약액이 178억 3,000만

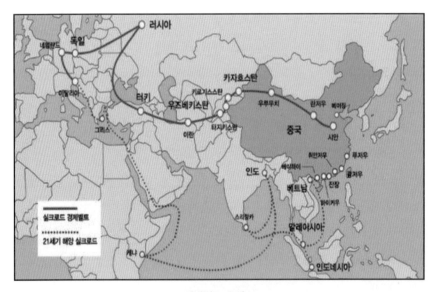

일대일로 구상도

출처 : https://terms.naver.com/entry.naver?docId=4396048&cid=62067&categoryId=62067

---

107) 馮芬玲, 《'一帶一路'與中歐班列》, 中國鐵道出版社有限公司 2019, pp.9-11

달러, 실제 거래액 121억 5,000만 달러로, 전년 대비 각각 42.6%, 23.45%나 증가하였다.

2016년 6월 말 중국~유럽 화물열차(Trans-Eurasia Logistics)는 누계 1,881 열차를 운영하였고 수출입 무역 총액 170억 달러를 실현하였다. 2022년 5월 27일까지 중국은 150개 국가, 32개 국제기구와 200여 건의 일대일로 건설 협력문서를 체결했다.

(1) 중국-라오스 국제간 철도(China/Kunming-Laos/Vientiane Railway)

중국-라오스 국제간 철도는 중국-라오스 간 윈난성 곤명[쿤밍-昆明]에서 비엔티안까지 연결하는 국제 전철화 철도이다. 이 철도는 중국 국철 1급 표준에 따라 건설하고, 중국 측을 위주로 투자하여 건설, 공동운영하며 중국과 직접 연결되는 최초의 다국적 철도이다.[108]

2010년 5월 21일 중국-라오스 국제간 철도의 곤명 남역~옥계[위시-玉溪]역 구간의 건설을 시작하여 2021년 12월 3일 중국-라오스 국제간 철도는 전 구간을 개통하였다.

중국-라오스 국제간 철도의 전장은 1,000여 km, 여객과 화물 겸용 운송 철도 노선이다. 이 중 중국 구간은 본선 508.53km, 라오스 구간은 414km, 160~200km/h의 속도로 국철 1급 전동화 철도로 설계되었다.

2022년 7월 3일 기준 중국-라오스 국제간 철도는 중국 구간에서 357만 명, 라오스 구간 54만 명 등 총 411만 명의 승객을 수송하였다. 그리고 중국-라오스 국제간 철도는 총 503만 톤의 화물을 발송하고 있으며, 이 중 국경을 넘나드는 화물은 84만 톤이다.

---

108) 才鐵軍, 《中國鐵路40年》, 中國言實出版社, 2018. 05, p.9

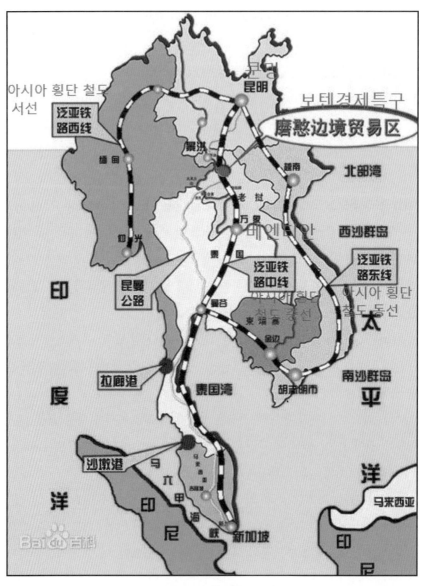

중국~라오스 국제간 철도 노선도

출처 : https://baike.baidu.com/item/%E4%B8%AD%E8%80%81%E6%98%86%E4%B8%87%E9%93%81%E8%B7%AF/59245951#8

중국~라오스 국제간 철도 노선도

출처 : https://blog.naver.com/hlleekr/222602432126

중국-라오스 국제간 철도는 중국과 라오스 양국 상호 이익 합작 프로젝트로 '일대일로'를 상징하는 공사의 하나이다.

(2) 자카르타~반둥 고속철도(Jakarta-Bandung High-Speed Railway)

'일대일로' 건설이 추진됨에 따라 점점 더 많은 중국 철도가 아시아, 유럽, 아프리카에 뿌리를 내리고, 국가간의 상호 연결을 촉진하고, 많은 지역을 더 긴밀하게 연결시키고 있다.

자카르타~반둥 고속철도는 중국 고속철도의 전체 시스템, 즉 전요소 · 전산업 시스템이 해외로 나가는 '첫 번째'이며, 동남아 최초의 고속철도이다. 이는 현지 교통 상황을 개선할 뿐만 아니라 인도네시아에도 일자리를 제공하고 있다.

자카르타~반둥 고속철도는 인도네시아 최대 도시인 자카르타와 서부 자바의 주도인 반둥 간 142.3km를 연결하고 있다.

2021년 3월 현재 자카르타-반둥 고속철도 건설이 70%에 도달했으며 2022년 11월 말에 시험에 성공하였다. 2022년 6월 21일 인도네시아 자카르타~반둥 고속철도 2호 터널이 순조롭게 관통하면서 고속철도 건설에 중요한 진전을 이뤘고, 전 노선 13개 터널을 모두 관통해 2023년 6월 개통할 수 있는 기반을 다졌다.

현재 자카르타~반둥 고속철도는 야완 고속철도 터널이 모두 관통하여 2023년 10월에 완공 개통되었다.

자카르타~반둥 고속철도는 길이 142km, 최고 시속 350km로 설계돼 있어 '일

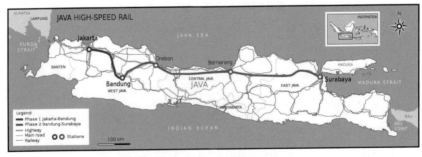

자카르타~반둥 고속철도 노선도

출처 : https://en.wikipedia.org/wiki/High-speed_railway_in_Indonesia

삼양역에 정차한 고속열차 푸싱호

대일로' 건설과 중국·인도네시아 양국 간 실무협력의 상징적인 프로젝트이다.

자카르타~반둥 고속철도가 완공됨으로써 자카르타에서 반둥까지의 여행시간이 기존 3시간여에서 45분으로 단축돼 인도네시아 경제사회 발전을 돕고, 중국과 인도네시아 양국 협력을 심화시키고 있다.[109]

---

109) 曲思源, 《時代脈動：高速鐵路發展簡史》, 西南交通大學出版社, 2021. 11, pp.315-316

제2절 철도망의 변화

1876년부터 1911년까지 35년 동안 청나라 시기에 약 9,100km의 철도가 건설되었는데, 이 중 1,800km만이 청나라 정부가 자금을 지원하여 건설, 환수 또는 상업적으로 운영되었다.[110]

1911년 중국 동북지역 철도는 이미 매우 밀집되어 오늘날 동북철도의 기초를 다졌다. 편리한 교통으로 동북지역은 20세기 내내 중국의 주요 공업 기지였다. 1911년에는 북방철도가 남방보다 월등히 많았고, 경한[징한-京漢]철도와 진포[진푸-津浦]철도가 남북대동맥을 이루고 있었다. 반면 남방지역은 주강 삼각철도가 있을 뿐 복건성에는 철도가 없었다.

당시 서안[시안-西安]에서는 성도[청두-成都]와 중경[충칭-重慶]의 3대 서부 도시 모두 철도와 연결되지 못하였고, 서부의 유일한 철도는 운남성 곤명[쿤밍-昆明]에서 하이퐁까지 직통할 수 있다는 점에서 곤명의 전략적인 위상이 높았음을 알 수 있다.

1912년 중화민국 북양 정부 시기에는 철도 건설의 상황이 개선되어 남경 임시

---

110) 孫永福,《中國鐵路建設史》, 中國鐵道出版社, 2003, p.24

정부는 그 성립 초기에 교통부를 설치하였고, 이어서 중화전국철도협회와 중국 철도총회사를 설립하여 청나라의 기초 위에 계속 건설하였다.

1912년부터 1927년까지 북양 정부 시기 약 3,900km의 철도가 건설되었다. 1931년 9·18사변 이후 일본은 동북지방과 화북에서 만주국 등을 지원하는 철도를 건설했다. 1937년 중일전쟁이 본격화되면서 간선 철도는 일본군에 의해 점령당했다.

1931년부터 1937년까지 국민당 정부 시기에는 약 2,100km의 철도가 건설되었다. 1928년부터 1937년 중일전쟁까지 관내 각 성에서 3,600km의 철도가 건설됐다.

그러나 1937년 중일전쟁의 계기가 된 노구교사건(7·7사변)으로부터 무한[우한-武漢]과 광주[광저우-廣州]가 함락될 때까지 15개월 동안 국민당 정부는 약 9,100km, 노구교사건 당시 관내 철도의 총거리 11,500km(동북철도 제외)의 71%를 차지했다.[111]

1937년 일본과 전쟁이 본격화되면서 간선 철도는 일본군에 의해 점령당했다. 중일전쟁 시기에 중국 정부가 건설한 철도는 주로 샹구이철도와 상검[샹첸-湘黔]·롱해[룽하이-隴海]철도의 보계[바오지-寶鷄]~천수[톈쉐이-天水] 구간 등이 있다. 1945년 승리 후, 국민 정부는 새로운 철도 건설 계획을 세웠지만, 이어진 국공내전으로 국민 정부는 철도 건설을 양립할 여유가 없었다.

1876년 오송[우쑹-吳淞]철도가 출현하여 1949년 중화인민공화국이 성립되기까지 73년 사이에 약 23,500km 철도가 건설되었지만, 절반 가까이가 중일전쟁, 국공내전으로 파괴되어 마비 상태에 놓였고, 교통을 유지할 수 있는 것은 약

---

111) 金士宣,徐文述,《中國鐵路發展史 : 1876-1949》, 北京 : 中國鐵道出版社, 1986, p.490

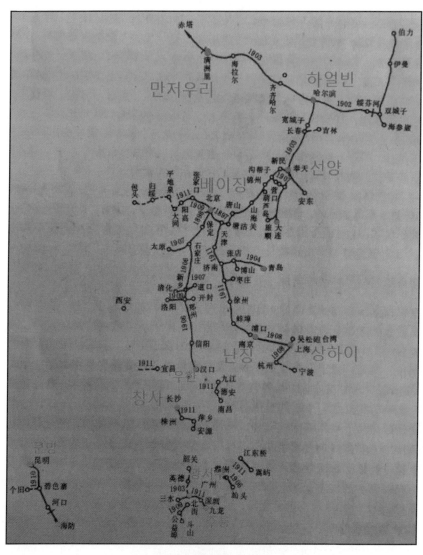

1911년 중국 철도 안내도

출처 : https://www.bilibili.com/read/cv14084927/

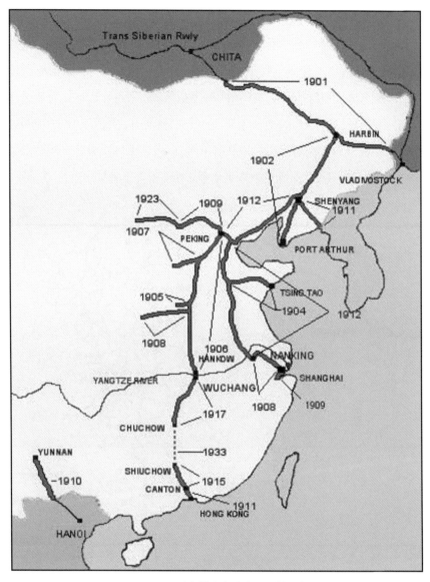

1865~1911년 청나라 말기 중국 철도망

출처 : https://www.wikiwand.com

11,000km밖에 없었다.[112]

　　1949년 1월 중국 내전이 끝나기도 전에 중국 정부 중앙위원회는 중국 인민혁명군사위원회 철도부를 조직했다. 같은 해 10월 건국 당시 중앙인민 정부 철도부가 정식으로 설립되어 전국 철도 업무를 통일적으로 관리하였으며, 가장 중요한 임무는 수송 질서를 바로잡고 철도 간선을 서둘러 건설하는 것이다. 1980년 말까지 전국 철도의 영업거리는 49,940km이고, 여객과 화물 환산의 회전량(수송량)은 7,087억 톤·km에 달하여 전국 철도망의 골격을 완성하였다.

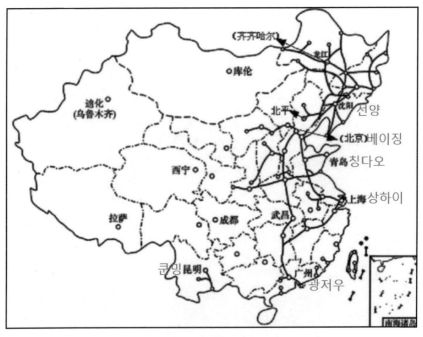

1937년 중국 철도 안내도

출처 : https://zhuanlan.zhihu.com/p/31305023

---

112) 孫永福,《中國鐵路建設史》, 國鐵道出版社, 2003, pp.34-37

그러나 현행 노선 개량만으로는 이미 속도의 한계에 가까워졌고, 여객과 화물 운송이 같은 선로를 공유하여 서로 영향을 견제하고 있기 때문에 철도부는 여객 전용으로 4종4횡의 고속철도를 완성하였다. 그리고 기존 노선은 화물운송을 주로 하여(동시에 기존 여객수송 유지) 화물과 객차 노선을 운행하고 있다. 또한 여러 지선 및 도시 간 고속철도 시스템을 건설하는 것을 보조로 하고 있다.

2016년 6월 29일 국무원 상무회의 원칙 '중장기 철도망 계획'을 통해 연해, 북경[베이징-北京], 상해[상하이-上海] 등 8종 통로와 육교, 연강 등 8횡 통로를 주력으로 하며, 도시 간 철도는 보충 고속철도망을 위해 인접 대도시 간 1~4시간 교통권, 도시 군내 0.5~2시간 교통권을 실현하였다. 또한 중서부 철도망을 확대하고, 동부 네트워크의 배치를 최적화하여 지역 간 빠르고 큰 능력의 통로를 형성한다고 발표하였다.

홍콩 고속열차 CRH380A

2017년 2월 28일까지 국무원이 발표한 '13·5 현대 종합교통수송체계 발전 계획'은 인프라 네트워크화 배치를 개선하고, 10종10횡 종합수송 통로를 건설하며, 다방면으로 연결된 종합수송로를 건설하고, 중서부와 동북지방의 교통로 건설을 강화하였는데 일반철도가 계획 중인 노선에서 정책 우대를 받았다.

2종과 2횡을 더하는 것 외에도 두 가지 점이 더 있다. 하나는 비 고속철도 구간을 집합하여 고속철도 네트워크를 일반철도 노선에 통합한다는 것이다. 예를 들어 청도[칭다오-靑島]에서 라싸拉薩까지의 수송 통로에는 청장[칭짱-靑藏]철도가 포함된다. 또 하나는 '일대일로'에 맞춰 현재와 미래를 잇는 국경철도를 연결하기 위해서 몇 개의 국경 관문까지 노선을 연장하는데 그중 만주리[만저우리-滿洲里], 얼롄하오터二連浩特, 호르고스Khorgos는 모두 중국~유럽 화물열차 노선의 3대 관문이다.

중국차량기지 내 고속열차 CRH

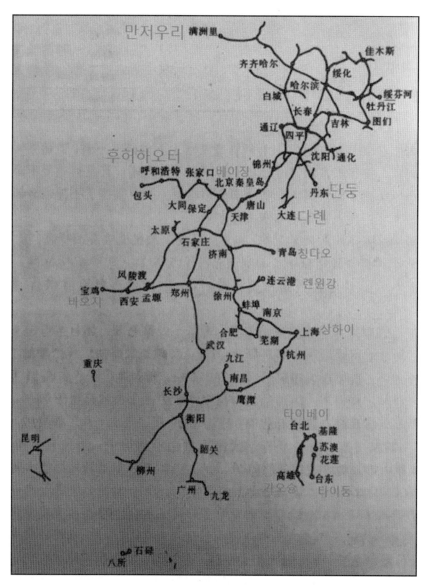

1949년 중국 철도 안내도

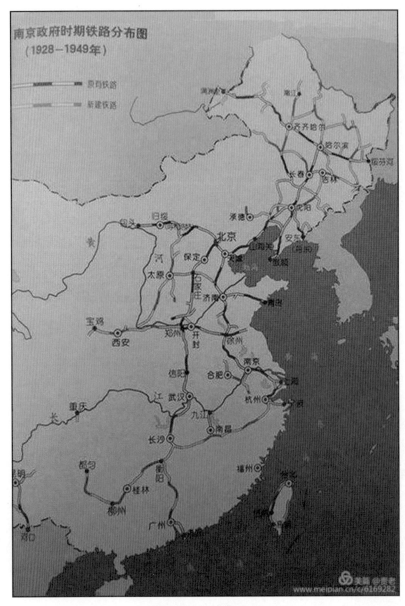

1928~1949년 중국 철도 안내도

출처 : https://www.sgss8.com/tpdq/13068561/

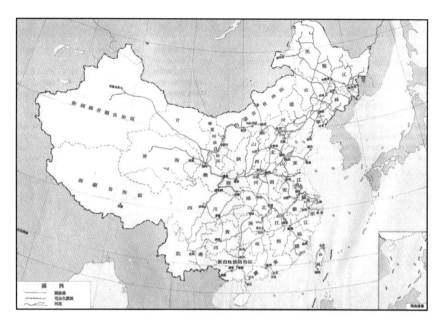

1982년 중국 철도망

출처 : https://zhuanlan.zhihu.com/p/31305019

　중국 철도 건설은 만청晚淸 시대에 시작되었고, 중국 사회 발전에 심대한 영향을 끼쳤으며, 경제, 군사 등의 면에서 중요한 역할을 했다. 2020년 8월 기준 중국 대륙은 세계에서 두 번째로 큰 철도 시스템을 갖추고 있으며, 철도 거리는 14만 km를 넘고 있다.

중국 '4종4횡' 고속철도망 안내도

출처 : http://m.news.cctv.com/2016/06/30/ARTIEoPeNo1HX5dHLsyDMA25160630.shtml

중국 11차 5개년 계획(2006~2010년)

출처 : https://zhuanlan.zhihu.com/p/27841396

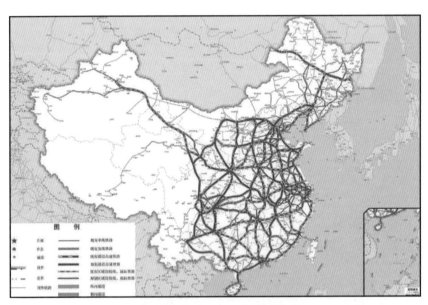

중국 '8종8횡' 중장기 고속철도망 계획도

출처 : https://zhuanlan.zhihu.com/p/27841396

제3절 철도와 수운

중국의 철도는 근대화와 함께 시작하고 발전하였다. 중국의 철도개통 이전에는 수운水運과 대운하를 통한 물자수송이 발전하였다.

중국의 하천은 크게 대륙의 심장부를 흐르는 황하黃河와 장강長江이 동서를 가로질러 흐르고 있어 남부, 중부, 북부의 뚜렷한 지역적인 특성을 나타낸다. 그리고 남단과 북단에 있는 주강珠江과 송화강松花江은 개혁개방 시대 이후 급속한 경제 발전과 지역 개발의 상징이 되고 있다.

중국의 고대문명과 현대문명을 이어주는 황하 주변의 농업은 밭농사로, 장강 주변은 습기가 많아 벼농사 지대로 풍부한 농산자원의 재배가 가능하였다.

황하는 역사가 서린 중국의 표상이다. 길이 5,463km의 황하는 지역적으로 대륙의 북방 문화를 대변하고 있는데 청해[칭하이-靑海]성 곤륜[쿤룬-崑崙]산맥에서 발원하여, 황토고원을 지나면서 황색의 진흙 강으로 변한 뒤 발해만渤海灣으로 흐르고 있다.

황하 유역의 주요 도시로는 서북지역의 난주[란저우-蘭州]와 화중지역의 정주[정저우-鄭州], 동부지역의 북경[베이징-北京], 연안지역의 천진[톈진-天津]을 꼽을 수 있다. 주변 도시들은 역사적으로 수많은 왕조의 수도가 들어서면서 정치와 행정의 중심지 역할을 하였다.

중국의 중심부를 관통하는 길이 6,397km의 장강은 아시아에서 가장 길고, 세계에서 세 번째로 긴 강에 속한다. 장강은 지형적으로 북방과 남방의 지역적인 특색을 가르는 한편, 대대로 중국의 산업 대동맥이다.

청해성에서 발원하여 서해로 흘러드는 장강은 19개 성과 직할시, 자치구를 거친다. 창장 유역에 펼쳐진 평야는 중국 최대의 곡창지대로 일찍이 농업이 발달해 인구 대부분이 모여 있는 곳이기도 하다. 그 유역에서 강을 따라 생활을 영위하는 인구가 4억 5천만 명으로 알려져 있다. 일찍이 장강의 풍부한 물산은 항주[항저우-杭州]에서 북경까지 이어지는 대운하를 따라 이동하였다.

2022년 장강의 화물 운송량은 30억 톤 이상으로 세계 내륙 수운 1위를 차지했다.

그리고 하류의 상해[상하이-上海]를 중심으로 한 장강 삼각주長江三角洲지역은 현재 중국 경제성장의 최대 중심지로서 세계로 향하는 출구 역할을 하고 있다. 근래에 상류지역에 삼협三峽댐이 만들어지면서 환경 문제에 대한 논란과 함께 강의 역할이 새롭게 조명되고 있다.

이밖에 전통적으로 중국의 젖줄로 인식되어 왔던 황하와 장강 외에 변방에 위치한 강들도 새롭게 주목을 받고 있다. 중국 남단에 위치한 길이 2,400km의 주강은 개혁개방의 경제적 결실이 있는 남중국의 새로운 상업 문화를 상징한다고 할 수 있다. 광주[광저우-廣州]와 개방 특구의 대명사인 심천[선전-深圳] 그리고 홍콩香港을 중심으로 형성된 주강 삼각주는 과거 대외 무역이 활발했던 해상 실크로드의 복원을 기대하며 일약 무역의 중심지로 성장했다.

또한 북쪽에는 그동안 상대적으로 낙후되고 환경적으로 열악한 변방으로 치부되던 동북의 송화강이 있다. 최근 들어 동북진흥東北振興 정책의 전략적 개발론에 부응하여 점차 독자적인 지역적 특성을 형성하며 주목받고 있다. 길이 1,927km

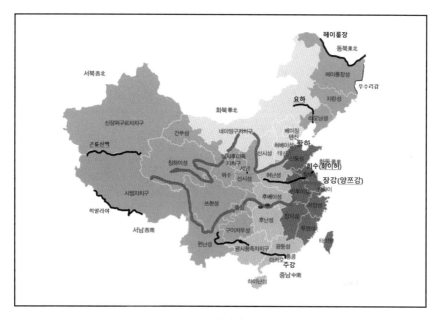

중국의 수운

출처 : https://zhuanlan.zhihu.com/p/27841396

의 송화강은 동북지역의 중심 도시를 연계하는 대동맥의 구실을 다하며 새로운 동북아시아의 경제중심지로 부상하고 있다.

대운하大運河는 북쪽의 북경으로부터 남쪽의 절강浙江성까지 이어지며, 중국의 북동부와 중동부 평야를 관통하는 방대한 규모의 수로이다. 대운하는 북경에서 남송의 수도인 개봉[카이펑-開封], 양주[양저우-揚州], 소주[쑤저우-蘇州], 항주까지 연결하고 있다. 대운하는 황하와 회하淮河 장강과 연결되어 주요 지역 수운 운송 체계를 형성하고 있다. 특히 개봉의 경우는 대운하로 발전한 상업 도시로, 네 개의 운하와 도로로 전국을 연결하여 12세기경에 인구 100만 명의 도시였다. 개봉을 중심으로 한 운하로 미곡이 65~600만 석까지 수송되었다.

기원전 5세기 이래로 지속적으로 구간별로 건설되었는데, 애초에는 서기 7세기경 수隋나라 때 제국의 통일된 통신 수단으로서 고안되었다. 대운하는 세계 최대 규모이고 동시에 가장 광범위한 토목공사로 중국 제국의 내륙 통신 체계, 곡물과 전략 물자의 운송, 쌀의 운송에 꼭 필요한 중요한 기간시설이었다.

13세기에 이르러는 2,000km가 넘는 인공 수로를 완성하여 대운하와 중국의 주요 하천 5개를 이었다. 대운하는 중국 경제의 번영과 안정에 크게 기여했으며 오늘날까지 주된 교통수단으로써 이용되고 있다.

중국의 철도 노선과 강은 매우 밀접한 관계를 가지고 있다. 중국은 대부분의 강이 북쪽에서 남쪽으로 흐르는 경사면을 가지고 있으며, 이에 따라 철도 노선도 대부분이 서북쪽에서 동남쪽으로 연결되어 있다. 중국의 많은 철도 노선은 강과 함께 건설되었거나 강변을 따라 지나가는 노선을 가지고 있다. 예를 들어 중국의 대표적인 철도 노선 중 하나인 북경~광주 고속철도는 여러 강과 접하면서 경유지를 두고 있다. 또한 중국에서 가장 긴 강인 장강을 따라 운행되는 기차도 있다. 강을 따라 철도 노선을 건설함으로써 중국은 강을 통한 수송과 철도를 통한 수송을 효율적으로 연결할 수 있게 했다. 이를 통해 중국은 상품과 여행객 등을 강과 철도를 통해 효율적으로 운송할 수 있으며, 중국 경제의 성장과 함께 철도 노선과 강을 이용한 무역 활동의 중요성은 더욱 커져가고 있다.

〈표 25〉 철도와 수운의 연계

황하	장강	대운하
경광[징광−京廣]철도 : 북경[베이징−北京]~광주[광저우−廣州]를 연결, 중국 동부 지역에 걸쳐 하남성 정주[정저우−鄭州]를 통과	호녕[후닝−滬寧]철도 : 상해[상하이−上海]~남경[난징−南京], 장강 삼각주 지역을 통과하는 중국의 중요한 철도 간선 중 하나	호항[후항−滬杭]철도 : 상해[상하이−上海]~항주[항저우−杭州])를 연결하고, 강소성 무석[우시−無錫]과 절강성 가흥[자싱−嘉興]을 거쳐 대운하를 따라 건설

황하	장강	대운하
롱해[룽하이-隴海]철도 : 감숙성 난저우[란저우-蘭州]와 하남성 낙양[뤄양-洛陽]을 연결, 황하 유역을 가로지르는 중국 북부의 중요한 철도 간선	**북경[베이징-北京]-상해[상하이-上海] 고속철도 :** 북경[베이징-北京]과 상해[상하이-上海]를 연결하고 안휘성 합비[허페이-合肥]와 강소성 소주[쑤저우-蘇州]를 거쳐 장강 유역에 걸쳐 있음	**경항[징항-京杭]대운하철도 :** 북경[베이징-北京]과 항주[항저우-杭州]를 연결하고 대운하를 따라 건설
장구[장치우-莊丘]철도 : 북경[베이징-北京]과 구장[쥬좡-九莊]을 연결하고 하남성 상구[상치우-商丘]와 안휘성 소주[쑤저우-蘇州]를 거쳐 황하 남북 양안을 가로지름	**호한용[후한룽-滬漢蓉]철도 :** 상해[상하이-上海], 한구[한커우-漢口], 성도[청두-成都]를 연결하고 호남성 악양[웨양-岳陽]과 중경[충칭-重慶]을 거쳐 장강 중류를 통과함	**장심[창선-長深]철도 :** 장춘[창춘-長春]과 심천[선전-深圳]을 연결하고 심천성 상구[상치우-商丘]와 강소성 서주[쉬저우-徐州]를 거쳐 대운하 유역을 통과함
서난[쉬란-徐蘭] 고속철도 : 강소성 서주[쉬저우-徐州], 감숙성 난주[란저우-蘭州]에 이어 하남성 상구[상치우-商丘]와 안휘성 박주[보저우-亳州]를 거쳐 황하 중류에 걸쳐 있음	**경광[징광-京廣] 고속철도 :** 북경[베이징-北京]과 광주[광저우-廣州]를 연결하고 호북성 무한[우한-武漢]시와 하남성 남양[난양-南陽]을 거쳐 장강 유역과 한강 유역을 가로지름	**낙양[뤄양-洛陽]~의창[이창-宜昌] 철도 :** 하남성 낙양[뤄양-洛陽]과 호북성 의창[이창-宜昌]을 연결하고 대운하와 장강을 따라 건설됨
라사拉薩철도 : 하남성 낙양[뤄양-洛陽]과 신장[신장-新疆] 위구르자치구 이녕[이닝-伊寧]을 연결하고 황하 상류 지역을 통과함	**호곤[후쿤-滬昆]철도 :** 상해[상하이-上海]와 곤명[쿤밍-昆明]을 연결하고 호남성 영주[융저우-永州]와 귀주 흥의[싱이-興義]시를 거쳐 장강 중류를 통과한다.	**경광[징광-京廣] 고속철도 :** 북경[베이징-北京]과 광주[광저우-廣州]를 연결하고 하남성 낙양[뤄양-洛陽]과 안휘성 합비[허페이-合肥]를 거쳐 대운하 유역을 통과함
롱해[룽하이-隴海]구선철도 : 북경[베이징-北京]과 광주[광저우-廣州]를 연결하는 롱해[룽하이-隴海]철로의 옛 선으로 황하를 가로지르며 현재 주로 화물 철도 노선으로 사용됨	**유중[위충-渝重]철도 :** 상해[상하이-上海]와 중경[충칭-重慶]을 연결하고 호남성 저우시와 귀주[궤이저우-貴州]성 귀양[궤이양-貴陽]을 거쳐 장강 유역에 걸쳐 있음	**덕주[더저우-德州]~빈주[빈저우-濱洲]철도 :** 산동성 덕주[더저우-德州]와 빈주[빈저우-濱洲]를 연결하고 대운하와 황하를 따라 건설됨
북경[베이징-北京]~포두[바오터우-包頭]철도 : 북경[베이징-北京]과 포두[바오터우-包頭]를 연결하고 하북성 장가구[장쟈커우-張家口]와 산시성 흔주[신저우-忻州]를 거쳐 황하 상류 지역을 통과함	**호남 형류[형류-衡柳]철도 :** 호남성 형양[형양-衡陽]과 광시장족자치구 유주[류저우-柳州]를 연결하고 장강 중류를 통과함	**치박[쯔보-淄博]~제남[지난-濟南]철도 :** 산동성 치박[쯔보-淄博]과 제남[지난-濟南]철도를 잇고 대운하 유역을 가로지름
호상[후상-滬商]철도 : 상해[상하이-上海]와 산시성 서안[시안-西安]을 연결하고 하남성 상구[상치우-商丘]를 거쳐 황하 중류를 통과함	**호광[후광-湖廣]철도 :** 호남성과 광둥성 광주[광저우-廣州]를 연결하고 장강 중류 지역과 호남성 악양[위에양-岳陽]을 통과함	**강소 연해沿海 고속철도 :** 남경[난징-南京]과 난통[난퉁-南通]을 연결하고 강소성 창저우[창저우-邑州]와 소주[쑤저우-蘇州]를 거쳐 대운하와 장강을 가로지름

황하	장강	대운하
진합철도 : 산시성 태원[타이위안-太原]과 산시성 서앤[시안-西安]을 연결하고 황하 상류 지역을 통과함	**남곤[남쿤-南昆]철도 :** 남녕[난닝-南寧]과 곤명[쿤밍-昆明]을 연결하고 광시장족자치구 유림[위린-榆林]과 귀주 안순[안순-安順]을 거쳐 장강 유역에 걸쳐 있음	**경복[징푸-京福] 고속철도 :** 북경[베이징-北京]과 복주[푸저우-福州]를 연결하고 하남성 신앙[신양-信陽]과 강서성 구장을 거쳐 대운하 유역을 통과함
낙양~이창철도 : 하남성 낙양[뤄양-洛陽]시와 호북성 이창시를 연결하고, 황하와 장강의 양대 유역을 가로지르는 중국의 중요한 철도 남북 종단 간선 중 하나	**복은[푸인-福銀] 고속철도 :** 복주[푸저우-福州]와 은천[인촨-銀川]을 연결하고 호남성 익양[이양-益陽]과 감숙성 경양[칭양-慶陽]을 거쳐 장강 유역과 황하 유역을 통과함	**복주[푸저우-福州]-하문[샤먼-廈門]철도 :** 복건성 복주[푸저우-福州]와 하문[샤먼-廈門]을 연결하고 해안 루트는 대운하를 통해 바다로 나감

제4절 철도정책의 변천

1954년 9월 중앙인민 정부 철도부는 '중화인민공화국 철도부'로 개칭되었다. 1970년 6월 철도부는 교통부, 체신부(Posts and Telecommunications) 산하 우정부와 통합되어 새로운 '교통부'가 되었다.

1975년 1월 철도부는 교통부로 분리되어 다시 복원되었다. 2013년 3월부터 중국 제12기 전국인민대표대회 제1차 회의에서 심의한 '국무원의 제도 개편과 기능 변혁 계획안(Plan for the Institutional Restructuring of the State Council and Transformation of Functions Thereof)'에 따라 원래 철도부의 철도발전계획과 정책을 입안하는 행정직책을 교통운수부에 편입하고 국가철도국을 설립하여 교통운수부가 관리하고 철도부의 기타 행정기능을 담당한다. 중국 철도총회사를 설립하고 철도부의 기업기능을 담당하며, 중국 철도를 공동으로 관리한다.[113]

---

113) 張仁朝,《高速鐵路槪論》, 成都都 : 西南交通大學出版社, 2018. 05, pp.14-15

1) 국가철도

중국 대륙에서는 주로 중국 국가철도집단이 철도운영을 담당하고, 교통운수부 산하 국가철도국은 정책 수립 등의 기능을 수행하며, 지방철도, 전용선을 지도, 조정, 감독, 지원하였다. 하지만 중국 국가철도집단은 도시철도 교통 업무는 담당하지 않는다.

중국 대륙지역의 각 도시의 도시철도 교통(공항 익스프레스, 도시 고가 경전철, 일반 트램과 지하철 포함) 건설은 현재 주택도시농촌개발부(Ministry of Housing and Urban-Rural Development)와 국가발전개혁위원회(National Development and Reform Commission)가 관할 및 비준을 담당하고 있다.

(1) 중국 국가철도집단 소개

중국회사법에 따르면 중국철도총회사는 2019년 6월 18일 전 국민 소유 공업 기업에서 중국국가철도집단유한공사로 전환되었다. 재정부는 국가를 대표하는 투자자로, 회사는 이사회가 이끌고 이사회가 선택한 임원이 관리한다는 것을 의미한다.

중국 국무원은 철도 운수를 주관한 구성 부서이다. 2013년 3월 14일 제12기 전국인민대표대회 제1차 회의에서 중국 철도의 정치와 기업 분리를 실시하기 위해 철도부가 폐지되었다. 그 행정직능은 교통운수부와 그 산하에 새로 조직된 국가철도국이 담당하고 기업의 직능은 새로 조직된 중국국가철도집단유한공사에 편입되었다.

2013년 이전까지 중국 철도부는 철도운송 정책을 수립하였다. 2013~2016년 중국 교통운수부 산하의 국가철도국은 철도발전계획과 정책을 수립하고, 중국 국가철도집단유한공사는 철도객화물운송서비스를 주업으로 하여 다각화 경영을 실시하였다.

2019년 이후 제도 개편 후 중국국가철도집단유한공사는 국유 독자 회사로서 국가가 정한 철도운송 경영, 건설 및 안전 등의 직책을 맡고 철도운송의 통일배치 지휘, 국가가 정한 공익적 운송임무 등을 담당하고 있다.

<표 26> 중국 철도 소속 조직 변화

1949-1954년	중앙인민정부 철도부
1954-1970년	중국 철도부
1970-1975년	중국 교통부
1975-2013년	중국 철도부
2013-2019년	국가철도국-행정직능 중국철도총회사-기업경영 직능
2019년-	중국국가철도집단유한공사

출처 : https://zh.wikipedia.org/wiki/%E4%B8%AD%E5%9B%BD%E5%9B%BD%E5%AE%B6%E9%93%81%E8%B7%AF%E9%9B%86%E5%9B%A2

(2) 2013~2019년 중국철도총회사 내부 설계 조직 구조

중국철도총회사	당黨조직 사무실
	개혁법률부
	기획통계부
	재무부
	과학기술관리부
	인사부
	노동 및 위생부
	국제협력부(홍콩 · 마카오 · 대만 사무실)
	자본운영개발부
	물자관리부
	정보화부
	건설관리부
	안전감독관리국
	회계감사 및 심사국

중국철도총회사	심천[선전-深川]부
	감찰국(당 조직기율검사조)
	운수국(종합부, 운영부, 배차부, 기무부, 차량부, 전력공급부, 공무부, 전기부, 가격관리부)
	중화전국철도총노동조합
	중국공섬쥬[산저우]의청년단 전국철도위원회
	직속 기관 당黨 위원회
	퇴직 간부국

① 중국국가철도집단유한공사 조직 현황

□ 내부 설계 조직 구조(25개)

사무실(당黨조직 사무실 및 이사회 사무실)
발전개혁부
기업관리와 법률사무부
재무부
과학기술정보화부(총 엔지니어실)
당黨조직부(인사부, 당풍렴정실)
노동과 위생부
국제협력부(홍콩 · 마카오 · 대만 사무실)
경영개발부
물자관리부
운수부(총조달장실)
여객운송부
화물운송부
차량부
공전부
건설관리부
안전감독관리국
회계감사국
심천[선전-深川]부(당黨조직 심천[선전-深川]부)
당黨조직 순시업무팀 사무실
중화전국철도총노동조합
전국철도위원회
직속 기관 당黨 위원회

퇴직간부국
천장([촨짱-川藏]; 사천[쓰촨-四川]~티베트西藏자치구)철도공사 건설 · 지휘부 사무실

② 부속기관(1개)

- 교통관제센터

③ 직속기관(4개)

공사관리센터(중국철도건설관리유한공사)
공사품질감독관리국
자금청산센터(중국철도재무유한책임회사)
역사기록보관소

④ 대표사무소(12개)

안전감독관리 특파원 사무소(6개)	심양[선양-瀋陽] 안전감독관리 특파원 사무소
	북경[베이징-北京] 안전감독관리 특파원 사무소
	무한[우한-武漢] 안전감독관리 특파원 사무소
	상해[상하이-上海] 안전감독관리 특파원 사무소
	성도[청두-成都] 안전감독관리 특파원 사무소
	난주[란저우-蘭州] 안전감독관리 특파원 사무소
회계감사 특파원 사무소(6개)	심양[선양-瀋陽] 회계감사 특파원 사무소
	북경[베이징-北京] 회계감사 특파원 사무소
	무한[우한-武漢] 회계감사 특파원 사무소
	상해[상하이-上海] 회계감사 특파원 사무소
	성도[청두-成都] 회계감사 특파원 사무소
	난주[란저우-蘭州] 회계감사 특파원 사무소

⑤ 중국국가철도집단유한공사 소속 기업

□ 철도국 집단회사(18개)

중국 철도 하얼빈哈爾濱국 집단회사(China Railway Harbin Group Co.,Ltd.)
중국 철도 심양[선양 – 瀋陽]국 집단회사(China Railway Shenyang Group Co.,Ltd.)
중국 철도 북경[베이징–北京]국 집단회사(China Railway Beijing Group Co.,Ltd.)
중국 철도 태원[타이위안– 太原]국 집단회사(China Railway Taiyuan Group Co.,Ltd.)
중국 철도 후허하오터呼和浩特국 집단회사(China Railway Hohhot Group Co.,Ltd.)
중국 철도 정쥬[정저우–鄭州]국 집단회사(China Railway Zhengzhou Group Co.,Ltd.)
중국 철도 무한[우한–武漢]국 집단회사(China Railway Wuhan Group Co.,Ltd.)
중국 철도 서안[시안–西安]국 집단회사(China Railway Xi'an Group Co.,Ltd.)
중국 철도 제남[지난–濟南]국 집단회사(China Railway Jinan Group Co.,Ltd.)
중국 철도 상해[상하이–上海]국 집단회사(China Railway Shanghai Group Co.,Ltd.)
중국 철도 남창[난창–南昌]국 집단회사(China Railway Nanchang Group Co.,Ltd.)
중국 철도 광쥬[광저우–廣州]국 집단회사(China Railway Guangzhou Group Co.,Ltd.)
중국 철도 남녕[난닝–南寧]국 집단회사(China Railway Nanning Group Co.,Ltd.)
중국 철도 성도[청두– 成都]국 집단회사(China Railway Chengdu Group Co.,Ltd.)
중국 철도 곤명[쿤밍– 昆明]국 집단회사(China Railway Kunming Group Co.,Ltd.)
중국 철도 난쥬[란저우–蘭州]국 집단회사(China Railway Lanzhou Group Co.,Ltd.)
중국 철도 우루무치烏魯木齊국 집단회사(China Railway Urumqi Group Co.,Ltd.)
중국 철도 청해[칭하이–靑海]~티베트西藏 집단회사(China Railway Qinghai–Tibet Group Co.,Ltd.)

□ 천장([촨장–川藏]; 사천[쓰촨–四川]~티베트[시장–西藏]자치구)철도유한공사

□ 전문 운수회사(3개)

중국철도컨테이너운송유한회사 (China Railway Container Transport Corp.,Ltd.)
중국철도특별화물운송책임회사(China Railway Special Cargo Logis Co.,Ltd.)
중국철도익스프레스유한회사 (China Railway Express Co.,Ltd.)

□ 비 운수 기업(11개)

중국철도투자유한회사
중국철도과학연구원집단유한회사

중국철도경제기획연구원유한회사
중국철도정보과학기술유한회사
중국철도디자인집단유한회사
중국철도국제유한회사
철도총서비스유한회사
중국철도출판사유한회사
인민철도신문업유한회사
중국철도전문운송센터
중국철도예술단유한회사

⑥ 중국국가철도집단유한공사 소속 사업단위(공공기관, 3개)

철도부 당黨학교–Ministry of Railways Party School : 철도의 비교적 지위가 높은 인원을 교육·양성 시키는 기지
중국철도박물관
철도 폰툰 다리 전쟁 대비 부서–The Railway Pontoon Bridge Department for War Preparedness

현재 중국 대륙지역의 철도관리체제는 중국철도총공사, 국(철도공사), 역(단) 3급 관리체제로 산하에 18개의 철도국 또는 철도회사(18개 철도국, 1개 철도회사)가 있으며, 각 철도국(철도공사) 산하에 역(단)과 지방합자철도회사가 있다. 철도국(철도공사)의 설립은 지역 회사 운영체제에 속하며, 철도국(철도공사)마다 특정지역만을 담당하고 있다. 국가철도국은 전국 철도의 계획 및 관리 그리고 행정 심사를 책임 담당한다. 각 주요 도시에 감독 관리 분국을 설치하여 해당 지역의 철도운영 감독 및 관리업무를 담당하고 있다.

과거 중국 철도관리체제는 부·국·지국·역 4급 관리체제였다. 2005년 3월 18일 철도부는 50년 이상 존재해 온 철도 지국 41개와 철도 회사(남강철도공사南疆鐵路公司, 북강철도공사北疆鐵路公司) 2개를 폐지하고 철도국이 직접 역을 관리하는 개혁을 실시하였다. 관리 효율 및 철도 수송 능력을 높이고 운영 관리 원가를 줄였으며, 중국 대륙 철도가 오랫동안 존치해 온 철도국과 철도 지국의 2급

중련편성의 고속열차 CR400AF

법인이 동일한 방식으로 동일 자산을 운용하는 체제적인 폐해를 해결하기 위해 역의 수를 1,491개에서 627개로 감축하였다.

2013년 9월 중화인민공화국 철도부가 폐지되어 국가철도국이 철도감독관리 부서로 설립되었으며, 국가철도 및 대부분의 국철지주합자철도 운영부문은 중국철도총회사(2019년 중국국가철도집단유한공사 개편)로 변경되어 국가철도의 건설과 운영 및 관리를 담당하고 있다.

2) 지방철도

지방철도는 지방 정부가 교통청(국) 산하의 지방철도국이나 철도회사가 소유·운영하고 있다. 예를 들어 금온([진원-金溫]; 금화[진화-金華]~온주[원저우-溫

州])철도는 진원철도개발유한공사(Jinwen Railway)가 운영하고 있다. 금온철도가 중국 내 최초의 합자 철도이며 신화神華철도는 중국 국가에너지투자그룹(CHN ENERGY Investment Group) 산하 신화철도화물운송유한책임회사가 운영을 맡고 있으며 주로 석탄운송을 하고 있다.[114] 국영철도로부터 독립한 국내 2위의 철도 사업자인 이 회사는 철도 2,155km를 운영하고, 연간 수송 능력이 5억 톤이 넘으며, 철도 자체 화차 5만 2,275대를 보유하고 있다.

3) 민영철도

현재 중국 대륙의 대다수 철도 노선은 모두 중국국가철도집단유한공사와 그 지주 혹은 지방 정부 산하 국영회사에서 경영하고 있다. 2006년 광둥성 나정[뤄딩-羅定] 정부는 4,186만 위안에 나정철도를 민영회사인 심천[선전-深圳]시 중기실업그룹(현재는 천진[톈진-天津]국항철도지주주식회사가 지주)에 매각해 중국 건국 이래 최초의 민영철도가 되었고, 나정철도회사를 설립되어 관리를 담당하게 되었다. 그리고 2022년 1월 8일 개통 및 운영하는 항대([항타이-杭臺]; (항주[항저우-杭州]~대주[타이저우-臺州]) 고속철도는 나정철도에 이어 중국 대륙 역사상 두 번째 민영철도이며, 또한 중국 대륙 최초의 민영 자본이 지배하는 고속철도이다.

---

114) 侯承業, 《傳統文化與經營哲學》, 巴蜀書社, 2000. 05, pp.1-2

제3장

철도운영

제1절 철도의 안전

중국 문화대혁명文化大革命(1966~1976년) 시기에는 교통이 심각한 영향을 받아 한때 사고가 빈발했다. 덩샤오핑鄧小平 주석은 국무원 업무를 주재한 뒤 철도 운수를 정비하고 '철도업무 강화에 관한 결정'을 공포했으며 통일화된 계획, 지휘, 조율을 실시해 철도 운수 상태가 개선되었다.

중국 철도의 속도 향상 이전에 여객열차는 정차역이 많고 속도가 느렸다. 철도 사고는 주로 기관사 승무원의 규정 위반과 잘못된 조작으로 열차 충돌, 승객의 규정 위반과 위험물 휴대, 테러에 의한 화재와 폭발에서 비롯되었다. 자연재해로 인한 사고도 있었다.

속도를 높인 이후 철도 부문에서는 열차 치안 관리를 강화하고, 역 진입 보안 검사 및 신원 검사를 실시하며, 열차표 실명제를 실시하여 철도 여객수송의 안전을 보장하고, 철도 사고의 발생 빈도를 줄여나갔다.

최근 몇 년간 중국 철도와 운수 중에 발생한 비교적 큰 사고로는 2022년 6월 4일 귀광([구이광-貴廣]: 귀양[구이양-貴陽]~광주[광저우-廣州]) 여객전용선 D2809호 열차 탈선 사고, 2011년 '7·23' 영파[닝보-寧波]~대주[타이저우-臺州]~온주[원저우-溫州] 철도(Ningbo - Taizhou - Wenzhou railway) 열차 추돌 사고, 2010

년 호곤([후쿤-滬昆]; 상해[상하이-上海]~곤명[쿤밍-昆明])철도 열차 탈선 사고, 2009년 '6·29' 경광([징광-京廣]; 북경[베이징-北京]~광주[광저우-廣州]) 철도 천주[천저우-郴州] 역 열차 충돌 사고가 있었다.

1) 중국 철도 사고 등급 구분

2007년 9월 1일 시행한 중국 '철도교통사고 응급구조 및 조사처리 조례'에서 사고로 인한 인명피해, 직접적인 경제적 피해, 차량 탈선 대수, 철도 운행 중단 시간 등에 따라 특별중대사고, 중대사고, 비교적 큰 사고, 일반사고 등 4가지로 분류된다.

(1) 특별중대사고 – 다음 하나에 해당하는 경우
① 30명 이상의 사망자가 발생하거나 100명 이상 상중상자(급성 공업 중독 포함, 이하 동일) 발생하거나 1억 위안 이상의 직접적인 경제적 손실
② 간선 객차 18대 이상 탈선하고 철도 운행 중단 48시간 이상
③ 간선 화차 60대 이상 탈선하고 철도 운행 중단 48시간 이상

(2) 중대사고 – 다음 하나에 해당하는 경우
① 10명 이상 30명 이하의 사망자가 발생하거나, 50명 이상~100명 이하의 중상자가 발생하거나, 5,000만 위안~1억 위안 미만의 직접적인 경제적 손실
② 객차가 18대 이상 탈선
③ 화차가 60대 이상 탈선
④ 객차가 2대 이상 18대 이하 탈선하고 간선 철도 24시간 이상 운행 중단하거나 기타 선로의 철도 48시간 이상 운행 중단

⑤ 화차가 6대 이상, 60대 이하 탈선하고, 간선 철도 24시간 이상 운행 중단하거나 기타 선로의 철도 48시간 이상 운행 중단

(3) 비교적 큰 사고 - 다음 하나에 해당하는 경우

① 3명 이하의 사망자가 발생하거나, 10명 이하의 중상자가 발생하거나, 5,000만 위안 이하의 직접적인 경제적 손실

② 객차가 2대 이상, 18대 이하 탈선

③ 화차가 6대 이상, 60대 이하 탈선

④ 간선 철도 6시간 이상 운행 중단

⑤ 기타 선로의 철도 운행 10시간 이상 중단

(4) 일반사고

3명 이하의 사망자가 발생하거나, 10명 이하의 중상자가 발생하거나, 1,000만 위안 이하의 직접적인 경제적 손실

전항에서 규정한 것 외에 국무원 철도 주관 부서는 일반사고의 기타 상황에 대하여 보충 규정을 운영할 수 있다.

2) 중국 철도 사고 현황

2019년 전국 철도의 특별중대사고는 발생하지 않았으며, 비교적 큰 사고는 4건으로 전년 대비 3건이 증가하였다. 철도 교통사고 사망자는 772명으로 전년 동기 대비 87명이 줄어 10.1% 감소하였다.

〈표 27〉 중국 철도 교통사고 건수와 사망자 수

연도	총 사건 수(건)	사망자 수(명)
2013	1,852	1,337
2014	1,630	1,232
2015	1,376	1,037
2016	1,290	932
2017	1,157	899
2018	1,138	859
2019	1,036	772
2020	606	507

출처 : 2014~2021 중국 사회 통계연감

〈표 28〉 중국의 운수 사고 건수(건)

	2016년	2017년	2018년	2019년	2020년
교통운수업	52,763	43,077	41,395	35,915	30,322
철도	1,290	1,157	1,138	1,036	606
도로	51,055	41,554	39,867	34,543	29,416
수운	196	131	137	106	114
항공	10	5	13	16	9
기타	212	230	240	214	177

출처 : 2017~2021 중국 사회 통계연감

〈표 29〉 중국의 운수 사고 사망자 수(명)

	2016년	2017년	2018년	2019년	2020년
교통운수업	32,883	27,973	24,708	20,614	19,497
철도	932	899	859	772	507
도로	31,496	26,654	23,356	19,499	18,553
수운	203	172	248	140	258
항공	19	4	15	8	15
기타	233	244	230	195	164

출처 : 2017~2021 중국 사회 통계연감

제2절 고속철도

1. 중국 고속철도 건설 배경

2003년에는 현재 경합([징하-京哈]; 북경[베이징-北京]-하얼빈[哈爾濱]) 고속철도의 일부 노선이 되는 진심([친선-秦瀋]; 하북[河北]성 진황도[친황다오-秦皇島]~요녕[遼寧]성 심양[선양-瀋陽]) 여객전용선은 설계 속도가 250km/h이지만, 실제 운영속도 160km/h로 시작하였다. 당시 진심 고속철도의 운영거리는 404km에 달하는데, 이는 중국 철도 건설의 이정표가 되었으며, 진심 여객전용선이 진정한 의미를 담고 있는 중국 첫 고속철도 노선이다.[115]

2004년 1월에 중국 국무원 제34차 상무회의에서는 첫 번째 '중장기 철도망 계획'을 발표하고 1.2만 km 이상의 '4종4횡' 고속여객전용노선망을 발표하였다. 2008년 10월 중국 정부는 '중장기 철도망 계획(2008년 조정)'을 통과시키고, 2020년까지 철도영업연장 12만 km, 복선화율 50% 이상, 전철화율 60% 이상 목표를 설정하였다. '4종4횡' 여객전용선과 일부 도시 간 철도 여객 수송 시스템

---

115) 中國鐵路總公司編, 《快速發展的中國高速鐵路》, 中國鐵道出版社, 2018, pp.8-9

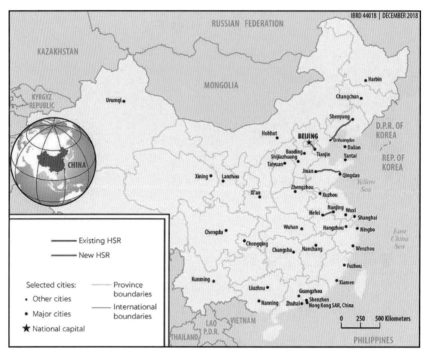

2008년 중국 고속철도 노선 안내도

출처 : https://zh.wikipedia.org/wik

을 중점적으로 건설할 것을 명확하게 수립하였다. 2008년 8월 1일 시속 350km 의 경진([징진-京津]; 북경~천진[톈진-天津]) 도시 간 고속철도가 개통되어 중국이 공식적으로 '고속철도 시대'에 진입하였다.[116]

2009년 12월 26일 당시 중국 최초로 세계 최고 수준의 장거리 간선 고속철도였던 무광([우광-武廣]; 무한[우한-武漢]~광주[광저우-廣州]) 고속철도, 즉 지금의 경광([징광-京廣]; 북경~광주) 고속철도의 무광~광주 구간이 개통되어 운행되고 있었

---

116) 中國鐵路總公司編,《快速發展的中國高速鐵路》, 中國鐵道出版社, 2018, p.10

2010년 중국 고속철도 노선 안내도

출처 : https://zh.wikipedia.org/wiki/

다. 이 고속철도의 개통으로 무한에서 광주까지 이동 시간이 기존 약 10시간에서 3시간으로 단축되고 무한 도시군과 장주담[창주탄-長株潭] 도시군, 주강 삼각주 珠江三角洲 도시군이 하나로 연결되었다. 2010년 2월 6일 세계 최초로 대규모 습 몰성 황토지역에 시속 350km로 운행하는 정시([정시-鄭西]; 정주[정저우-鄭州]~서안 [시안-西安]) 고속철도, 즉 지금의 서난([쉬란-徐蘭]; 서주[쉬저우-徐州]~난주[란저우-蘭 州]) 고속철도의 정주~서안 구간이 개통됐다. 서부지역 첫 고속철도 노선인 정시 고속철도의 개통은 '서부대개발西部大開發 전략'과 '일대일로一帶一路 전략'을 촉진 시켰다.

2011년 6월 30일 중국 수도 북경과 국제 메트로폴리탄 상해[상하이-上海]를 잇는 경호([징후-京滬]; 북경~상해) 고속철도가 개통되었다. 이 고속철도는 총연장 1,318km이고 북경과 상해 간 이동시간을 5시간 이내로 단축하였다. 중국 정부는 2012년 초 당시 중국의 경기 둔화를 활성화하기 위해 고속철도에 대한 투자를 재개하기로 결정하고 철도부 예산을 6,430억 달러에서 9,650억 달러로 늘렸다. 2012년 12월 1일 세계 최초로 지세가 높은 한랭한 지역에 위치한 하대([하다-哈大]; 하얼빈~대련[다롄-大連]) 고속철도가 개통되었다.

　　같은 해 12월 26일 다양한 지형 · 기후대 · 지질 조건을 넘나드는 경광(북경~광

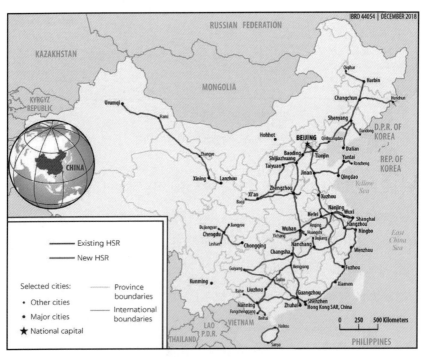

2015년 중국 고속철도 노선 안내도

출처 : https://zh.wikipedia.org/wiki

주) 고속철도가 전 구간 개통됐다. 총연장은 2,298km이다. 2013년 항복심([항푸선-杭福深]; 항주[항저우-杭州]~복주[푸저우-福州]~심천[선전-深圳]) 여객전용선, 시보여객전용선 등의 노선 개통으로 중국 고속철도의 총운영거리는 1만 463km로 증가하였다.

2015년 경호(북경~상해) 고속철도, 경진(북경~천진) 도시 간 고속철도, 호녕([후닝-滬寧]; 상해~남경[난징-南京]) 고속철도, 호항([후항-滬杭]; 호주[후저우-湖州]~항주) 고속철도, 영항([닝항-宁杭]; 남경~항주) 고속철도, 광선항([광선강-廣深港]; 광주~심천~홍콩香港) 고속철도의 운행이 처음으로 흑자를 냈으며, 이 중 경호(북경~상해) 고속철도는 2015년 약 66억 위안의 최종 이익을 기록했다.

2016년 9월 10일 정서([정쉬-鄭徐]; 정주~서주) 고속철도 개통으로 중국 고속철도 총영업거리가 2만 km를 돌파했다. 2016년 12월 28일 호곤([후쿤-滬昆]; 상해~곤명[쿤밍-昆明]) 고속철도와 남곤([난쿤-南昆]; 남녕[난닝-南寧]~곤명) 고속철도 전 구간을 관통하며, 이때부터 곤명은 다른 도시와 편리한 육지 고속 교통 연계를 갖게 되었고, 운남雲南성은 고속철도가 없었던 역사에 종지부를 찍었다. 2017년 12월 6일 시청 고속철도가 전 노선 개통되었다. 시청 고속철도는 성도[청두-成都]와 서안[시안-西安] 및 북방지역 간의 교류를 촉진하고 있다.

2018년 9월 23일 홍콩을 잇는 광선항([광선강-廣深港]; 광주~심천~홍콩) 고속철도 전 구간이 개통되어 중국 고속철도의 영업거리는 2015년 1.98만 km에서 2020년 3.79만 km로 급성장하였다. 즉, '제13차 5개년(十三五) 계획' 동안 두 배 가까이 늘어나며 세계 1위를 지키고 있다.

2004년 1월에 중국 국가발전개혁위원회가 발표한 '중장기 철도망 계획'에 따라 빠르게 증가하는 여객 운송 수요를 만족시키기 위해 성회도시 및 대중도시 간의 빠른 여객 운송 통로를 건설하는 '4종4횡四縱四橫' 고속철도망을 계획하였다.

'4종4횡四縱四橫' 여객전용선의 건설은 세로 4개, 가로 4개 노선 등 모두 8개 기

2020년 중국 고속철도 노선 안내도

출처 : http://m.onegreen.net/maps/HTML/37128.html

축 노선을 의미하는 중국 고속철도망 프로젝트다. 이는 4종, 즉 북경~상해, 북
경~심천, 북경~하얼빈, 상해~심천 구간과 4횡, 즉 소주[쉬저우-蘇州]~난주, 항
주~곤명, 청도[칭다오-靑島]~태원[타이위안-太原], 남경~성도 구간을 포함한다.
〈그림 1〉에 따르면 2011년 6월 30일에는 경호; 북경~상해 고속철도가 개통되
었으며, 이어서 중국을 동-서, 남-북으로 연결하는 기타 고속철도 노선들이 잇
따라 개통하면서 중국 정부의 '4종4횡' 철도망 계획이 중국 전국 300개 도시를
연결하면서 도시 간의 거리를 좁혀 물류시간을 단축하고 여행 활성화를 촉진하
였다.

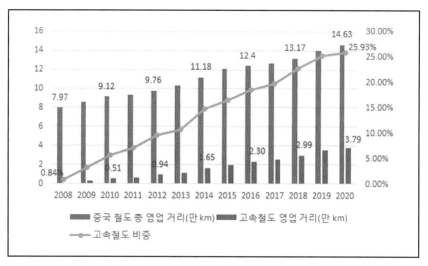

<그림 1> 중국 고속철도 영업거리 현황

출처 : 2021년 중국 통계연감

2. 중국 고속철도 운영거리

중국 고속철도의 노선 건설 및 영업거리가 점차 증가함에 따라 고속철도는 연선 정차 도시의 경제에 큰 영향을 미쳤다. 고속철도의 개통으로 도시 간의 시간적 거리가 줄어들어서 고속철도를 타고 도시와 도시 간에 오가는 승객의 이동량도 같이 증가하고 있다. 이에 따라 급증한 이동수요를 감당할 만한 교통수단으로는 고속철도가 주력 교통수단이 되었다. 중국 국가철도총국의 통계보고서에 따르면 중국 철도 총영업거리는 2008년 7.97만 km에서 2020년 14.63만 km로 증가하였다. 이 중 고속철도 영업거리는 2008년에 672km에서 2020년 3.79만 km로 급성장 추세를 유지하였다. 중국 철도 총영업거리에서 고속철도 영업거리가 차지하는 비중은 2008년 0.84%에서 2020년 25.93%로 증가하였다.

〈표 30〉 중국 고속철도 영업거리 현황

연도	중국 철도총영업거리(만 km)	고속철도영업거리(km)	고속철도비중
2008	7.97	672	0.84%
2009	8.55	2,699	3.16%
2010	9.12	5,133	5.63%
2011	9.32	6,601	7.08%
2012	9.76	9,356	9.59%
2013	10.31	11,028	10.70%
2014	11.18	16,456	14.72%
2015	12.10	19,838	16.40%
2016	12.40	22,980	18.53%
2017	12.70	25,164	19.81%
2018	13.17	29,904	22.71%
2019	13.99	35,388	25.30%
2020	14.63	37,929	25.93%

출처 : 2021년 중국 통계연감

〈표 31〉 수송수단별 수송량

(단위 : 만 명)

연도	총 여객 수송량 Total	철도 Railways		도로 Highways	수운 Waterways	민용항공 Civil Aviation
		일반철도	고속철도			
2008	2,867,892	145,459	734	2,682,114	20,334	19,251
2009	2,976,898	147,800	4,651	2,779,081	22,314	23,052
2010	3,269,508	154,286	13,323	3,052,738	22,392	26,769
2011	3,526,319	157,674	28,552	3,286,220	24,556	29,317
2012	3,804,035	150,522	38,815	3,557,010	25,752	31,936
2013	2,122,992	157,635	52,962	1,853,463	23,535	35,397
2014	2,032,218	160,082	70,378	1,736,270	26,293	39,195
2015	1,943,271	157,345	96,139	1,619,097	27,072	43,618
2016	1,900,194	159,277	122,128	1,542,759	27,234	48,796
2017	1,848,620	133,163	175,216	1,456,784	28,300	55,156
2018	1,793,820	132,065	205,430	1,367,170	27,981	61,174

연도	총 여객 수송량 Total	철도 Railways		도로 Highways	수운 Waterways	민용항공 Civil Aviation
		일반철도	고속철도			
2019	1,760,436	130,169	235,833	1,301,173	27,267	65,993
2020	966,540	64,643	155,707	689,425	14,987	41,778
2021	830,257	68,935	192,236	508,693	16,337	44,056

중국 철도 총수송량은 2008년 146,193만 명에서 2020년 220,350만 명으로 증가하였다. 이 중 고속철도 수송량은 2008년에 734만 명에서 2020년 155,707만 명으로 급성장하다가 감소하였다. 중국 철도 총수송량에서 고속철도 수송량이 차지하는 비중은 2008년 0.05%에서 2020년 70.66%로 대폭 증가하였다.

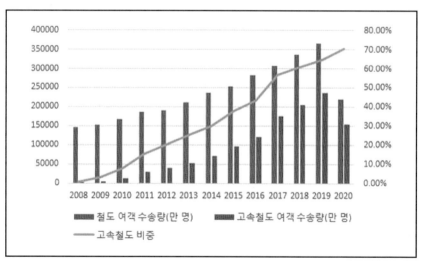

〈그림 2〉 중국 고속철도 수송량 현황

출처 : 2021년 중국 통계연감

(단위 : 만 명)

연도	철도 총 수송량(만 명)	고속철도 수송량(만 명)	고속철도 비중
2008	146,193	734	0.50%
2009	152,451	4,651	3.05%
2010	167,609	13,323	7.95%
2011	186,226	28,552	15.33%
2012	189,337	38,815	20.50%
2013	210,597	52,962	25.15%
2014	235,704	70,378	29.86%
2015	253,484	96,139	37.93%
2016	281,405	122,128	43.40%
2017	308,379	175,216	56.82%
2018	337,495	205,430	60.87%
2019	366,002	235,833	64.43%
2020	220,350	155,707	70.66%

출처 : 2021년 중국 통계연감

3. 중국 방사(쌀 '미(米)'자)형 고속철도망 건설

중국 고속철도 건설은 4종4횡四縱四橫에서 8종8횡八縱八橫으로, 고속철망은 점차 확대하고 있다. 이에 중국의 각 도시들이 고속철도 건설에 심혈을 기울이고 있다. 고속철도망이 빠르게 깔리는 가운데 '방사형(미(米)자형)' 고속철도를 건설하겠다는 도시들이 늘고 있다. 성도[청두-成都], 서안[시안-西安], 정주[정저우-鄭州], 무한[우한-武漢], 중경[충칭-重慶] 등 중국 도시들이 줄줄이 '미(米)'자형 고속철도 건설에 뛰어들고 있다. 물론 발달한 연해지역은 지리적 요인 때문에 반쪽 '미(米)'자 모양의 고속철도망을 건설할 수밖에 없다.

도시는 '미(米)'자형 고속철도 건설을 하려면 먼저 동서방향 횡축 하나, 남북방

중국 고속열차 CRH380AL

향 종축 하나를 먼저 갖춰 '십+'자형을 형성한 뒤, 추가로 '미米'자형 형성이 가능하다.

각 도시들이 '미米'자형 고속철도 네트워크를 만들려는 진정한 의미는 도시 고속철도 허브를 만들겠다는 것이다. 도시의 교통 중심지의 지위는 교통의 접근성과 밀접한 관계가 있는데 도시에서 가장 중요한 일환은 바로 고속철도 건설이다. '미米'자형 고속철도망은 바로 한 도시가 사통팔달四通八達하고 교통이 잘 통하며, 그 경제의 중추적인 위치가 더욱 명확해진다는 것을 말해준다.

1) 정주 방사형 고속철도망 구축

정주는 중국에서 '미米'자형 고속철도를 앞세운 도시다. 중국 중부지역에 위치해 인구가 많고, 고속철도 네트워크가 발달해 있어 지리적인 장점이 있다. 〈표 33〉과 같이 2022년 6월 20일 정주[정저우–鄭州] '미米'자형 고속철도 네트워크 중 마지막 고속철도 노선인 정제([정지–鄭濟]; 정주~제남[지난–濟南]) 고속철도와 정주~중경[충칭–重慶] 고속철도를 개통하여 정주가 '미米'자형 고속철도 네트워크를 형성한 첫 번째 도시가 됐다.

'미米'자형 고속철망의 중심인 정주는 하남河南성 내 17개 도시를 방사하는 1시간 경제권, 주변 성도들을 효율적으로 연결하는 2시간 경제권, 전국 주요 대·중형 도시를 관통하는 8시간 경제권을 형성하고 있다.

〈표 33〉 정주의 '미米'자형 고속철도 건설 역사

구간	소속 고속철도 노선	개통 시기
정주[정저우–鄭州]~ 서안[시안–西安]	서난[쉬란–徐蘭] 고속철도(Xuzhou~Lanzhou)	2010년 02월 06일
정주[정저우–鄭州]~ 서주[쉬저우–徐州]		2016년 09월 10일
정주[정저우–鄭州]~ 북경[베이징–北京]	경광[징광–京廣] 고속철도(Beijing~Guangzhou)	2012년 09월 28일
정주[정저우–鄭州]~ 무한[우한–武漢]		2012년 12월 26일
정주[정저우–鄭州]~ 태원[타이위안–太原]	경광[징광–京廣] 고속철도(Zhengzhou~Taiyuan)	2020년 12월 12일
정주[정저우–鄭州]~ 합비[허페이–合肥]	정합[정허– 鄭合] 고속철도(Zhengzhou~Hefei)	2019년 12월 01일
정주[정저우–鄭州]~ 제남[지난–濟南]	정제[정자–鄭濟] 고속철도(Zhengzhou~Jinan)	2022년 06월 20일
정주[정저우–鄭州]~ 중경[충칭–重慶]	정유[정위–鄭渝] 고속철도(Zhengzhou~Chongqing)	2022년 06월 20일

출처 : 인터넷 자료 정리

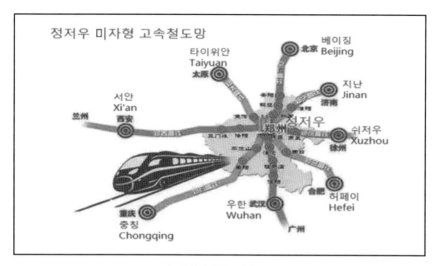

정주 '미米'자형 고속철도망

출처 : https://www.163.com/dy/article/FRQTS0Q50539R8TU.html

2) 무한 방사형 고속철도망 구축

무한[우한-武漢]은 지역적 우위나 자원의 우위에서도 정주[정저우-鄭州]와는 비교가 안 된다. 하지만 중국 경제의 중심이 점차 남쪽으로 이동하는 상황에서 무한은 장강 삼각주長三角, 주강 삼각주珠三角, 경진[징진-京津], 성유[청위-成渝] 등 4대 도시권의 중심에 위치하며 성장 잠재력이 크다. 현재로선 무한의 '미米'자형 고속철도가 정주에 비해 다소 성색이 부족한 것으로 보인다. 현재 개통된 고속철도로는 경광([징광-京廣]; 북경~광주[광저우-廣州]) 고속철도와 호한용([후한룽-滬漢蓉]; 상해[상하이-上海]~무한~청도[칭다오-青島]) 고속철도만 있다. 나머지 다른 노선은 건설 중인 곳도 있고 계획 중인 곳도 있다. 정주 고속철도의 완성도에 비해 무한 '미米'자형 고속철도 건설은 아직 갈 길이 멀다. 물론 무한의 계획은 8개 방향의 '미米'자형에 만족하지 않고 12개 방향의 슈퍼 '미米'자형도 제시했지만 어떻게 될

중국 고속열차 CRH2

지는 추후 건설 상황을 지켜봐야 한다.

〈표 34〉 무한의 '미米'자형 고속철도 건설 역사

구간	소속 고속철도 노선	개통 시기
무한[우한–武漢]~ 북경[베이징–北京]	경광[징광–京廣] 고속철도(Beijing~Guangzhou)	2012년 12월 26일
무한[우한–武漢]~ 광주[광저우–廣州]		
무한[우한–武漢]~ 청도[칭다오–靑島]	무청[우칭–武靑] 고속철도(Wuhan~Qinggao)	미정
무한[우한–武漢]~ 귀양[구이양–貴陽]	무귀[우궤이–武貴] 고속철도(Wuhan~Guiyang)	2025년 예정
무한[우한–武漢]~ 상해[상하이–上海]	호한용[후한룽–滬漢蓉] 고속철도 (Shanghai~Wuhan~Chengdu)	2014년 07월 01일
무한[우한–武漢]~ 성도[청두–成都]		

구간	소속 고속철도 노선	개통 시기
무한[우한-武漢]~복주[푸저우-福州]	복은[푸인- 福銀] 고속철도(Fuzhou~Yinchuan)	2022년
무한[우한-武漢]~은천[인촨-銀川]		

출처 : 인터넷 자료 정리

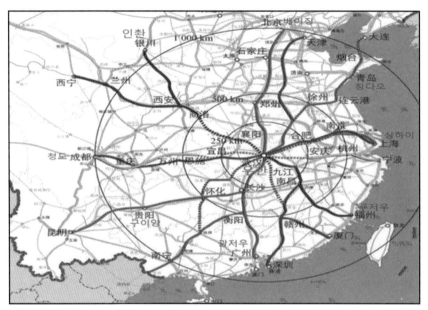

무한 '미米'자형 고속철도망

출처 : https://www.163.com/dy/article

3) 서안 '미米'자형 고속철도망 구축

서안[시안-西安]은 중국 서북지역의 제1도시이자 국가 전략 일대일로의 시작점으로, 8종8횡 계획에서 포(은)해([바오(인)하이-包(銀)海]~은천[인촨-銀川]~해구[하이커우-海口])통로와 경곤([징쿤-京昆]; 북경[베이징-北京]~곤명[쿤밍-昆明])통로와 대륙교통로(연운항[롄윈강-連雲港]~우루무치烏魯木齊)가 만나는 곳이다. 중국 서북지역은 실크로드 경제벨트에 위치하며 유라시아 대륙교의 일부로 지리적 위치가 매우 중요하다. 게다가 서북의 자연자원, 인문자원의 기반이 탄탄하고 잠재시장이 커 발전공간이 넓다. 2000년 3월 중국 서부대개발 정책의 발표와 2004년 1월 중국 첫 번째 '중장기 철도망 계획' 발표에 따른 중국 정부는 서북지역의 인프라 투입이 확대되면서 서북지역의 교통 상황이 크게 개선되었고, 고속철도 건설은 발전기에 접어들었다. 앞으로 서안은 의심할 바 없이 '중국 서북지역의 미米자형 허브'가 될 것이다. 고속철도 요충지의 완성은 중국 경제의 총체적인 발전 속도를 더욱 가속화시킬 것이다.

중국 고속철도는 빠르게 발전하여, 4종4횡 고속철도망의 골격과 서안 '미米'자형 고속철도망이 거의 완성되었는데 서안과 다른 도시 사이의 거리를 단축시켰다. 특히 2010년부터 서북지역의 '미米'자형 고속철도 네트워크가 급속하게 발전하였다. 서북지역 최초의 고속철도로 정서[정시-鄭西]; 정주[정저우-鄭州]~서안 고속철도는 2010년 2월 6일 개통·운행을 시작했는데 정주~서안 간 직통 최단시간이 6시간여에서 2시간 이내로 단축됐다. 이미 개통된 서안~정주·태원[타이위안-太原]·난주[란저우-蘭州], 성도[청두-成都], 은천[인촨-銀川] 등 5개 방향 고속철도 노선을 제외한 서안~포두[바오터우-包頭]·안강[안캉-安康]·무한[우한-武漢] 등 3개 방향 고속철도 노선이 건설되고 있어 새로운 고속철도 허브는 이 도시의 발전을 가속화할 수밖에 없다. 서안시의 경제·교통 중심지 지위는 해가 거듭할수록 높아지고 있다.

<표 35> 서안시의 고속철도건설 역사

구간	소속 고속철도 노선	개통 시기
서안[시안─西安]~ 정주[정저우─鄭州]	서난 고속철도(Xuzhou~Lanzhou)	2017년 07월 09일
서안[시안─西安]~ 난주[란저우─灤州]		
서안[시안─西安]~ 포두[바오터우─包頭]	서포 고속철도(Xi'an~Baotou)	미정
대동[다퉁─大同]~ 서안[시안─西安]	대서 고속철도(Datong~Xi'an)	2014년 07월 01일
서안[시안─西安]~ 성도[청두─成都]	서청 고속철도(Xi'an~Chengdu)	2017년 12월 06일
은천[인촨─銀川]~ 서안[시안─西安]	은서 고속철도(Yinchuan~Xi'an)	2020월 12일 26일
서안[시안─西安]~ 무한[우한─武漢]	서무 고속철도(Xi'an~Wuhan)	2026년 개통 예정
서안[시안─西安]~ 중경[충칭─重慶]	서유 고속철도(Xi'an~Chongqing)	2028년 개통 예정

출처 : 인터넷 자료 정리

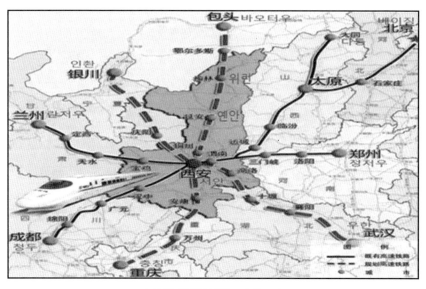

'미(米)자'형(방사형) 고속철도망

출처 : https://www.sohu.com/a/447517247_380149

서안 중심으로 '미米'자형 고속철도망이 완성되면 총 2,170km의 고속철도 운영거리로 산서성의 70% 이상의 지역과 인구를 커버한다. 이는 산서성[산시성山西省]과 전국 각지의 시간과 공간 거리를 효과적으로 좁히고 일대일로 건설을 추진하며 주변의 상대적인 낙후지역의 경제 활성화 등에 큰 의미가 있다.

　　2017년 7월 9일 서난[쉬란−徐蘭]; 서주[쉬저우−徐州]∼난주 고속철도 전 구간 개통으로 새로운 표준이자 높은 운송능력이 있는 유라시아 대륙 수송 통로가 형성되고, 경호[징후−京滬]; 북경∼상해[상하이−上海] 고속철도와 경광([징광−京廣]; 북경∼광주[광저우−廣州]) 고속철도 등 고속철도가 연결되면서 서부지역과 동부지역의 시간적 거리가 크게 줄어들었다. 산서성은 동북 · 화동 · 동남연해로 통하는 문을 열며 새로운 고속철도 시대를 열었다. 산서성은 서안 중심으로 다른 도시까지 2시간 이내로 도착했는데 19분으로 위남[웨이난−渭南]까지 도착할 수 있고, 1시간

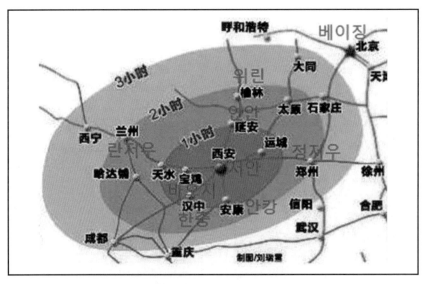

산서성 고속철도 생활권 안내도

출처 : https://www.sohu.com/a/105852317_355339

중국 고속열차 CRH3

내 한중[漢中]이자 안강[안캉–安康]까지 도착할 수 있으며, 2시간 이내로 옌안이자 유림[위린–榆林]까지 도착할 수 있다. 산서성 이외 도시는 서안에서 출발하면 2시간에 정주까지 도착할 수 있고, 3시간 내로 태원까지 도달할 수 있고, 4시간 내로 북경까지 갈 수 있다. 고속철도 개통으로 산서성의 서안은 다른 성 및 도시의 시간적 거리가 크게 단축되었다.

제3절 경호 고속철도

1) 추진배경

북경[베이징-北京]~상해[상하이-上海] 고속철도(Beijing-Shanghai High-speed Railway)는 줄여서 '경호[징후-京滬]철도'라고 한다. 이 철도는 북경~상해 여객운송전용선으로 2016년 개정된 '중장기 철도망 계획'의 '8종8횡' 고속철도 주요 노선 중의 하나이다.

경호 고속철도는 2008년 4월 18일 정식으로 운행을 시작하였으며, 2011년 6월 30일 전 노선이 정식으로 개통되었다. 북경 남역에서 상해 홍교[홍챠오-虹橋] 역까지 24개 역 총 1,318km 구간을 시속 380km로 설계했다. 여행시간은 약 5시간 소요된다. 경호 고속철도는 2020년 1월 기준 개통 8주년을 맞아 11억 명 여객을 운송했다.

2) 성과

경호([징후-京滬]; 북경[베이징-北京]~상해[상하이-上海]) 고속철도는 수익성과 성장성 면에서 높은 평가를 받고 있다. 2017년, 2018년 순이익은 각각 90억 5,300만 위안(약 1조 5천억 원), 102억 4,800만 위안(약 1조 7천억 원)에 달했고, 5년 연속 순이익을 기록하고 있다. 특히 2018년의 경우 경호 고속철도는 하루 평균 2,800만 위안(약 50억 원)의 수익을 올리면서 노른자위 열차 노선임을 증명했다.

성장 잠재력 면에서도 동북東北증권은 "경호 고속철도는 매년 10% 정도의 매출 성장 여지가 있다."며 "독자적인 요금 결정권을 보유해 안정적인 매출 성장의 기반을 갖추고 있다."고 평가했다.

항공편과 비교해서도 경쟁력이 있다는 평가다. 화태華泰증권은 "고속철도는 비행기, 일반 열차, 버스에 비해서 경쟁 우위를 갖고 있다."며 "향후 경쟁상대는 동일한 행선지를 오가는 신규 고속철도 노선이 될 것"으로 전망했다.

〈표 36〉 고속철도와 항공편 비교

기준(2017년도)	징후(京滬) 고속철도	베이징~상하이 항공편
연간 승객 규모	1억 6,000만 명	750만 명
연간 매출	295.95억 위안	74억 위안
요금	553위안	1,360위안
총 수익	127.16억 위안	22.25억 위안
승객 수(운항 편수 당)	1,400~1,600명	150~300명
노선 길이	1,318km	1,077km
소요 시간	4시간 18분~6시간 20분	2시간 15분
1인당 수익	79위안	300위안

3) 운영

경호[징후-京滬]; 북경[베이징-北京]~상해[상하이-上海]철도의 운영은 경호고속철

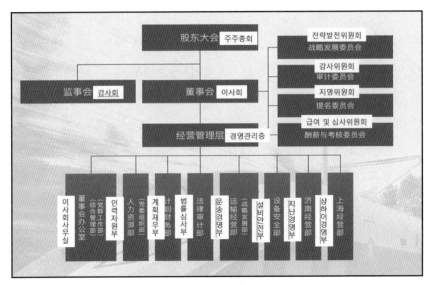

〈그림 3〉 경호고속철도유한주식회사 조직도

출처 : https://www.sohu.com/a/105852317_355339

도주식유한회사京滬高速鐵路股份有限公司[117]가 맡고 있다. 경호고속철도주식유한회사는 2007년 12월 27일 북경에 설립됐다. 주로 경호 고속철도 관련 건설·운영을 담당하고 있다.

2019년 11월 14일 중국철도그룹中國國鐵集團이 지배하는 경호고속철도주식유한회사가 상해증권거래소上海證券交易所에 주식공모를 신청해 중국증권감독관리위원회中國證券監督管理委員會 발행심의위원회의 심의를 통과했다. 2020년 1월 16일 오전 경호고속철도주식유한회사는 상해증권거래소에 상장되었고, 주식명은 '경호[징후-京滬]철도'다. 주당 발행가는 4.88위안이며, 누적 발행 주식은 62억 8,600만 주로 총주식의 12.8%를 차지한다.

117) http://www.cr-jh.cn/websiteMenu/158/2#2017-12

2020년 7월 2020년 〈포춘(FORTUNE)〉 500대 기업 중 경호고속철도주식유한회사는 299위에 있다.[118]

1년간의 운영실적(2020. 1. 1.~12. 31.)을 보면 2021년 1월 30일 경호고속철도회사는 2020년도에 회사 주주의 순이익이 30억 7,100만~33억 9,400만 위안(약 5,329억~5,889억 원)으로 코로나의 영향으로 전년 동기 대비 82억 6,900만~91억 4,000만 위안(약 1조 4,350억~1조 5,861억 원), 69.27%~76.56% 감소한 것으로 나타났다. 비경상적 손익[119]을 뺀 회사 주주의 순이익은 2020년 31억 7,000만~35억 300만 위안으로 전년 동기 대비 81억 4,200만~90억 1,200만 위안, 68.34%~75.65% 줄어든 것으로 나타났다.

〈표 37〉 2020년 3분기 보고서 참고

(단위 : 위안)

구분	2020.1~9월	2019.1~9월	동기대비
영업 수입	17,191백만	26,397백만	△34.87%
회사 주주의 순이익	1,848백만	8,944백만	△79.33%

감소 사유는 코로나19 여파로 여행객들의 이동 수요가 크게 줄어 큰 충격을 가져왔다. 2020년 중국 철도의 여객수송은 21억 6,000만 명으로 전년 동기 대비 약 40%가 감소했고, 2020년 1~3분기까지 787억 위안(약 13조 4천억 원)의 누적 순손실을 냈다. 코로나19 백신 접종이 계획대로 추진되고 여행자 수요가 회복되면서 수익성도 나아지고 있다.

---

118) http://finance.sina.com.cn/china/2020-07-27/doc-iivhvpwx7642014.shtml

119) 비경상성손익非經常性損益은 회사에서 발생하는 경영업무와 직접적인 관련이 없으며, 경영업무와 관련되었지만 그 성격, 금액 또는 발생 빈도로 인해 회사의 정상적인 수익성을 진실하고 공정하게 반영하는 각종 수입과 지출을 말한다.

4) 경호 고속철도 상장 1주년 이후의 발전 계획

새로운 발전 방향은 시장화, 법제화, 증권화의 기초를 확고히 다지며, 경영을 최적화하는 것이다.

신 발전 동력으로는 경호[징후-京滬] 고속철도 상장 자금으로 북경([베이징-北京] 경복[징푸-京福]; 북경~복주[푸저우-福州])철도 여객운송 전용선을 운영하는 안휘책임유한공사安徽責任有限公司 지분 65.08%를 인수하였다. 안휘 구간은 경호 고속철도 기술표준과 통일되어 네트워크 우위가 뚜렷하고, 장강 삼각주, 상해, 강소성, 절강성, 안휘성 통합에 기여를 기대하고 있다. 새로운 서비스로는 여객들에게 더욱 조용하고 쾌적한 여행환경을 제공할 수 있도록 무음칸을 설치하였다. 주요 여행객을 위해 원스톱 서비스를 실시할 계획이며 고정 구간을 여행하는 통근 고객, 출장이 빈번한 고객 등에 대한 할인 요금과 시장 수요를 활용한 정액권 및 할인권 발행 등을 모색하고 있다.

제4절 화물철도의 변화와 발전

각종 운송방식의 발전과 기술의 진보 및 중국의 교통수송구조에 중대한 변화가 생겨 점차 도로 위주의 종합교통 수송방식을 형성하게 되었다. 운송구조 변화의 기본 흐름은 철도의 비중이 점차 낮아지고 도로의 비중이 점차 높아지는 것이다.

화물 운송에서 수운의 비중이 점차 높아지고 있는데 주로 해양과 수운 운송이 빠르게 발전하고 장거리 수운도 발전하고 있다.

개혁개방 후 민간항공이 여객화물 운송에서 차지하는 비중이 빠르게 상승하여 종합교통 운송에서 차지하는 비중이 낮음에도 지역 경제발전 촉진과 연계에 미치는 영향은 매우 크다.

1949년 중국의 철도 화물수송량은 5,589만 톤으로 그해 전국 총화물수송량의 34.72%를 차지했고, 다음으로 도로화물수송량은 7,963만 톤으로 전국 총화물수송량의 49.47%를 차지했으며, 수운화물수송량은 2,543만 톤으로 전국 총화물수송량의 15.8%를 차지했다.

그러나 최근 몇 년 동안 중국 대륙지역의 도로 운송 발전, 특히 경제가 발달하고 도로 밀도가 높은 지역, 예를 들어 주장 삼각주와 장강 삼각주지역은 고속도로나 저가로 인해 철도의 상당히 많은 단거리 화물운송량이 전이되어 철도의 일정 수량의 화물 공급원을 빼앗기게 되었다.

2020년에는 중국의 철도 화물수송량은 455,236만 톤으로 그해 전국 총화물수송량의 9.63%를 차지했으나, 도로 화물수송량은 3,426,413만 톤으로 72.45%를, 수운화물수송량은 761,630만 톤으로 16.1%를, 항공화물수송량은 676.6만 톤으로 0.01%를 차지했고, 파이프라인 화물수송량은 85,623만 톤으로 1.81%의 분담률을 보이고 있다.

〈표 38〉 1949~2020년 수단별 중국 화물수송량

(단위 : 만 톤)

연도	총화물수송량	철도	도로	수운	항공	파이프라인
1949	16,097	5,589	7,963	2,543	2.4	
1950	21,554	9,983	8,887	2,684	0.1	
1951	25,331	11,083	10,388	3,860	0.2	
1952	31,516	13,217	13,158	5,141	0.2	
1953	43,416	16,131	20,048	7,237	0.4	
1954	52,142	19,288	22,690	10,163	0.5	
1955	56,891	19,376	25,799	11,715	0.5	
1956	75,026	24,605	36,695	13,726	0.8	
1957	80,365	27,421	37,505	15,438	0.8	
1958	112,292	38,109	53,085	21,096	1.5	
1959	149,916	54,410	66,932	28,571	2.6	
1960	170,563	67,219	70,786	32,555	3.2	
1961	110,573	44,988	43,038	22,544	2.9	
1962	85,521	35,261	32,794	17,464	1.8	
1963	88,154	36,418	34,602	17,132	2.1	
1964	104,320	41,786	42,358	20,174	2.2	
1965	121,083	49,100	48,987	22,993	2.7	
1966	131,454	54,951	52,531	23,969	3.3	
1967	110,833	43,089	47,066	20,674	3.9	

연도	총화물수송량	철도	도로	수운	항공	파이프라인
1968	103,240	42,095	42,166	18,976	3.0	
1969	123,923	53,120	49,115	21,685	3.3	
1970	150,359	68,132	56,779	25,444	3.7	
1971	169,106	76,471	63,080	28,398	3.3	1,154
1972	178,721	80,873	65,409	30,174	3.0	2,262
1973	186,527	83,111	68,489	32,159	2.8	2,765
1974	180,961	78,772	66,860	31,535	3.5	3,791
1975	202,478	88,955	72,499	34,987	4.7	6,032
1976	201,757	84,066	74,256	35,528	5.3	7,902
1977	223,915	95,309	80,833	38,861	5.3	8,907
1978	248,946	110,119	85,182	43,292	6.4	10,347
1979	537,508	111,893	371,036	43,229	8.0	11,342
1980	546,537	111,279	382,048	42,676	8.9	10,525
1981	523,764	107,673	363,663	41,490	9.4	10,929
1982	548,242	113,532	379,205	44,329	10.2	11,166
1983	576,887	118,784	401,413	45,058	11.6	11,620
1984	716,907	124,074	533,382	46,892	15.0	12,544
1985	745,763	130,709	538,062	63,322	19.5	13,650
1986	853,557	135,635	620,113	82,962	22.4	14,825
1987	948,229	140,653	711,424	80,979	29.9	15,143
1988	982,195	144,948	732,315	89,281	32.8	15,618
1989	988,435	151,489	733,781	87,493	31.0	15,641
1990	970,602	150,681	724,040	80,094	37.0	15,750
1991	985,793	152,893	733,907	83,370	45.2	15,578
1992	1,045,899	157,627	780,941	92,490	57.5	14,783
1993	1,115,902	162,794	840,256	97,938	69.4	14,845
1994	1,180,396	163,216	894,914	107,091	82.9	15,092
1995	1,234,938	165,982	940,387	113,194	101.1	15,274
1996	1,298,421	171,024	983,860	127,430	115.0	15,992
1997	1,278,218	172,149	976,536	113,406	124.7	16,002
1998	1,267,427	164,309	976,004	109,555	140.1	17,419
1999	1,293,008	167,554	990,444	114,608	170.4	20,232
2000	1,358,682	178,581	1,038,813	122,391	196.7	18,700

연도	총화물수송량	철도	도로	수운	항공	파이프라인
2001	1,401,786	193,189	1,056,312	132,675	171.0	19,439
2002	1,483,447	204,956	1,116,324	141,832	202.1	20,133
2003	1,564,492	224,248	1,159,957	158,070	219.0	21,998
2004	1,706,412	249,017	1,244,990	187,394	276.7	24,734
2005	1,862,066	269,296	1,341,778	219,648	306.7	31,037
2006	2,037,060	288,224	1,466,347	248,703	349.4	33,436
2007	2,275,822	314,237	1,639,432	281,199	401.8	40,552
2008	2,585,937	330,354	1,916,759	294,510	407.6	43,906
2009	2,825,222	333,348	2,127,834	318,996	445.5	44,598
2010	3,241,807	364,271	2,448,052	378,949	563.0	49,972
2011	3,696,961	393,263	2,820,100	425,968	557.5	57,073
2012	4,100,436	390,438	3,188,475	458,705	545.0	62,274
2013	4,098,900	396,697	3,076,648	559,785	561.3	65,209
2014	4,167,296	381,334	3,113,334	598,283	594.1	73,752
2015	4,175,886	335,801	3,150,019	613,567	629.3	75,870
2016	4,386,763	333,186	3,341,259	638,238	668.0	73,411
2017	4,804,850	368,865	3,686,858	667,846	705.9	80,576
2018	5,152,732	402,631	3,956,871	702,684	738.5	89,807
2019	4,713,624	438,904	3,435,480	747,225	753.1	91,261
2020	4,729,579	455,236	3,426,413	761,630	676.6	85,623

출처 : 2021년 중국 통계연감

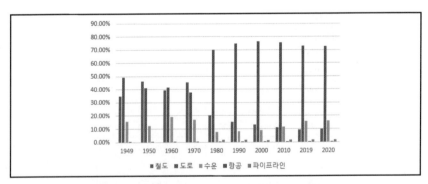

〈그림 4〉 1949~2020년 수단별 중국 화물수송량 비중(%)

출처 : 2021년 중국 통계연감

중국~유럽 화물열차China-Europe Railway Express는 고정된 차수, 선로, 정기 및 전체 운행 시각에 따라 중국과 유럽 및 일대일로를 따라 각국을 왕래하는 컨테이너 국제철도 셔틀열차를 말한다.[120]

중국~유럽 화물열차는 일대일로 건설에 중요한 프로젝트이다. 유럽 국가와의 경제교역을 강화하기 위해 중국 정부와 중국국가철도집단은 중앙아시아와 유럽 각국의 철도시스템과 협력하여 처음에는 중경[충칭-重慶]에서 독일 뒤스부르크까지 국내 도시 82개, 국외 유라시아 160여 개 도시로 발전하여 아라산커우阿拉山口, 호르고스Khorgos, 얼롄하오터二連浩特, 만주리[만저우리-滿洲里], 수분하[쑤이펀허-綏芬河] 등 5대 출국항구를 형성하고 중경, 성도[청두-成都], 서안[시안-西安], 정주[정저우-鄭州], 우루무치烏魯木齊 등 5대 집결센터를 개설하여 중국 대륙에서 가장 먼 런던, 함부르크 등까지 국제합운열차를 운행하고 있다. 중국~카자흐스탄~러시아~벨라루스~폴란드~독일~프랑스~스페인을 잇는 세계에서 가장 긴

중국~유럽 화물열차 노선도

출처 : https://zh.wikipedia.org/wiki

120) 王雄, 《絲路大通道 : 中歐歐班列紀行》, 外文出版社, 2018. 08, p.128

화물철도이다.

해운-철도 연계 운송은 동남아국가연합Association of South-East Asian Nations 국가와 중국 대만, 일본, 한국에서 해운으로 온 화물을 다시 중국~유럽 화물열 차에 선적하여 유럽으로 운송하고 있다.[121]

중국~유럽 화물열차의 운행시간은 해운의 25%, 가격은 항공운송의 20% 수 준이며, 납기 시한이 필요한 대형 전자제품, 경공업 및 첨단 전자제품, 냉장 와 인 등의 식품운송에 편리하다.

중국~유럽 화물열차의 등장으로 대량 화물을 수송하는 것은 해운뿐 아니라 중국 중·서부지역과 유럽 중동부 내륙지역은 개방의 최전방 창구가 되었다. 제 품은 더 이상 내륙 오지로부터 연해 항구로 운송할 필요가 없다. 중경, 성도, 무 한[우한-武漢], 알마티, 부다페스트, 로즈, 바르샤바, 프라하와 같은 내륙 도시들 이 새로운 수출입 집산지가 되었고, 중국의 중서부지역은 새로운 성장점이 되었 으며, 유럽의 중부는 다국적 물류의 신흥 시장이 되었다.[122]

2020년부터 전 세계 해운 및 항공 수송 능력은 2019 코로나 영향으로 해운 운임이 대폭 상승하였다. 중국~유럽 화물열차는 중앙유럽 열차의 구간 운송, 승 무는 격리검역이 필요 없기 때문에 국제 무역운송의 새로운 총애를 받고 있다. 2020년 중국~유럽 화물열차는 총 1.24만여 개의 열차가 운행되어 전년 동기 대비 50% 증가했다.

2021년 중국 국내에는 중국~유럽 화물열차와 관련한 도시가 모두 68개이다. 이 중 서안, 중경, 성도, 정주, 우루무치 등 5대 중국~유럽 화물열차 집결센터 의 개항량은 꾸준히 증가해 2021년에는 8,469개 열차, 운송화물 80만 3,000박

---

121) 馮馮芬玲, 《一带一路'與中歐班列》, 北京 : 中國鐵道出版社有限公司, 2019, pp.27-28

122) 王雄, 《絲路大通道 : 中歐班列紀行》, 外文出版社, 2018. 08, p.134

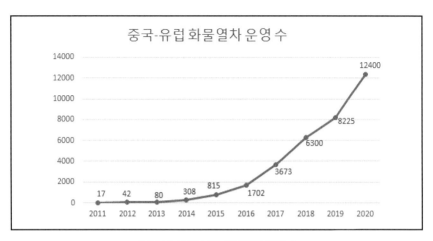

〈그림 5〉 중국 유럽 화물열차 운영 수

출처 : https://www.amiue.com/p/10496/

스로 각각 전국의 55.8%, 54.8%를 차지해 물류집적 효과가 충분히 나타나고 있다. 이 5대 중국~유럽 화물열차 집결센터를 제외하면 장사[창사-長沙], 의오[이우-義烏], 제남[지난-濟南], 심양[선양-瀋陽], 소주[쑤저우-蘇州], 무한 등 6개 도시는 2021년 하루 평균 1개 열차 이상 운행하였다.

중국~유럽 화물열차는 2014년부터 본격적으로 운행되었다. 당시 중국 국가 주석이 유럽연합(EU)을 방문했을 때 그는 "중·유럽 양측은 단순한 매매 무역 형태가 각 분야와 연계한 복합형 경제무역방식으로 격상시켜야 한다."고 제안했다. 조기 목표는 연간 무역액 1조 달러를 달성하겠다고 하였다. 당시 2013년의 연간 무역액은 5,591억 달러였다.

중국~유럽 화물열차는 중국에서 유럽으로 가는 쾌속의 철도 화물운송열차로 컨테이너를 실어 나르기에 적합한 화물편성 열차를 말한다.

중국~유럽 화물열차는 서·중·동 3개 통로에 걸쳐 운행되고 있다.

서부 통로	중국 중서부 지역에서 아라산커우阿拉山口, 훠얼궈쓰爾果斯 통상구에서 출항하여 카자흐스탄을 경유하여 러시아 시베리아 철도와 연결되어 유럽 각국으로 연결
중부 통로	중국 화북지역에서 얼렌하오터二連浩特 통상구에서 출항하여 몽골을 경유하여 러시아 시베리아 철도와 연결되어 유럽 각국으로 연결
동부 통로	중국 남동부 연해 지역에서 내몽고자치구 만주리[만저우리-滿洲里], 흑룡강성 수분해[쑤이펀허-綏芬河] 통상구에서 출항하여 러시아 시베리아 철도에 접속하여 유럽 각국으로 연결

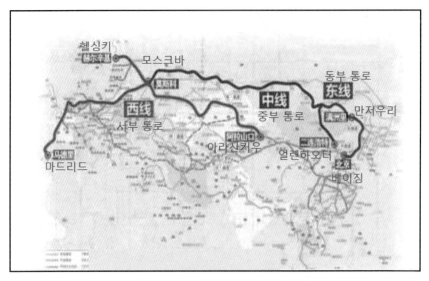

중국~유럽 화물열차의 동 · 중 · 서 3개 노선도

출처 : https://www.cetrains.com/post/jianjie-page.html

최근 몇 년 동안 일대일로의 주도적인 추진 하에 중국~유럽 화물열차는 가격, 대량 운송, 안전성 등의 우위를 발휘하여 점차 중국과 유럽 고객들에 의해 받아들여져 양국 간에는 해운운수, 항공운수를 제외한 제3의 물류방식이 되었다.

현재 중국~유럽 화물열차는 서 · 중 · 동 3대 철도 수송로가 형성되어 있다.

서쪽 통로는 주로 중국 서남 · 서북 · 화중 · 화북 · 화동지역 등의 수출입 화물을 끌어들여 롱해[룽하이-隴海]철도, 난신[란신-蘭新]철도를 경유하여 신강 위구르자치구의 아라산커우阿拉山口, 훠얼궈쓰霍爾果斯 통상구에서 카자흐스탄, 러시아

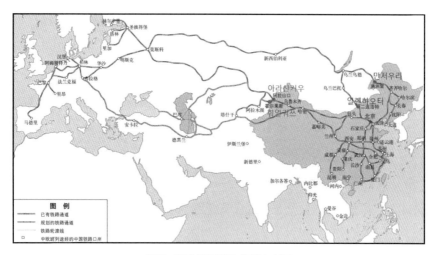

중국~유럽 화물열차 운영 노선도

출처 : http://www.pecsoa.cn/mobile/zt/rwdt

철도와 연결되며, 벨라루스, 폴란드 등 국가의 철도를 경유하여 유럽의 기타 각국에 도착한다.

중부 통로는 주로 화중, 화북 등의 지역 수출입 화물을 유치하여 경광[징광-京廣]철도, 경포[징바오-京包]철도, 집이([지얼-集二]; 집녕[지닝-集寧]~얼렌하오터二連浩特)철도를 경유하여 내몽고자치구 얼렌하오터에서 몽골, 러시아 철도와 연결되며 벨라루스, 폴란드 등 국가의 철도를 경유하여 유럽의 기타 각국에 도착한다.

동쪽 통로는 주로 중국 화둥·화남·화북지역의 수출입 화물을 유치하여 경호[징후-京滬]철도, 경합[징하-京哈]철도, 빈만[빈만-濱滿]철도를 거쳐 내몽고차치구 만주리와 흑룡강성 수분하 통상구에서 러시아 철도와 연결되며, 벨라루스, 폴란드 등의 국가의 철도를 거쳐 유럽의 기타 각국으로 운행하고 있다.[123]

---

123) 崔艶萍·魏玉光,《中歐班列實實務》, 北京 : 中國鐵道出版社有限公司, 2019. 11, pp.3-5

중국은 정주, 중경, 성도, 서안, 우루무치 등 중국~유럽 화물열차의 화물집적 중심도시 건설을 적극 추진하여 서비스가 우수하고 효율이 높으며, 원가가 저렴한 현대물류 허브를 건설하였다. 2021년 정주, 중경, 성도, 서안, 우루무치 등 5대 거점센터가 운행하는 열차 횟수는 총 8,469회로 전체 운행 중 56%이다.

중국~유럽 화물열차는 국제 육로운송의 새로운 조직 방식으로 아시아-유럽 국제무역에 해운과 항공운송을 제외한 물류의 새로운 선택지를 제공한다. 중국~유럽 화물열차의 운송비는 항공운수의 약 5분의 1이고, 운송시간은 해운의 4분의 1이다. 고부가가치 화물의 운송 도중의 시간 원가를 종합적으로 고려했을 때, 중국~유럽 화물열차는 전통적인 해운-철도 통합운송에 비해 8~20%의 종합물류 원가를 절감하고, 또한 자연환경에 영향을 적게 받고 안정성이 매우 높은 특징이 있다.

2021년 말 현재 중국 내 91개 도시는 중국~유럽 화물열차를 운영하고 유럽

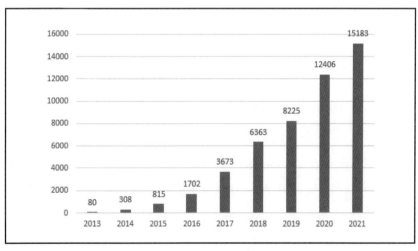

〈그림 6〉 2013~2021년 중국~유럽 화물열차 운영 횟수(회)

출처 : 중국~유럽 화물열차 보고 (2021)

23개국 180개 도시에 도착할 수 있다.

중국~유럽 화물열차 운영 이래 발전 추세가 맹렬하여 운영 횟수가 큰 폭으로 증가하고 있다. 2013년 80회에서 2021년 15,183회로 연평균 92.7%의 성장률을 보이고 있다. 현재 중국과 중앙유럽은 고속성장을 지속하고 있다.

(1) 서부통로

휘얼궈쓰霍爾果斯철도 부문 통계에 따르면 2021년 휘얼궈쓰철도를 통해 운영하는 중국~유럽 화물열차 수는 역사적인 6,000회를 돌파한 6,362회로 전년 대비 26.6% 증가해 전국 4대 철도 통행량의 50% 가까이 차지하며 1위를 지켰다.

2016년 휘얼궈쓰역을 통한 이후 지금까지 출국한 상품의 종류는 이미 200여 종에 달하며, 하이테크 제품, 자동차 부품, 전기기계 제품, 의류 등이 주류를 이룬다. 운영 노선은 56개, 18개 국가 45개 도시에 도착할 수 있다. 항구의 하루 평균 통행량은 18회이며, 최고는 23회까지이다.

(2) 중부통로

최근 몇 년 동안 얼렌하오터二連浩特 철도역을 통해 출입국의 중국~유럽 화물열차 수량과 밀도가 계속 증가하여 운행노선이 처음 2개에서 현재 58개로 늘어났다. 독일, 폴란드, 몽골 등 10여 개국의 60여 개 도시를 연결하였다. 2022년 2월 28일까지 얼렌하오터를 통해 출입하는 중국~유럽 화물열차 수량은 503회가 있으며 전년 동기 대비 27.9% 증가했다. 이 중 중국행 열차는 232회로 전년 동기 대비 33.3% 증가하였고, 유럽행열차는 271회로 23.6% 증가하였다.

(3) 동부통로

중국철도 하얼빈국집단유한회사의 자료에 따르면 2022년 1~7월 중국~유럽 화물열차의 동부 통로 만주리와 수분하 항구를 통해 출입한 중국~유럽 화물열차는 누적 통행 3,132회이다. 2022년 1~7월 수분하 항구를 통해 출입한 중국~유럽 화물열차는 464회로 전년 동기 대비 70.5% 증가하였다.

2013년 중국~유럽 화물열차가 만주리 항구를 개통한 이후 중국~유럽 화물열차 수가 지속적으로 증가 추세를 보이고 있다. 2020년 만주리역을 통행하는 중국~유럽 화물열차 수가 3,548회로 전년 동기대비 35.1% 증가했다.

제5절 도시철도

1. 도시철도의 발전현황

중국 철도의 분류에 따르면, 도시철도 시스템은 도시 버스 시스템의 일부이며, 행정상 건설부 및 각 지방 정부의 관할에 속하지만, 철도부의 관할에 속하지 않기 때문에 일반적으로 도시철도 시스템을 철도운송에 포함시키지 않고 있다.

중국은 이미 20세기 초 몇 개의 도시, 예를 들어 천진[톈진-天津], 상해[상하이-上海] 등 도시에서 노면 전차가 등장했는데, 이는 중국의 초기 도시철도교통의 모태라고 볼 수 있다.[124]

그러나 현대화된 도시철도 시스템은 1960년대에 시작되었고, 북경[베이징-北京]은 중국에서 지하철이 건설된 첫 번째 도시이다. 중국의 도시철도 건설은 경제력과 기술수준의 한계로 인해 비교적 늦게 시작되었다.

1990년대에는 중국 대륙에는 북경, 천진 두 도시만 궤도교통 노선을 갖고 있

---

124) 陸紹凱 · 張化雨 · 彭遙, 《軌道交通 : 昨天的輝輝煌, 今天的重任, 明天的浪漫》, 成都 : 西南交通大學出版社, 2017. 04, p.12

었다. 2000년 이전만 해도 중국 대륙에는 북경, 상해, 광주[광저우-廣州] 세 도시만이 현대화된 철도 노선을 가지고 있었다.

경제발전과 도시화 진도가 빨라짐에 따라 중국의 도시철도교통은 1990년대 이후 급속히 발전하여 현재 중국은 이미 세계에서 도시철도교통의 발전이 가장 빠른 국가가 되었다. 그리고 2013년에는 도시철도 영업거리가 세계 1위에 올라 다른 나라들을 크게 앞서고 있다.

2021년 말 현재 상해와 북경의 철도 영업거리는 각각 세계 1, 2위를 달리고 있으며, 이 중 상해는 이미 800km를 넘었다.

'13·5계획' 기간 중국 도시철도 운영거리가 안정적으로 상승하였고, 또한 중국은 이미 전 세계 도시철도 운영거리 1위가 되었으며, 독일과 러시아, 미국 등의 선진국을 훨씬 앞질렀다.

2020년 말까지 중국 도시철도(홍콩, 마카오, 대만 제외) 영업거리는

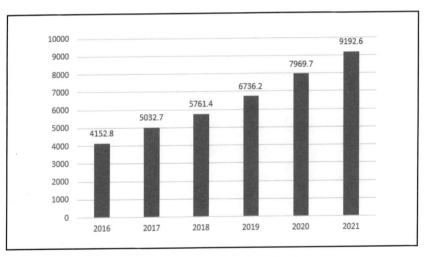

〈그림 7〉 중국 도시철도 운영 거리(km)

출처 : https://baijiahao.baidu.com

7,969.7km이다. 2021년 말까지 중국 50개 도시에 도시철도 283개 노선이 개설되어 있고, 운영 노선의 총길이는 9,192.6km에 달한다.

2021년 말 기준 중국 도시철도 운행노선은 9가지 형식으로 운영되고 있다. 중국 도시철도 운행거리는 총 9,206.8km다. 이 중 지하철 운행거리가 7,209.7km로 78.31%를 차지해 현재 국내에서 운행 중인 노선 중 가장 많은 유형이 도시철도이다.

〈표 39〉 중국 도시철도 운행노선 9가지

한국어	영어	영업거리(km)	비율
지하철	Metro	7,209.7	78.31%
경전철	Light Rail Transit	219.7	2.39%
거치형 모노레일	Straddle-type Monorail	144.6	1.57%
시역급행철도	Commuter Express	1011	10.98%
트램	Tram	503.6	5.47%
자기부상	Magnetic Flotation	57.9	0.63%
자동 유도 궤도 시스템	(APM, AGT, VAL)	10.2	0.11%
전자 유도 롤러 레일 시스템	(ART, DRT, SRT)	34.7	0.38%
가이드 레일형 고무타이어 시스템	(SkyShuttle, Puzhen Bombardier)	15.4	0.16%

출처 : http://www.bus-info.cn/index.php?c=article&id=4282

1) 중국 도시철도의 발전 단계

중국의 도시철도 운영은 4단계로 나눌 수 있으며, 노면 전차가 주도하는 도시철도 운영에서 지하철, 도시 간 광역철도 운영으로 발전하였다.[125]

---

125) 錢傳賢 · 張凡,《城市軌道交通槪論》, 成都 : 西南交通大學出版社, 2007, p.27-29

(1) 태동기(1965년 이전)

중국의 노면전차는 도시철도 시스템이 처음 등장한 것으로 1900년 북경[베이징-北京]에 처음 등장했다. 도시철도 교통의 발전이 더디고, 상해[상하이-上海], 심양[선양-瀋陽], 천진[톈진-天津], 하얼빈哈爾濱 등의 도시가 점점 노면전차를 건설하였지만 발전 속도가 느렸다.

당시 도시철도 여객운송은 적은 수송량을 위주로 하였다. 이 단계에서 궤도교통은 매우 단순하고 통일된 규칙이 없었다.

(2) 탐색기(1966~1990년)

경제력과 기술 수준이 떨어지기 때문에 중국 대량 수송의 도시철도 건설은 비교적 늦었다. 1969년 9월 20일 북경 지하철 1호선이 개통됐다. 이 단계에서 중국의 철도 교통은 본격적으로 발전하기 시작하였고, 대·중 운송량의 도시철도로 발전하기 시작했다. 이 단계의 도시교통 운영은 점차 통일되고 조화로운 운영체계를 갖추게 되었다.

(3) 초기발전 기간(1991~2000년)

1990년대 들어 급속한 도시 발전의 필요성과 도시교통의 부족함을 완화하기 위해 중국 정부는 도시교통 인프라에 대한 투자를 늘리고, 도시교통 시스템과 도시 발전에 대한 철도교통의 역할을 강조하였다. 중국의 전국 대·중형 도시, 예를 들어 상해, 광주[광저우-廣州], 심천[선전-深圳], 대련[다롄-大連] 등은 대량수송 궤도교통시스템의 건설을 빠르게 발전시켰고 동시에 궤도교통운영서비스, 운행조직, 운행규칙을 점차적으로 발전시키기 시작했다.

(4) 고속 성장기(2001년~)

2000년대 들어 중국 경제의 급속한 발전과 도시화 진전에 따라 도시철도 교통로 고속 발전 시기로 접어들었다. 2021년에는 이미 50여 개 도시가 자체 철도 시스템을 갖추고 운영중인 거리는 총 9,206.8km이다. 이 단계에서 도시철도 운영이 급성장하면서 다양한 운영 모델이 등장했다.

제4장

중국 철도와 지역의 발전

제1절 정주

1) 철도개통으로 발전한 도시

철도가 개통되어 급속하게 발전한 대표 도시로는 하북성河北省 석가장[스쟈좡-石家莊], 하남성河南省 정주[정저우-鄭州], 안휘성安徽省 방부[벙부-蚌埠], 강서성江西省 응담[잉탄-鷹潭], 호남성湖南省 회화[화이화-懷化], 호남성湖南省 주주[주저우-株洲], 흑룡강성黑龍江省 하얼빈哈爾濱, 산서성山西省 보계[바오지-寶鷄] 등이다. 한마디로 철도 건설로 급성장한 신흥도시라고 할 수 있다.

역사가 오래된 도시라 하더라도 철도가 연결되고 기차역이 설치됨으로써 더욱 번영하게 된다. 다양한 대표 도시들이 중국 전국에 많이 있는데, 예를 들어 북경[베이징-北京], 천진[톈진-天津], 무한[우한-武漢], 요녕성遼寧省 심양[선양-瀋陽], 호남성湖南省 장사[창사-長沙], 광주[광저우-廣州] 등이다.

2) 정주의 철도역사

청나라는 말기에 노한[루한-盧漢]철도(지금의 경한[징한-京漢]철도 일부)를 건설하기로 하였다. 노한철도는 북경[베이징-北京]~노구교[루거우차오-盧溝橋]에서 호북성湖北省 한구[한커우-漢口](지금의 무한[우한-武漢] 시의 일부)까지의 철도로, 중국 최초의 남북 철도 간선이었다.

성선회盛宣懷는 노한철도의 건설을 총괄하게 되었다. 그는 중국의 대표 관료 자본가로 1911년 내각의 대신이 되어 간선 철도의 국유화를 발표하고 신해혁명을 촉발시킨 사람이다.

성선회는 노한철도의 타당성 조사에서 정주[정저우-鄭州]를 최고 등급의 1등 기차역으로 선정하였고, 정주는 곧 노한철도의 중요한 거점이 되었다. 뿐만 아니라 1905년 착공된 동서철도 간선인 룽해[룽하이-隴海]철도도 정주를 중요한 거점으로 삼고 있었다.

이로써 정주는 중국의 중요 철도 간선이 만나는 '중국 철도의 심장'으로 불리게 되었다. 철도는 정주를 번영으로 이끌었고, 유명한 철도 허브이자 상품 집산의 중심지 중 하나가 되었다. 1954년 하남성河南省은 성회(성 정부의 소재지, 우리나라의 도청소재지에 해당)를 개봉[카이펑-開封]에서 정주로 이전하였다. 이는 정주의 발전을 다시 촉진하였다.

오늘날까지도 정주는 '중국 철도의 심장부'라는 명성을 유지하고 있다. 징광철도와 룽해철도 외에도 경광[징광-京廣], 북경~광주[광저우-廣州] 고속철도, 서난([쉬란-徐蘭]: 서주[쉬저우-徐州]~난주[란저우-蘭州]) 고속철도, 정태([정타이-鄭太]: 정주~태원[타이위안-太原]) 고속철도, 정합([정허-鄭合]: 정주~합비[허페이-合肥]) 고속철도, 정제([정지-鄭濟]: 정주~제남[지난-濟南]) 고속철도, 정유([정위-鄭渝]: 정주~중경[충칭-重慶]) 고속철도 등 주요 철도가 정주에서 합류하고, 정주는 '미米'자형 고속철도 네트워크를 형성한 첫 번째 도시가 됐다.

그리고 정주~개봉 도시 간 철도(Zhengzhou-Kaifeng Intercity Railway), 정주~초작[쟈오쮜-焦作] 도시 간 철도(Zhengzhou-Jiaozuo Intercity

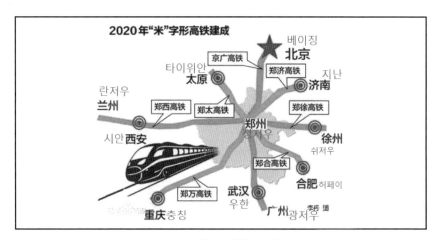

정주 '미(米)자'형(방사형) 고속철도망

출처 : https://baike.baidu.com/item

Railway), 정주 공항 철도(Zhengzhou-Xinzheng Airport Intercity Railway) 등 8개의 도시 간 철도 노선들이 남북을 통행하고 동서양을 잇는 철도거점을 형성하고 있다.

정주는 철도가 연결되지 않을 때까지는 현청 소재지로서 무명이었지만 1949년 이후 개봉의 성도 자리를 대신하면서 낙양[뤄양-洛陽]과 개봉의 두 고도古都를 추월하여 발전하기 시작하였다.

정주는 하남성의 성도로 정치, 경제 및 문화의 중심도시이며 중국 중부경제구의 중심 도시로 중국 역사문화명성(3차, 1994년)으로 지정되어 있다. 정주시는 성 중북부, 황하 하류에 위치하고 있으며 북쪽으로는 황하黃河, 서쪽으로 숭산[쑹산-嵩山], 동남쪽으로는 광활한 황회黃淮 평원이 펼쳐져 있다.

역사적으로 3,600년 전 상商나라가 세워져 정주에 도읍을 정하였다. 그 후 쇠락하여 자급자족하고 반농반상半農半商 할 수 있는 작은 현성縣城의 이름은 정현鄭縣이다.

정주는 기원전 11세기 서주 시대에는 주왕周王 장기將其가 동생인 관숙管叔을 이곳에 봉하여 '관국管國'이라고 불렸으며 춘추春秋 시기에는 정鄭의 대부 자산子産의 봉지封地였고 전국戰國 시기 정鄭 및 한韓의 수도였다. 춘추전국 시대 내내 정주는 수도로서 500여 년 동안 지속되었다.

청나라 말기에 정주는 기타 현성과의 차이가 크지 않고 뚜렷한 특징과 개성이 없었다. 하지만 1906년 초부터 정주를 관통하는 경한철도가 개통되면서 기차의 기적소리는 수천 년 동안 침묵했던 이 현상을 무너뜨렸다. 그때부터 정주는 교통의 요충지로서 상업이 나날이 번창하게 되었다.

원래 경한철도를 건설한 최초의 설계에는 하남성에 들어가면서 정주가 아닌 개봉시를 거쳤다. 당시 개봉은 송宋나라 안팎에서 명성이 자자했던 도시였다.

청나라가 수도로 삼지는 않았지만, 일곱 왕조의 고도古都로 귀중했던 개봉의 번화가 여전하였다. 개봉은 하남성의 성도로서 남·북 쪽에 있는 주선진朱仙鎭과 위휘부衛輝府는 모두 상업의 요충이며 철도가 개봉을 거쳐 황하를 통과하는 것이 가장 합리적이었다.

하지만 공사 중에 개봉 구간에서 황하의 진흙과 모래가 심각하게 퇴적되어 있다는 것이 발견되었다.

이미 지상의 강물이 흐르고 황하의 흐름이 일정하지 않아 객관적으로 황하대교 건설이 어려워졌다. 반대로 황하 정주 구간은 비교적 좁고, 남쪽 망산邙山의 지반이 견고하여 교각을 가설하기에 편리하기 때문에 기술상의 이유로 철도는 결국 정주에서 황하를 건너는 것을 선택하였다.

경한철도가 개통되자마자 연선의 경제를 빠르게 견인하였다. 《중국 철도발전사》에 따르면, 경한철도는 중원에 위치하여 남북교통의 요충이며, 연선 인구가 조밀하고 물산이 풍부하였다. 특히 산서[산시-山西]성, 하북[허베이-河北]성의 대량의 석탄자원과 하남성의 농산물을 모두 이 철도를 통해 수송하였다. 경한철

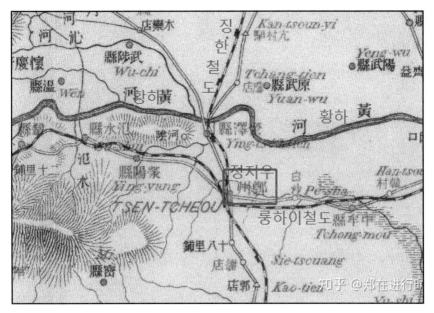

경한철도와 롱해철도 정주에서 서로 교차

출처 : https://zhuanlan.zhihu.com/p/163915544

도가 개통된 이래 여객화물 운송업무가 매우 발달하여 영업이익이 해마다 증가하였다.

1913년 1월 중국 동부 연해와 서부를 연결하는 롱해철도의 해주[하이저우-海州]가 개통되어 경한철도와 정주의 교차가 이루어지면서 정주는 중국 철도의 중추적인 위치를 차지하게 되었다.

정주는 경한철도를 통해 북경까지 갈 수 있고 북경 북쪽에서 20여 km는 황하 수송을 통해 남쪽으로 한구까지 연결될 수 있다.

롱해철도를 통해 서쪽으로 서안[시안-西安]을 거치고 동쪽으로는 서주를 거쳐 북상하여 제남, 청도, 천진으로 남하하여 남경[난징-南京], 상해[상하이-上海]로 갈수 있다. 서주에서 계속 동행을 하면 바로 해주(오늘의 연운항[롄윈강-連雲港])로 출항하고, 해로에서 남하하여 상해로, 북상하여 청도에 이르는데, 많은 중요한 통상항구와 직접 연결할 수 있다.

당시 롱해철도를 통해 상해에서 보낸 우편물이 34시간 만에 정주에 도착했다는 기록이 있다. 정주역의 우편배달이 그때부터 시작되었다. 철도의 원활한 소통으로 정주와 한구, 북경 간 우편사업이 급물살을 탔다. 1904년 우정 부문 통계에 의하면, 북경우정총국이 취급하는 우편물은 모두 356.6만 건에 달하였다. 청라나 말기 기차 우편배달로는 이미 8,500km에 달했다.

경한철도와 롱해철도, 두 철도의 여객화물 운송의 급속한 발전은 중추역인 정주에서 점차 상인들이 운집하는 중원 상도를 형성하여 공업과 농업의 진흥을 이끌었다. 철도가 개통되기 전까지 정주에는 수공업 공장만 있을 뿐 현대적인 의미의 기계공업이 거의 전무했다.

교통상황의 개선은 정주의 도시공업 발전을 위한 기초를 다졌다. 정주의 공업은 대부분 철도와 관련된 특색을 띠고 있었다. 철도에 부속된 공장들은 정주 공업화의 선구자며, 주로 정주 수리 공장, 정주 기계 공장, 기관차 수리 공장, 전기 수리 공장, 자재 공장 등이 있었으며, 철도에 부대 서비스를 제공하고 동시에 지방 업무를 겸영하고 있었다.

또한 당시 많은 사업가가 정주에 투자했다. 예를 들어 1913년 상해 대화성냥공장大華火柴廠이 정주에 공장을 세웠다.

1914년 명원전등회사明遠電燈公司가 설립되어 정주 전력 발전의 밑거름이 되었다. 1916년 덕풍 제분공장德豊麵粉廠과 정주 제분공장麵粉廠이 건설되어 생산에 들어갔다. 1922년 상무인서관정주분관商務印書館鄭州分館이 문을 열었다.

공업의 발전에 따라 교통이 편리한 정주에는 기차역 주변으로 유명한 상권이 생겨났다. 정주로 가는 여행객의 증가로 우선 여관업(호텔업)의 붐이 일었고, 기차역 주변에는 몇 년 사이에 20여 개의 호텔이 세워졌다.

상업의 발전 중에 특징적으로 상가가 형성되기 시작했다. 정주의 대동로大同路와 덕화거리德化街, 이 두 유명한 상가는 정주의 상업에 충분한 활력을 제공했다. 오늘날에도 여전히 정주의 상업 중심지로 남아 있다.

20세기 초에 면화 재배가 미국에서 하남성으로 넘어왔다. 경한철도와 롱해철도가 개통된 후 면화 수송이 매우 편리해졌고 면화 산업이 활발해졌다. 당시 하남성에서는 많은 농민들이 모두 면화를 재배하기 시작하였고, 정주를 중심으로 면화 재배 구역을 형성하여, 연간 생산량이 50만 톤에 달했다. 1920년대와 1930년대에 하남성의 면화 생산량은 중국 전국의 7.82%를 차지했다.

철도는 대량운송과 신속하고, 저렴한 가격의 특성으로 인해 정주, 더 나아가 하남성 전체의 농작물 수송에 큰 변화를 가져왔다.

3) 정주의 두 번째 발전

신중국 성립 이후 중국 정부는 전면적인 철도 노선의 건설 및 복원에 착수하였다. 특히 경광철도의 건설은 정주[정저우-鄭州]에 두 번째 발전을 가져왔다.

1949년 7월 23일 주은래周恩來 총리는 "교통수송을 재개하려면 철도를 먼저 복구해야 한다."고 선언하였다. 1952년 10월 말 마오쩌둥毛澤東 주석은 특별열차를 타고 정주에 도착했는데 당시 징광철도와 롱해[룽하이-隴海]철도가 만나는 지점에 위치한 정주역의 중추적인 위치 때문이었다.

1954년 새롭게 태어난 정주 기차역은 중국의 10대 역에 입성했다. 1957년 10월 무한[우한-武漢] 장강대교가 개통되고 경한[징한-京漢]철도와 월한[위에한-粤漢]철도가 연결되면서 경광[징광-京廣]철도가 탄생했다.

1980년대까지 동서남북을 연결하는 교통망으로 정주는 상품집산지가 되었고, 소상품 타운이 생겨나면서 상업도시로 변했다. 전국 각지의 상인들이 모여

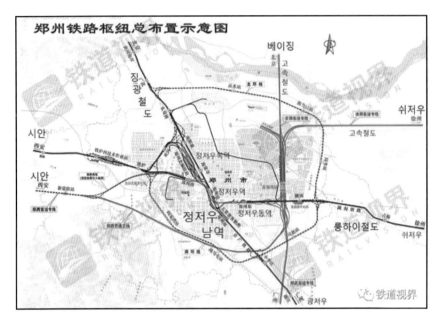

2006년 정주 철도역 총배치도

출처 : https://freewechat.com

들고, 각종 화물이 정주에 집산되었다.

당시 정주는 이미 아시아에서 가장 큰 철도 편성역으로, 하루 2만 대 편성 능력을 가지고 있었다. 1997년 4월 1일 중국 철도의 첫 고속화를 실시하여 경광철도, 경호[징후-京滬]철도, 경합[징하-京哈]철도의 3대 간선이 전면적으로 속도를 올렸고, 최고속도는 시속 140km에 달했다. 과거에 흔히 볼 수 있었던 증기 기관차는 점차 전기화로 대체되었다.

그 후 몇 년 동안 중국 철도는 계속 속도를 향상시켰다. 2007년 4월 18일 6번째 고속철로 정주에서 출발한 고속열차 '화해호和諧號'는 이날 정주에서 출발해 5시간 만에 북경에 도착했다.

1997년 당시 정주철도 교통은 이미 상당한 규모를 갖추고 있었다. 경광철도와 롱해철도가 양대 철도 간선의 합류점으로서, 정주 허브 내의 3대 역인 정주역, 정주 동역, 정주 북역의 분업이 명확해졌다.[126]

2020년 정주 철도교통 배치도

출처 : https://freewechat.com/

---

126) 中華人民共和國交通運輸部,《中國交通運輸改革開放40年》叢書編委會編,《中國交通運輸改革開放40年, 綜合卷》, 北京 : 人民交通出版社股份有限公司, 2018. 12, p.70

정주역은 여객 수송 임무를, 정주 동역은 화물 운송 임무를, 정주 북역은 편제역(행정)을 담당하고 있다. 그 시대부터 각종 연락선과 외곽순환선을 통해 여객과 화물선의 배선이 이뤄졌고, 규모나 수송 효율이 당시 중국 철도업계에서 손꼽혔다.

2006년 정주철도의 중심축이 발전했다. 이때 정서([정시-鄭西]; 정주~서안[시안-西安]) 고속철도는 계획이 없었고, 경광([장광-京廣]; 북경[베이징- 北京]~광주[광저우-廣州]) 고속철도와 정서 고속철도가 계획노선에 등장했다. 중국 고속철도가 막 개통하던 시절, 두 고속 동맥이 바로 여기에서 교차했다.

4) 철도와 정주 인구 변화

도시의 발전은 교통여건을 개선하고 새로운 운송방식을 추가함으로써 도시인구의 집적과 상업활동의 번영을 촉진하는 쪽으로 전개되는 경우가 많다.

정주[정저우-鄭州]의 도시인구는 19세기 말까지만 해도 2만 명이 채 되지 않았다. 철도의 개통으로 정주에 사업 기회가 생겨 각지의 상인들이 몰려들어 보세무역을 하고, 취업 기회와 도시 생활 방식도 대량의 농촌 인구를 도시로 끌어들여 정주의 도시인구는 급속한 증가세를 보였다.

1920년 전후 정주의 도시인구는 약 5만여 명이었고, 1928년 초에는 도시인구가 81,360명이었으며, 1930년에는 95,482명으로 증가하였다. 1930년대 초반몇 년 동안 정주는 정국이 안정되고 철도교통이 원활하며 도시공업 및 수공업의급속한 발전으로 도시인구가 급격히 증가하여 1934년에는 124,377명으로 증가하여 철도개통 초기에 비해 약 6배에 달하게 되었다. 철도 근로자가 가장 많이늘었는데, 기차역과 구시가지 사이의 철도를 따라 5.23km² 면적의 신시가지에살고 있었다. 철도의 개통으로 정주는 교통지역적인 우위를 보이게 되었고 정주시의 발전에 좋은 기회가 주어졌다.

신중국 성립 때는 1949년 정주시의 총인구가 209.87만 명이고, 2020년 말 정주시의 총인구가 1,261.7만 명이며, 2020년 정주시 도시화율은 78.4%에 달하고 있다.

제2절 석가장

1) 중국의 석가장철도 도입 전후의 변화

(1) 해방 이전의 석가장

원래 하북성[허베이성-河北省]의 성도(성회 도시, 우리의 도청 소재지에 해당)는 천진[톈진-天津]이었으나 중앙직할시가 되면서 1968년 성도가 석가장[스쟈좡-石家莊]으로 옮겨졌다. 석가장은 정정[정딩-正定]의 작은 마을이었으나 1902년 경한 ([징한-京漢]; 북경[베이징-北京]~한구[한커우-漢口])철도가 개통되면서 교통물류의 신흥공업 도시로 발전하였다. 석가장은 명明나라 주원장朱元璋 때 역사서에 처음 등장한다. 역사적으로 석가장은 군사적 요충지로, 지명에 나타난 돌은 고대에는 전쟁 무기의 하나였다.

그러나 석가장은 인구가 10가구라 하여 석가장으로 명명되었고 다른 이름으로 '십가장十家莊'이라 부르기도 하였다고 한다. 청清나라에 이르러 석가장의 인구가 증가하였는데, 당시의 석가장은 정정부正定府의 한 현縣일 뿐이었다. 땅에는 온통 돌로 덮여 있고, 토양도 비옥하지 않았으며, 북쪽에는 매우 넓은 호타[후퉈-滹沱]강이 교통로를 차단하여, 정정부와도 긴밀한 내왕을 할 수 없어 마치 아이

석가장의 위치(북경의 남쪽에 위치)

출처 : https://freewechat.com

를 버린 것 같았다고 한다. 만청晚淸에 접어들면서 중국은 외부 침입 피해를 입었으며, 석가장은 그런 와중에 전화위복으로 서서히 역사의 무대에 등장했다.

1895년 청일전쟁 후 양무운동洋務運動이 진행되고 역사적으로 유명한 경한철도가 건설되었다. 1902년 마침내 석가장에 연결되었다. 경한철도가 석가장까지 건설되었을 때, 청淸 정부는 순덕부順德府(오늘날의 형대[싱타이-邢臺])와의 교통편의를 위해 석가장역을 호타강의 남쪽에 건설했다. 기차역이 진두[전터우-振頭]와 가까워 진두역이라는 이름이 붙었다. 이것이 바로 석가장역(오늘날 석가장 북역北站)의 모체이다.

이렇게 북경과 석가장 사이에 철도노선이 개통된 것이다. 북경의 대량의 인재와 물자는 석가장이라는 작은 마을에 발전의 기회를 불어넣었다. 정태([정타이-正太]: 정정~태원[타이위안-太原])철도는 정정부와 산서성山西省 태원을 연결시키는 교통로이다. 청나라는 원래 1898년에 건설할 예정이었으며, 화도승은행華道勝銀行에서 대출을 받았다가 의화단운동과 8개국 연합군의 중국 침략에 밀려 공사가 지체되고 있었다.

정태철도는 1904년 5월에야 본격적으로 공사가 시작됐다. 비용을 줄이고 호타강 위에 다리를 놓는 것을 피하기 위해 정태철도의 기점을 정정에서 진두역으로 바꿨다.

1907년 정태철도의 전 노선이 개통되면서 석가장 마을은 동쪽으로 경한철도와 정태철도의 두 철로가 만나는 지점이 되었고, 석가장이 교통의 중심지로 변화하여 환적과 상업서비스업, 공업기업이 일어나 시골에서 도시로 발전하기 시작하였다.

이렇게 해서 석가장은 경한철도와 정태철도의 합류 지점이 되었고, 양대 철도 동맥의 중심지로 탈바꿈하였다. 이처럼 석가장은 철도가 만든 도시이다.

석가장이 철도 중심지가 된 이후 경제·정치가 매우 발전하였다. 철도국, 기차 수리 공장, 기계 공장 등이 비약적으로 성장하기 시작했다. 당산[탕산-唐山]과 천진[톈진-天津]으로부터 자본가와 기술 전문가들이 몰려들었고, 석가장 주변의 농민들도 공장에 들어가 노동자로 변했다. 이에 석가장은 농업 마을에서 공업화 도시로 변화하였다.

프랑스 파리자동차회사는 정태철도가 설립되자마자 1905년 석가장 동쪽에 여객차량을 수리하는 정태본기소正太本機所를 건설했다. 이는 석가장에 처음 등장한 현대식 공장이다. 정태본기소의 건설은 석가장이 농촌에서 도시로 나간다는 징표이고, 대량의 철도 노동자가 석가장의 첫 번째 산업 노동자로서 이때부터 석가장의 인구구성과 지역 특질에 근본적인 변화가 생겼다.

석가장역과 주변의 산업발전

출처 : https://freewechat.com

    1914년 정형광井陘鑛에서 독일계 화학박사를 초빙해 코크스 시험에 성공하자 석가장 동남쪽에 석탄제초공장煤炭煉焦廠을 세웠다. 1922년 가을, 호북초흥공사湖北楚興公司는 정형석탄井陘煤炭과 석가장 주변의 목화 자원을 이용하여 석가장대흥방직주식회사石家莊大興織紡織股份有限公司를 건설하여 화북華北지역에 건설한 최초의 최대 규모의 방직기업이 되었다. 경한철도, 정태철도의 설립에 이어 석가장대흥방직주식회사는 석가장이 농촌에서 근대도시로 변화하기 위한 또 하나의 중요한 요소였다.

    경한철도, 정태철도의 부설에 이어 중국 공업의 흥기로 석가장의 도시화가 촉진됐다. 기차역과 맞닿아 있는 석가장은 하북성의 정치, 경제, 문화 중심지로 바꾸었고, 수천 명의 마을에서 지금은 1,123만 5,086명(2020년 말 기준)의 상주 인구를 가진 대도시가 되었다.

또한 석가장은 전국적으로 약의 도시로도 유명하다. 석가장의 제약 공업은 전국에서 상해[상하이-上海]에 버금가는 규모이며, 또한 중국에서 세 번째로 큰 방직 기지로서, 중국의 중요한 남북 물류와 자동차 운송의 중요한 중추이다. 이는 철도가 개통되면서 지역이 변화한 중국의 대표적인 사례다.

(2) 해방 이후의 석가장 – 기차역 중심으로 변화한 현대도시

해방 후, 교통이 끊임없이 발전하여 기차역에 대한 개조와 확장을 계속하여 석가장역은 국가 일등 역으로 지정되었고, 1954년에 특등역으로 승격되었다.

1958년 석가장 북역이 건설되고 경한[징한-京漢]철도·석태[스타이-石太]·석덕([스더-石德]; 석가장~덕주[더저우-德州])철도가 이곳을 통과하면서 석가장은 중국 북방의 가장 중요한 교통 허브가 되었다.

이에 1968년 1월 29일에는 하북성河北省의 성도를 석가장으로 옮겨 현재에 이르고 있다. 정치적 지위 향상은 경제·사회·문화 각 분야의 발전을 이끌었다. 1975년까지 시내의 인구는 50만 명으로 증가하였다. 1982년 9월 전 노선이 전철화되어 신중국 성립 이후에 최초의 복선 전기철도가 되었고, 석탄 수송량은 전국의 10분의 1을 차지하였다. 1987년 11월 석가장 해방 40주년을 맞아 새로운 석가장역이 건설되어 전국 최대급의 여객 화물 운송취급역이 되었다.

1997년 3월 21일 42회의 특급열차가 석가장역을 이용하였다. 경광([징광-京廣]; 북경~광주[광저우-廣州])철도의 여객 운송은 1997년 4월 1일에 속도를 향상시켰는데, 당시 열차의 최고속도는 시속 160km였다. 교통의 편리성을 감안하여 방직, 화학공업, 제약과 철강 등 산업계가 잇따라 석가장을 선택했다. 일부 기업

1966년의 석가장역

출처 : https://freewechat.com

들도 석가장을 찾고 있는데, 예를 들어 석가장의 많은 공장이 천진[톈진-天津]에서 옮겨온 것이었다.

석가장이 건설된 이래로 석가장의 상권은 기차역이라는 상업적 부지에 뿌리를 두고 있으며, 그 후 전국적으로 유명한 남삼조시장南三條市場과 신화집무시장新華集貿市場이 생겼다.

석가장이라는 현대도시의 상업 역사를 자세히 살펴보면, 대부분 기차역과 밀접한 관계가 있다.

기차역은 석가장의 발전을 견인했고, 석가장은 기차역을 중심으로 도시의 핵심 기능의 시설을 입지하도록 했다. 20km²의 도시 중심지역, 성급, 시급 행정 센터, 문화 활동 센터, 상업 센터, 의료 센터가 집중되어 있다. 석가장에 있어서

1982년 석가장역 및 인근지역

출처 : https://freewechat.com

기차역의 의미는 다른 어떤 도시와도 다르다. 기차역, 한때는 이 도시의 좌표 원점, 석가장에서는 교통망 배치, 황금 상권, 화물 운송에 의한 대형 도매시장 건설 등 모두 그것을 중심으로 번성했다.

고속철도 시대의 도래와 함께 철도의 석가장에 대한 의의가 다시 강조되었다. 석가장 기차역은 다른 방식으로 태어났다. 새 여객터미널의 화려한 모습을 선보이고, 석가장역을 '철도가 이끄는 도시'로서 전국 최초로 철도가 지하로 통과하는 도시가 되게 했다. 철도의 선도 하에 새로운 활력을 되찾았다.

2009년 하북성 정부는 석가장을 인구 500만 명의 거대도시로 만들겠다는 목표를 제시했다. 2012년 12월 21일에는 새로운 석가장역이 정식으로 개통되었다. 2017년 2월 9일 석가장은 도시 공간 배치 구조를 '1성3구3팀'으로 확정하고, 정정[정딩-正定] 현縣, 정정 신구新區는 '현구합일縣區合一' 관리체제를 실시하였다.

정정의 역사 문화 명성이 마침내 석가장 도시체계에 편입되었다. 이것은 역사 문화의 회귀와 통합이다. 현재 석가장은 하북성의 성도이며, 국무원이 비준하여 확정한 경진[징진-京津]지역의 중심 도시 중의 하나이다. 2020년 2월까지 상주인구 수는 1,103만 명에 달하며, 2020년 석가장의 GDP는 약 5,935억 위안이다.

(3) 철도개통 이후의 변화

□ 철도 교통

석가장은 전국 철도의 중요한 중추 중의 하나이며, 경광([징광-京廣]; 북경[베이징-北京]~광주[광저우-廣州])철도, 석태([스타이-石太]; 석가장~태원[타이위안-太原])철도,

석가장역 고속철도 개통(2012년)

출처 : https://freewechat.com

석덕([스더-石德]; 석가장~덕주[더저우-德州])철도 등 세 개의 간선이 만나서 사방을 연결하는 철도 교통망을 형성하고 있다. 1990년대 이후 중국은 철도 간선철도에 막대한 비용을 투입하여 운송 능력을 향상시켰다.

1993년에 경광철도선인 북경~정주[정저우-鄭州] 간 전철화 공사를 실시하였는데, 석가장 구간의 총길이는 421km이다. 1991년부터 2005년까지 석가장지역 총길이 326.17km에 달하는 5개의 고속도로가 건설되었다. 국도와 간선 4개를 정비하여 도로 운송 능력을 크게 향상시켰다. 1993년의 도시와 시가 합병된 후 현도(도로)는 42개로 증가했다. 시 전체의 '촌촌통(村村通; 2004년도 시작된 국가 프로젝트로 도로, 수도, 도시가스, 인터넷, 택배 등 일상생활과 밀접한 관계가 있는 것들이 농촌까지 다 확대된다는 의미)' 공사가 실시되었다. 1995년 2월에 석가장 정정[정딩-正定]공항이 개항하였고, 2005년에 공항 여객처리량이 45.6만 명으로 하북성河北省 항공 발전에 기여하였다.

석가장 역내에는 경광철도, 석태철도, 석덕철도 등 3개의 철도 간선 외에 신정[신정-新鄭], 봉산[펑산-鳳山] 등 2개의 지선이 있다. 3개 철도 간선 합계 영업거리는 268.75km이다. 신정, 봉산 지선의 총연장은 18.1km이다. 1991년 4월에 석가장 북역이 개통되어 대곽촌[따궈춘-大郭村]~공업工業역 구간이 자동으로 관통되어 동서 두 개 선이 직통으로 연결되었다.

1997년 11월에 경광 전철화 석가장~안양[안양-安陽] 구간이 정식으로 개통되었고, 1998년 8월 경광 전철화 북경~석가장 구간이 개통되면서 열차견인중량이 다시 5,000톤으로 증가되었고, 계속해서 5,500톤에 도달하여 구간 수송 능력이 40~70%까지 향상되었다.

2005년까지 여객 열차의 최고 운행 속도는 시속 160킬로미터에 달했고, 화물 열차의 평균 견인력도 향상되었다. 2012년에는 고속철도가 통과하여 지역은 더욱 발전하는 계기가 되었다. 철도개통 후 석가장 도시가 형성되었고, 석가장 건설 이래 각 방면에서 모두 거대한 변화가 있었다.

2) 인구 변화

1991년에 석가장[스쟈좡-石家莊]의 총인구는 285만 명이었으나 1993년에 지방, 시가 합병된 후에 총인구는 826.81만 명으로 증가하였다. 1991년부터 2005년까지 석가장의 인구 총량은 소폭의 증가 추세를 보였다. 자연증가율은 연평균 5.17%로 모두 85.9만 명이 증가했다. 증가율은 연평균 22.7%이며, 합계 130만 명이 증가했다.

2005년 말 시의 총인구는 927.3만 명으로 1993년에 비해 100.49만 명이 증

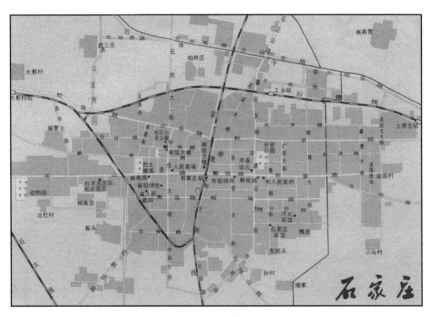

석가장의 철도 노선(2013년)

출처 : https://freewechat.com

가했다. 도시 인구는 367만 5천 명으로 전체 인구의 39.64%를 차지하며 1991
년과 비교했을 때 도시화율이 15% 상승하였다. 농촌 인구는 559만 7,000명으
로 전체 인구의 60.36%였다. 시 6구역의 인구는 224만 1,000명으로 전체 인구
의 24.17%를 차지하고 있다.

가구도 핵가족화로 가구당 평균 3.6명이다. 인구의 건강 수준이 높아져 평균
기대 수명은 남자 71세, 여자 76세로 증가했고, 사망률은 낮은 수준을 유지했
다. 유소년 인구 비중은 매년 감소추세를 보이고 있으며, 노년인구 비율은 지속
적으로 상승하여 60세 이상의 노령인구가 115만 명에 달하여 총인구의 12.4%
를 차지, 시 전체가 고령화 사회로 진입하였다.

인구의 전반적인 교육열이 높아져 평균 10만 명당 전문대학 및 그 이상의 문
화 정도를 가진 인구가 4,999명에 달하여 하북[허베이–河北]성에서 선두자리를 차
지하고 있다. 전체 시의 인구 중 한족이 절대다수인 전체 인구의 99% 이상을 차
지한다. 2019년 말까지 시 전체 상주인구는 1,039.42만 명으로 전년 동기대비
7.93만 명, 0.77% 증가했다. 이러한 인구증가는 석가장의 철도개통과 2012년
의 고속철도 개통이 큰 영향을 미쳤다고 할 수 있다.

3) 지역 GDP 변화

신중국 성립 70년, 석가장[스쟈좡–石家莊] 경제는 크게 발전하였고, 시 전체 총
생산(GDP)의 총량은 지속적으로 확대되어 1952년 4.1억 위안에서 2018년
6,082.6억 위안으로 증가, 실제 382배 성장하였다. 1988년 100억 위안을 돌파
하고, 2001년 1,000억 위안에 도달하였으며, 18차 당 대회 이후 2014년 5,000
억 위안을 넘어 2018년 6,082.6억 위안에 도달하였다. 전 성 GDP에서 차지하
는 비중은 1978년의 16.3%에서 2018년의 16.9%로 높아졌다. 전국 26개 성도

중 GDP에서 15위를 차지하며 70년 경제 총량이 대폭 향상되었고 경제 규모가 현저하게 증가하였다.

1953년부터 2018년까지 석가장 경제의 연평균 성장 속도는 9.4%이다. 단계별로 보면 3단계로 나눌 수 있는데, 진동 상승기와 급속 파동 발전기, 중고속 안정 성장기이다.

진동 상승기(1953~1978년)는 경제성장 속도의 변동이 가장 극심하여 1970년 이래 최고치와 최저치(52.2%, −29.6%)를 기록하였다. 비록 경제발전이 요동치는 가운데 상승세인 연평균 성장률이 7.0%지만, 신중국 성립 전 30년의 건설은 이후 개혁개방의 성공을 위해 튼튼한 정치적 기초, 사회적 기초, 물질적 기초를 다졌다.

급속 파동 발전기(1979~1998년)에서는 1979~1998년 시 전체 경제 연평균 성장률 11.9%, 20년 동안 산업 발전이 점차 안정되고 물질 자료가 매우 풍부하며 생활 수준이 끊임없이 향상되어 다음 시기의 안정적인 발전을 위한 기초를 다졌다.

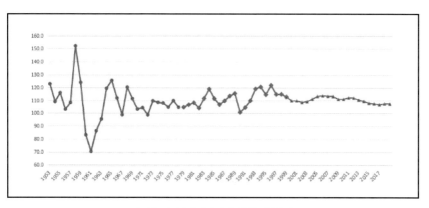

〈그림 8〉 석가장지역 총생산 변화(%)

출처 : https://freewechat.com

중국 고속열차 CRH3

중고속 안정성장기(1999~2018년)에는 20세기 1990년대 후반, 시장의 기초적 역할이 현저하게 강화되어 안정적인 성장을 보이고 있다.

최근 20년 동안 경제는 연평균 10.2%의 빠른 성장을 이루었으며 최근 안정세에 접어들어 전체 시 경제가 안정된 가운데 성장을 실현하고 있다. 이러한 경제성장의 근본 원인은 철도개통에서 시작되고 최근 고속철도가 이를 더욱 촉진하고 있다고 할 수 있다.

제5장

중국 철도의
해외 진출

제1절 중국 철도의 해외 진출

2000년대 들어 중국 철도는 전 세계가 주목하는 성과를 거두고 있다. 고속철도, 고원고한철도高原高寒鐵路, 중량철도(The Heavy-haul Technologies Train)로 대표되는 기술혁신 성과는 중국 철도 기술수준이 전체적으로 이미 세계 선두를 달리고 있음을 보여준다.

중국 철도는 서로 다른 환경에 적응하는 플랜트 엔지니어링 기술과 완벽한 기술표준 체계를 갖추고 있으며, 계획컨설팅, 투자융자, 설계시공, 장비제조, 운영 유지보수부터 교육훈련까지 전 산업체인의 강점을 가지고, 철도의 해외 진출을 추진하기 위한 토대가 마련되었다. '일대일로—帶—路' 건설이 추진됨에 따라 중국 철도의 해외 진출이 새로운 도전과 기회를 맞고 있다.

1. 중국 철도의 해외 진출 방식

중국 고속철도 개발 국제시장 진입의 전략목표는 다음 3가지가 있다. 해외 고속철도 시장은 크게 고속철도 인프라, 고속철도 차량, 장비 및 건설 후 애프터서비스(After Service)의 세 분야로 나뉜다.

첫째는 해외 고속철도 인프라 프로젝트의 건설이다. 둘째, 상품 무역의 범위에 있는 국제시장으로의 고속철도 차량, 장비상품의 수출이다. 셋째, 중국 고속철도의 기술과 제조표준의 수출이다.

1) 해외 고속철도 인프라 프로젝트의 건설

'일대일로一帶一路' 방안으로 중국 철도의 해외 진출은 세계 각국과 그 성과를 공유하고 있다. 인도네시아 자카르타~반둥 고속철도는 첫 번째 중국 고속철도 전방위 해외 진출 프로젝트로 중국 고속철도를 세계 무대로 진출시키는 계기가 되었다.

파키스탄 라호르철도 건설은 중국~파키스탄 경제회랑 건설을 위한 첫 교통 인프라 사업으로 중국 기업에서 현지 인력 1,860여 명을 고용해 현지 일자리 창출에 기여하고, 현지인들의 소득도 상승시켰다.

중국-러시아 양국 전략 협력 사업인 모스크바~카잔 고속철도 건설에 양측은 중국 기술과 장비 투입에 합의했다. 헝가리~세르비아 간 철도도 중국과 중동부 유럽 국가 간 대표적인 협력 사업으로 현재 관련 준비 작업이 순차적으로 진행 중이다.

2) 상품 무역의 범위에 있는 국제시장으로의 고속철도 차량, 장비상품 의 수출

2001년~2015년 중국 철도차량 수출은 8,000만 달러에서 37억 4,000만 달러로 연평균 34.7%씩 증가해 수출액이 세계 시장의 10%를 차지했다.

철도 장비 제품은 전 세계 6대륙 100여 개 국가와 지역에 수출되고 있다. 수출 규모가 크게 늘어난 동시에 수출 장비도 저가에서 프리미엄으로 전환했고, 전기 및 내연기관차, 전기 동력 분산식 차량, 2층 객차 등 부가가치가 높은 제품이 철도 완성차 수출에서 차지하는 비중이 60% 안팎에 달했다.

중국은 2014년 남아프리카공화국과 232대, 총 9억 달러 규모의 내연기관차 납품 계약을 체결해 중국 내연기관차가 해외 수출 1위를 달성했고, 마케도니아 철도에 6량 동차를 공급하여 중국 동차로는 처음으로 유럽 수출을 이뤄냈다.

2015년 중국 철도 장비의 첫 해외 제조기지가 말레이시아에 건설되어 '국제 생산능력 합작'의 새로운 거점이 되었다. 미국과 합작으로 설립된 화물자동차 회사가 첫 시제품 생산을 시작하면서 북미 시장의 현지화는 새로운 장을 열게 되었다.

중국 고속열차 CRH2

중국 고속열차 푸싱호

중국 국무원 리커창李克強 총리가 러시아 방문 기간에 이뤄낸 가장 중요한 성과로 꼽히는 것이 바로 러시아와 '모스크바~카잔' 구간 고속철도 협력을 위해 양해각서를 체결한 일이다. 이 노선은 북경[베이징-北京]까지 연장되어 유라시아 대륙을 연결하는 총 7,000km 이상의 장거리 주요 노선이 될 것이다.

중국의 고속철도 수출은 처음에 자본 및 기술 제공을 기반으로 하는 고속철도 인프라 수출 위주로 이뤄지고 있다. 해외시장에서 판매되는 시속 250km와 시속 350km의 고속차량 한 편성 가격은 각각 2,100만 달러와 3,100만 달러 수준이다.

또 내한성 차량의 가격은 한 편성당 약 3,400만 달러이다. 중국 고속철도의 해외 진출을 위해서는 차량 장비 생산회사와 고속철도 인프라 건축회사 간, 차량 장비 생산회사와 구매자금융 간의 긴밀한 협력관계를 맺어야 한다. 이러한 방식으로 고속철도의 해외 진출을 지원, 중국 회사의 도움으로 고속철도 인프라를 갖춘 나라에서 중국산 고속철도가 운행되게 한다는 목표를 가지고 있다.

'현지화 전략'으로 2014년 동남아시아의 많은 나라들은 새로 철도를 건설하고 차량을 구입하기 시작했는데, 그들은 중국으로부터 기술 지원을 받고 철도의 일상적인 운영, 유지보수, 직원 교육, 기타 서비스 업무를 요청하고 있다.

중국은 현지 서비스 확보를 위해 2013년 9월 말레이시아 현지에 '동남아 철도센터'를 공식 설립하고, 이 센터는 말레이시아를 포함해 동남아지역을 대상으로 본격 가동하였다. 싱가포르, 인도네시아, 태국을 포함한 다양한 국가에서 제품과 서비스를 제공하고 있는 것이다. 완공된 이 철도센터는 현지에 800명의 일자리를 제공하고, 차량 생산과 조립, 시험, 정비, 리모델링을 포함한 서비스 전반을 아우를 수 있게 되었다.

미국, 유럽, 러시아 등은 독립적인 표준을 갖추고 있고, 호주나 브라질, 인도 등의 국가는 미국이나 유럽의 표준을 따르고 있다. 이로 인해 중국 고속철도의 수출 비용 부담 역시 자연적으로 가중되고 있다. 국가마다 다른 표준을 적용할 경우 인증을 위한 비용이 발생하고 인프라 구축 및 원자재 조달, 상품 설계과정에서도 상이한 요구사항을 충족해야 하기 때문이다.

따라서 향후 중국은 상대국의 기술인력 양성을 위한 협조, 국제표준기구와의 협력 강화, 역내 국제고속철도연맹 구축 등의 방식으로 고속철도 분야에서 '차이나 표준標準'을 추구하고 있다.

말레이시아, 인도네시아를 포함한 많은 국가들은 건설 요구가 있는데, 동남아 국가들은 무슬림 문화 배경이 깊어 중국 고속철도 차량은 현지 수요에 맞춰 고속철도 차량을 '맞춤형'으로 제작했다. 이곳에 판매되는 차량들은 모두 여성 승객 전용을 갖추고 있으며, 객실에는 특수 제작된 LED 램프가 장착되어 있다. 이 램프들은 객차 내부 환경에 녹색 빛을 더할 수 있다.

제품의 안전성 및 내구성을 확보하기 위해 특별 점검과 매일 상시 정비를 거쳐야 하는 고속철도 차량은 투입 후 1년, 5년, 10년 동안 대대적인 정비를 거쳐야 한다. 유엔 공업개발기구의 보고서에 따르면 2013년 전 세계 철도 시장 규모는 1,880억 달러이고, 이 중 절반은 유지보수 서비스가 차지하였다.

중국 철도 기업의 '제품 + 서비스 + 기술 + 자본 + 관리'의 수출 패러다임 혁신과 정부의 전반적인 해외 진출 유도 전략도 중국 철도 및 장비 기업의 해외시장 참여 경쟁에 필요한 조건을 만들어 주고 있다.

3) 장비상품의 수출현황

중국 철도 운송 장비의 수출은 큰 성과를 얻었다. 2012년 중국 북차는 고전력 전기기관차를 벨라루시에 수출하여 중국 철도 고전력 전기기관차를 유럽으로 수출하는 획기적인 성과를 달성하였다.

또한 2012년에 중국의 고속철도 부품이 Siemens AG에 처음으로 수출되어 중국의 고속철도 제조 산업이 세계적인 고속철도 동력차 선도자로서 인정을 받았다.

그리고 중국 북차와 남차의 판매실적도 좋은 결과이며, 2015년 SCI 통계에 따르면 중국 철도(CR)의 판매 수익은 세계 2위이다.

특정 차량 유형 및 지역시장 통계에 따르면, CR은 전기기관차 시장, 중동, 아프리카의 지하철 차량 시장 및 남동부의 전기기관차 시장의 시장점유율이 50%를 넘었다.

중동, 아프리카 및 기타 지역의 지하철 차량 시장에서 CR의 시장 점유율은 70% 이상이고, EMU시장에서 65%의 시장 점유율을 가지고 있어 다른 세계 기관차의 시장 점유율을 훨씬 초과하였다.

2. 중국 고속철도 해외프로젝트의 건설현황

1) 성공 사례

(1) 튀르키에 앙카라~이스탄불 고속철도(Turkey Ani High Speed Rail) : 2014년 개통

중국 회사가 해외에서 처음으로 건설한 고속철도는 튀르키에의 앙카라~이스탄불노선이다. 2006년 튀르키에 앙카라~이스탄불 고속철도는 유럽지역에서 두 번째로 성공한 프로젝트이다. 이 노선은 총길이 158km, 시속 250km이며, 계약 금액은 117억 달러로 전적으로 유럽 표준과 규정을 채택했고 2014년 7월 25일 개통되었다.[127]

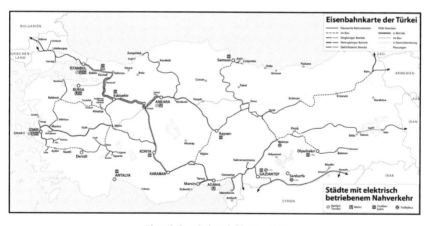

튀르키에~안니 고속철도 노선도

출처 : https://zh.wikipedia.org/zh-cn

---

127) 曲思源,《時代脈脈動 : 高速鐵路發展簡史》, 西南交通大學出版社, 2021, pp.314-315

(2) 사우디아라비아의 메카~메디나 고속철도 : 2018년 개통

메카~메디나 고속철도, 하라마인 고속철도는 사우디아라비아 정부가 투자한 복선 전철화 여객노선으로 길이는 약 450여 km, 설계시속 360km이며, 총 60억 달러를 투자하였다.

2009년 4월에는 중국 철도 건설 본사 제18국과 사우디아라비아 두 회사가 공

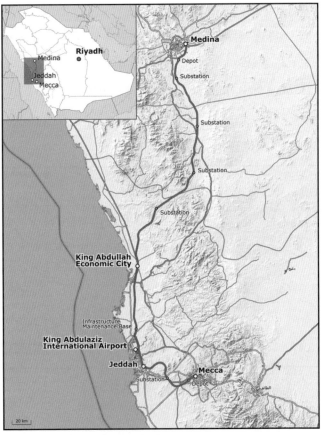

사우디아라비아의 메카~메디나 고속철도 노선도

출처 : https://namu.wiki/w

동으로 낙찰한 메카~메디나 고속철도 프로젝트의 첫 번째 구간으로, 총계약금
액은 약 18억 달러이다.

이중 도로 교량 27개, 낙타 통로 13개, 배수로가 320개이다. 2018년 9월 14
일 사우디아라비아에서 메카~메디나 고속철도가 완공되어 10월 11일 개통 운
영되었다.

메카에서 메디나까지 운행시간이 4시간에서 2시간으로 단축되고 연간 여객
수송이 1,500만 명을 돌파할 것으로 예상되었다. 이 고속철도는 중국 기업이 해
외에 건설하는 세계 최초의 사막지대 횡단 고속철이기도 하다.

(3) 모로코의 탕헤르~켄니트라 고속철도 : 2018년 개통

탕헤르~켄니트라 고속철도는 아프리카의 첫 번째 고속철도이다. 총길이는 약

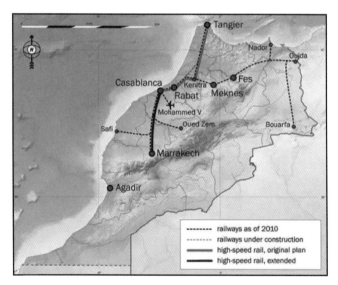

모로코의 탕헤르~켄니트라 고속철도 노선도

출처 : https://zhuanlan.zhihu.com/p/50520464

200km로, 설계시속 350km이며 운영속도는 시속 320km이다. 이 프로젝트는 프랑스에서 25.63억 달러의 투자를 받았다. 2011년 10월 중국은 모로코 탕헤르부터 켄니트라에 이르는 고속철도 토건 공정 3구간 프로젝트를 낙찰받았고, 계약금은 6.78억 달러로 2018년 11월 15일 개통되었다.

(4) 헝가리~세르비아 철도 : 2020년 개통

헝가리~세르비아 철도는 세르비아의 수도 베오그라드에서 노비사드와 수보티차를 지나 헝가리의 수도 부다페스트로 이어진다.

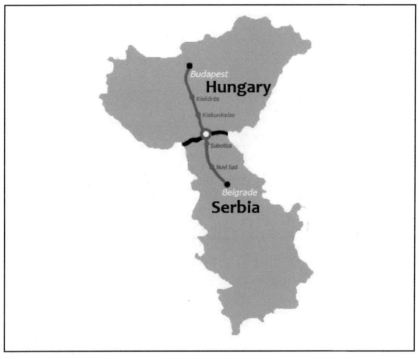

헝가리~세르비아 철도 노선도

출처 : https://zh.wikipedia.org/wiki

헝가리~세르비아 철도 노선은 총길이가 약 350km이며 복선철도로 건설하였다. 운행 속도는 시속 160~200km이다. 이 프로젝트가 완성됨으로써 베오그라드부터 부다페스트까지의 운행 시간이 기존 8시간에서 3시간 이내로 단축되었다.[128]

2014년 12월 중국과 헝가리, 세르비아 3국은 양해각서를 체결하였고, 2022년 3월 19일 이 철도는 정식으로 개통되었다.

(5) 중국~라오스 철도 : 2021년 개통

2016년 12월 라오스 수도 비엔티안과 운남성 곤명[쿤밍-昆明]을 잇는 중국~라

중국~라오스 철도 노선도

출처 : https://chinadialogue.net/zh/8/44123/

---

128) 曲思源, 《時代脈動 : 高速鐵路發展簡史》, 西南交通大學出版社, 2021, pp.320-321

오스 철도 건설 공사가 시작되었다. 이 노선은 라오스 구간(보텐~비엔티안)을 연결하였다. 중국~라오스 철도는 2021년 12월 3일 개통되었고, 총 투자액은 약 374억 위안이다.

(6) 이란의 테헤란~마슈하드 철도 전철화 개량 프로젝트 : 2016년 착공

테헤란~마슈하드 철도 전철화 혁신 프로젝트는 테헤란부터 마슈하드까지 총 길이 9,262km이며, 전철화 후 설계 시속은 250km이다. 이 프로젝트의 공사기간은 42개월이며, 건설비용은 약 21억 달러로 예측된다. 그 중 85%는 중국에서 자금대출로 조달하고, 차량은 중국에서 제공하며 독일 지멘스 신호시스템을 적용하기로 하였다.

2016년 2월 7일 테헤란~마슈하드 프로젝트가 착공됐다. 사업이 완공되면 중국 기관차 70대가 시속 250km로 이 구간을 운행하게 된다. 철도 선로와 신호 개선으로 테헤란~마슈하드 구간을 기존 12시간에서 6시간으로 단축하고 화물 운송능력이 연간 1,000만 톤까지 늘어날 것으로 예상된다.

(7) 인도네시아의 자카르타~반둥 고속철도 : 2023년 10월 완공

중국에서 자카르타~반둥 고속철도 프로젝트의 성공적인 입찰의 결정적인 열쇠는 금융, 건설 및 운영에 대한 인도네시아 정부의 특별한 요구가 있었다. 인도네시아의 국정을 고려할 때 중국 정부의 지원이 매우 중요하다. 일본과 비교할 때 중국의 접근 방식은 가격 / 성능 향상, 자금 조달 및 보다 완벽한 개발 계획과 같은 장점이 있으며 중국은 부동산 및 상업 부문과 결합된 경제벨트 개발 패턴을 만들었다.

인도네시아 정부의 실제 상황에 중점을 둔 중국의 건설 계획은 결국 인도네시아 정부의 승인을 받았다. 자카르타~반둥 고속철도는 정부가 지원하고, 회사와 협력하는 새로운 고속철도 협력 방식이었다. 또한 중국 고속철도를 해외시장으로 수출하는 과정에서 참고해야 할 부분 중 하나이다.[129]

이른바 정부와 회사가 협력하는 패턴은 양국 정부가 크게 장려하고 투자, 건설, 관리 및 운영하여 양국의 이익을 공유하고 함께 위험을 감수하는 새로운 공동 패턴이다.

자카르타~반둥 고속철도는 인도네시아 수도 자카르타와 제4도시 반둥을 연결하며, 총길이는 152km로 Halim, Karawang, Vallini, GordBegg 4개 역을 연결하고 있으며, 설계시속 350km로 총 건설비는 51.35억달러에 이른다.

중국은 건설 사업을 위하여 기술기준, 탐사설계, 장비제조, 물자공급, 운영관리 및 인력양성을 포함하여 전반적으로 지지하고 있다. 2016년 1월 21일 자카르타~반둥 고속철도 기공식이 정식으로 거행되었고 2023년 10월 개통되었다.

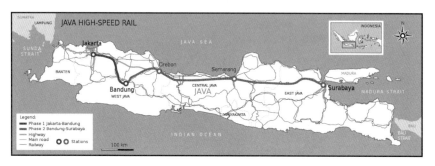

인도네시아의 자카르타~반둥 고속철도 노선도

출처 : https://zh.wikipedia.org/

---

129) 曲思源, 《時代脈動 : 高速鐵路發展簡史》, 西南交通大學出版社, 2021, pp.315-316

(8) 중국~태국 고속철도

중국과 태국 간 철도사업 협력은 우여곡절 끝에 결국 확정되었다. 중국은 일본과 한국 등의 업체를 제치고 최종 낙찰됐다.

2017년 9월 7일 양국은 철도협력 계약을 체결하였고, 계약에 따르면 1기 공사는 태국의 수도 방콕과 동북부 커러를 연결하는 철도로, 총길이는 250km이다. 이 공사는 2017년 공사를 시작하고, 2026년 1단계 방콕Bangkok~코라트khorat 구간이 운영될 예정이며 2028년에 전선이 운영될 예정이다.

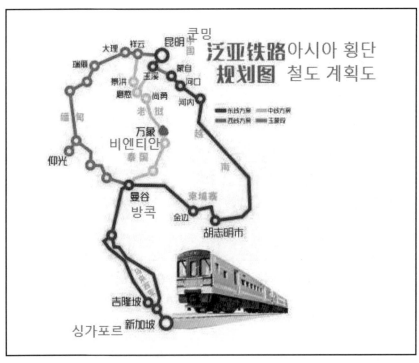

중국~태국 고속철도 노선도

출처 : http://www.gov.cn/xinwen/2015-12/19/content_5025858.htm

2) 실패 사례

(1) 리비아 연안 철도

리비아 내륙 철도는 Trans-Asian Railway(TAR) 및 아프리카 철도의 중요한 부분이며, 총길이는 약 645km이다. 그 중 Szirt에서 Al Khums까지 약 352km, AlKhums에서 Tripoli Arm까지 120km, Tripoli Arm에서 서해안까지 172km 구간에 2008년 2월 중국철도건설그룹(China Railway Construction Corporation, CRRC)이 입찰에서 성공하였지만, 이 프로젝트는 2011년 2월 리비아의 정치적 혼란 때문에 중단되었다.

(2) 멕시코 고속철도

멕시코의 고속철도는 멕시코시티에서 크리타라까지 총 210km에 이르며, 설계시속 300km로, 계약 금액은 약 44억 달러이다.

2014년 11월 멕시코 통신 및 교통부는 중국 고속철도 건설에 따른 국제연합체인 멕시코시티부터 크리타까지의 고속철도 프로젝트를 낙찰하였지만, 그 다음에 낙찰 취소를 선언하는 등 입찰 절차를 재개하겠다고 밝혔다. 이어 멕시코 재무장관은 석유 수입이 급감하면서 고속철도 건설 계획을 무기한 연기하겠다고 선언했다.

(3) 이란의 테헤란~쿰~이스파한 고속철도

테헤란~쿰~이스파한 고속철도의 전체 길이는 375km로, 설계시속 300km, 총 99억 달러 규모로 중동지역의 중요한 철도교통 간선이다. 2014년 4월 23일 중국과 이란은 쿰~이스파한 고속철도 최종 합의를 도출해 BOT의 형태로 건설될 예정이었다. 이후, 이 프로젝트는 이란의 핵 활동이 유럽과 유엔의 제재를 받아 중지되었다.

(4) 베네수엘라의 Tinaco~Anaco 철도

Tinaco~Anaco 철도는 서쪽으로 코헤데스주의 Tinaco부터 동쪽으로 안소아테기주의 Anaco까지, 노선은 전체 길이 462.27km, 시속 220km로 남미대륙 최초의 고속철도이다.

2009년 7월 중국 중철과 베네수엘라는 Tinaco Anaco 철도 EPC의 골격(디자인, 구매, 시공) 계약서를 체결했으며, 계약 금액은 75억 달러에 이른다. 2014년 4월 베네수엘라 경제 악화로 자금이 부족해 이 프로젝트는 중단되었고, 중국은 현재 철수하여 공사가 정체된 상태이다.

(5) 미국 서부 고속철도

미국 서부 고속철도는 미국 네바다주 라스베이거스와 로스앤젤레스를 연결하는 고속철도이며, 총길이 370km의 선로에 127억 달러를 투자해 전철화로 시속 240km(150마일)의 고속철도 건설 사업이다. 원래의 계획은 2016년 9월 착공할 예정이었다. 그러나 2016년 6월 미국 BuyAmerica정책에 따라 고속차량은 반드시 미국에서 제작해야 한다는 조건으로 프로젝트는 무산되었다.

지금까지 중국 고속철도는 대부분 아시아, 아프리카, 라틴 아메리카의 각국으로 진출하고 있다. 교통수단이 낙오된 국가는 원래 고속철도가 없기 때문에 일부 중국 표준을 채용하고 있지만, 대부분의 국가는 유럽 표준을 채용했다. 그리고 설계부터 운영까지의 일체화 진출보다 노동력만 필요한 궤도 건설 분야에 많이 진출해 왔던 것이 사실이다.

제6장

중국 철도의
발전과 시사점

제1절 중국 철도의 발전

글로벌 철도환경은 철도 선진국 간 경쟁이 더욱 치열해지고 있다. 유럽은 철도 시스템의 디지털 및 자동화와 스마트 에너지 인프라 개발, 개방형 철도망 구축을 위해 전력을 다하고 있다.

중국도 국가정책으로 국가 전역에 막힘없는 교통권을 건설하기 위해 노력하고 있는데 그 예로 2035년까지 '전국 123이동교통권(도시 내 1시간 내 통근, 도시군 간 2시간 내 통근, 전국 주요 도시 3시간 내 이동) 및 글로벌 123 쾌속 물류권(중국 내 1일, 주변 국가는 2일, 세계 주요도시에는 3일 내 도착)'을 실현하겠다는 목표를 제시하고 있다.

중국 철도는 중국의 권력구조와 긴밀히 연결되어 있다. 중국 국영기업은 공산당 서기 직위를 별도로 두고 있으며, 중국 정부의 모든 정책은 공산당의 지도 목표에 따라 서기가 중심이 된다. 중국 철도 역시 중국 철도(CR)의 회장이 당서기를 겸직하고 있다.

중국 철도의 발전 속도를 보면 대단히 획기적이다. 국제철도연맹(UIC) 통계에 따르면 중국은 세계 제2위의 고속철도 속도 경쟁력을 자랑하고 있으며 프랑스 575km/h에 이어 2위인 487km/h를 나타내고 있다. 중국은 2008년 고속철도 개통 이후 고속차량 최대 보유국으로 보유량은 2,430편성이다. 이는 세계 52.4%를 점유하며 1위 국가이다.

규모면에서 중국 철도와 한국 철도는 여실히 비교된다. 2019년 기준 영업거리에서 중국은 14.6만 km로, 한국 4,128.6km의 35배다. 연간 여객수송인원은 중국 철도는 35억 8천만 명으로 한국철도 1억 3천만 명에 비해 약 27배 큰 규모다. 매출액은 중국이 193조 원, 한국이 6조 4천억 원으로 약 30배 차이가 난다.

화물철도 수송 분담률을 비교하면 톤·km기준으로 중국은 9.36%, 한국은 4.2%로 중국 내 철도의 비중이 높다.

중국 철도(CR)가 이렇게 급성장한 이유는 무엇일까? 그 이유는 국가 주도로 일사분란하게 정책을 주도한 덕분이다. 중국 철도의 위상은 국무원 직할 기관으로 본사와 18개 지역 철도국 그룹공사, 화물전문 운송회사, 기타 자회사로 구성되어 있다. 철도부 소속에서 2013년 3월 국영기업으로 개편된 후 고속철도 요금개혁, 운수와 비운수 기업분리, 지주회사체제로 개편 등 지속적인 발전과정을 거쳤다.

또한 중국 철도의 중요한 발전 계기는 중국중차그룹(CRRC)[130]의 출범에 있다. 중국 중차는 중국 철도를 대표하는 철도차량 제작사로 유럽 및 미주 철도 선진국과의 해외 경쟁에 대비하기 위해 2015년에 중국 북차와 중국 남차를 합병하여 설립하였다. 철도장비 및 도시철도, 인프라, 신산업 등 4대 사업 분야를 운영 중이다. 철도차량의 유지보수는 1~5급 단계 중 1~3급에 해당하고, 경정비는 지방철도국이 담당하며 4~5급에 해당하고, 고급정비는 중국중차그룹이 담당한다.

중국 철도 고속차량 제작기술은 2007년을 계기로 급속한 속도 향상이 이루어

---

130) 중국중차그룹(CRRC, China Railway Rolling Stock Corporation, Ltd)

졌다. 2007년도에 250km/h 개발에 이어 2010년에는 설계속도를 380km/h, 2019년에는 420km/h까지 향상시켰다.

중국의 경제정책은 고속철도 노선의 지속적인 확대정책과 긴밀히 연결되어 있다. 2004년에 전국 '4종4횡'으로 철도망 10만 km 건설목표를 발표하여 2008년에 이미 12만 km 목표치를 달성하였다. 이를 확대하여 2016년에 '8종8횡' 노선 건설 계획을 발표하여 2020년에 전국 철도망 14.6만 km, 고속철도 3.8만 km를 건설하였다. 향후 2035년까지 전국 철도망 20만 km, 고속철도 7만 km 달성을 목표로 철도 건설에 지속적인 투자를 시행할 계획이다.

중국 철도의 경제효과도 매우 크다. 2011년에 개통한 북경[베이징-北京]~상해[상하이-上海] 간 경호[징후-京滬] 고속철도 주식회사가 2020년에 상해증권거래소에 상장되었다. 상장자금은 약 5조 9천억 원이며, 누적발행 주식은 62억 주에 달해 전체 주식의 12.8%를 점유하고 있다.

중국은 국영기업에 대한 채무관리가 매우 엄격하다. 국유자산에 대한 부채비율 감독지표가 있어 전년도 동종업계의 일정한 규모 이상 업체들이 평균 자산부채비율을 기준선으로 정하고 중점 주목명부에는 기준선 +5%로 당해 연도 자산부채비율을 경계선으로 정하여 관리하고 있다. 또한 기준선 +10%를 자산부채비율 중점 감독 관리선으로 정하고 중점 감독관리명부에 등록하도록 하고 있다.

국유공기업에 대해 중점적으로 감독하는 사항은 다음과 같다.

중점 감독관리명부에 등록된 업체는 부채비율을 증가시키는 국내 및 국외 투자를 금지한다. 중대한 투자를 진행할 때에는 전문적인 투자심사 절차를 거친다. 높은 리스크가 있는 업무는 엄격히 관리하며 비용지출은 대폭적으로 감축시킨다. 중점 주목명부에 있는 업체가 자금 조달을 하고자 할 때는 금융기관이 업체의 신용 리스크를 엄격히 평가하여 이율 및 담보조항 등을 확정하며 금융기관 연합에서 신용공여를 진행하여 업체 신용공여액을 확정한다. 중점 감독관리명부에 있는 업체는 원칙상 신규채무에 대한 융자를 신청할 수 없다.

중국 철도는 4차 산업에 기반한 신기술을 지속적으로 개발하여 적용하고 있다. 최근의 예로 2022년 2월에 개최된 북경 동계올림픽 고속열차에 최첨단 기술을 적용하였다. 북경부터 장가구[장쟈커우-張家口]까지 174km 구간을 350km/h로 운행한 고속열차는 동력분산식으로 자율주행 방식을 도입하였다. 총괄제어 프로그램과 최신 스마트 철도기술을 탑재하여 코로나로 인한 비상시기임에도 편안하고 쾌적한 고속철도를 운영하여 찬사를 받았다.

자율주행(ATO[131])열차는 중국 북두위성항법시스템과 연결하여 ATO 차량용 장비가 차량에 전송된 계획에 따라 열차의 현재 위치에 맞춰 열차운행을 제어한다. 기관사의 역할을 대신하여 속도 등을 계산하고 감속 및 정차, 정차역 출입문 취급 등을 자동으로 조치한다. 중국열차운행통제시스템(CTCS[132])에서 관리 ATO가 적용된 열차에는 CTCS3+ATO 열차제어시스템을 탑재하였다. 레일 및 교량에 센서를 부착하여 열차부품 및 선로상태를 모니터링한다. 기관사는 자율주행 열차에 승차는 하지만 직접 운전은 하지 않고 비상시 조치만 시행한다.

중국 철도의 발전은 여객뿐만이 아니라 물류에서도 이루어지고 있다. 제14차 5개년 계획에 따르면 중국 철도 물류설비 네트워크를 강화하기 위해서 4조 위안(약 751조 원)을 투자하여 신규 23,700km 노선을 건설하고 광산 및 물류단지 전용선을 확충할 계획이다. 화물정보화 및 스마트화를 위해서 북두위성, IoT, 빅데이터 기반의 철도화물정보화를 확대하여 차세대 '95306' 화물열차 운송시스템을 업그레이드할 계획이 있다. 국제운송 정보화 추진을 위해서 디지털 국경역

---

131) 자율주행(ATO, Automatic Train Operation) : 열차관제센터에서 열차 운행계획을 수립한 후 지상의 데이터 전송망을 통해 ATO 지상설비로 전송하고 철도 이동통신망을 활용하여 ATO가 장착된 차량에 전송하여 운행하는 기술

132) 중국열차운행통제시스템(CTCS, Chinese Train Control System)

시스템을 활용하여 포워더와 국제운송 데이터 네트워크를 공유하며 매년 증가하고 있는 중국~유럽 간 화물운송 품질을 향상시키기 위하여 통관능력 확충 및 물류허브 건설, 복편 운송능력 강화 등도 계획하고 있다.

철도차량 유지보수 분야에서는 최첨단 스마트 검사로봇을 활용하여 고속차량의 하부 주행부위의 부품상태를 점검한다. 북경 고속차량단과 초양 고속차량 정비고에서 전용궤도를 설치하여 로봇 2대가 동시에 고속차량을 검사하며 검사로봇은 라이다 항법 및 위치추적 기술을 적용해 대차 아래까지 정확하게 로봇 팔을 이용하여 차체 하부 핵심 부품을 정밀하게 스캔한다.

아울러 중국 철도는 2017년 빅데이터 기반의 정보화 마스터플랜을 수립하여 2019년부터 북경에 클라우드 메인 데이터센터 3개 동을 건립하여 운영 중이다. 클라우드 데이터센터는 승차권 판매통계 및 예측, 이상행동 진단 등의 자료를

중국 고속열차 CRH5

분석하고 활용한다. 화물운송 수익관리, 수요조사 및 모니터링 분석을 시행하고 선로 일상검사, 고속연계 시험검측, 궤도품질 평가 등의 자료로도 활용한다.

중국은 고속철도의 지속적인 발전을 위해 2020년 중국국가철도집단유한공사가 '신시대 교통강국 철도발전계획 요강'을 발표했다. 이 계획요강은 중국 철도 발전을 촉진하고 교통 강국 건설을 더욱 추진하기 위해 일련의 계획을 제시하였다.

이 계획 요강의 총괄 목표는 2035년까지 세계적인 경쟁력을 가진 종합 교통 운송체계를 구축하여 철도를 중심으로 한 현대화된 국가 교통망을 형성하고, 철도의 현대화, 정보화, 지능화 발전을 실현하는 것이다. 또한 2050년까지 중국을 철도 강국으로 만들어 고품질, 지속 가능, 지능화된 발전을 실현할 것이다.

구체적으로 이 계획 요강은 다음과 같은 몇 가지 발전 목표와 조치를 제시하였다.

첫째, 철도망 건설 가속화로 2025년까지 중국의 철도 총길이가 16.5만 km에 이르며, 고속철도는 3.5만 km 이상이 될 것이다. 2035년까지는 총연장이 20만 km에 이르며, 고속철도는 7만 km 이상이 될 것이다.

또한 철도 허브 및 종합 교통 허브 건설 가속화 및 철도 노선망 배치 최적화 등의 조치를 통하여 철도 네트워크의 커버리지와 운영 효율성을 높이기 위해 노력한다.

둘째, 기술혁신 추진으로 철도 정보화, 지능화, 자동화 발전을 가속화하고 디지털 철도 건설 및 운영 관리를 강화해야 한다고 강조하였다. 동시에 신소재, 신에너지 등 기술 연구를 추진하여 철도 시스템의 에너지 이용 효율과 환경 보호 수준을 높인다.

셋째, 서비스 품질 향상으로 승객 열차와 화물 열차의 운행 속도와 운송 능력을 향상시키고 열차 시간표와 서비스 시설을 최적화해야 한다는 명확한 목표를 제시하고 있다. 동시에 안전 보장과 위기 대응 능력을 강화하고 철도 시스템의 서비스 품질과 안전 수준을 높여야 한다.

넷째, 지속 가능한 발전 실현으로 철도 시스템의 에너지 구조와 환경 기준을 최적화하고, 녹색 저탄소 발전을 촉진해야 한다고 강조하고 있다. 동시에 자원 이용 효율과 에너지 절감을 강화하고, 도시, 관광, 물류 등 산업과 철도의 융합 발전을 촉진하여 지속 가능한 발전을 실현한다고 밝혔다.

이러한 계획 요강은 중국 철도의 현대화, 정보화, 지능화 발전을 촉진시키고 교통 강국을 건설하기 위한 구체적인 발전 목표와 조치를 제시하고 있다. 이에는 철도망 건설 가속화, 기술 혁신 추진, 서비스 품질 향상, 지속 가능한 발전 실현 등도 포함된다. 2035년까지 중국은 세계적인 경쟁력을 갖춘 종합 교통 운송 체계를 구축하고 철도를 중심으로 한 현대적 국가 교통망을 형성하며 철도의 현대화, 정보화, 지능화 발전을 실현하고, 2050년까지는 철도 강국으로 성장하여 고품질을 지속할 수 있고 지능화된 발전을 실현한다는 것이다.

개발 주요 사항은 첫째, 고속철도망 건설 가속화로 2035년까지 고속철도 운영 거리가 7만 km 이상으로 증가하여 '사종사횡四縱四橫, 다중통로, 종합망'의 철도 운송체계를 기본으로 구축한다.

둘째, 지능화 수준의 향상으로 2025년까지 국제적인 수준의 지능화 기술을 달성하여 역사, 차량, 노선 등 다차원적으로 완전한 인지, 지능적 의사결정 및 제어가 가능한 '다차원 지능 철도' 시스템을 구축한다.

셋째, 환경 보호와 배출량 절감으로 2035년까지 에너지 소비량을 2015년 대비 50% 이상 줄이고, 이산화탄소 배출량을 2015년 대비 60% 이상 줄여 철도 시스템의 녹색 발전 목표를 달성한다.

넷째, 서비스 품질 향상으로 2035년까지 여객 열차 평균 운행 속도를 350km/h 이상, 화물 열차 평균 운행속도를 120km/h 이상으로 높여 고속, 정시, 안전, 편안한 철도 운송 서비스를 제공한다.

다섯째, 기반 시설 강화로 2035년까지 철도 시스템의 역사, 차량, 노선 등 기반 시설 장비를 전면 업그레이드하여 '전국 고속철도, 전선 전기화' 등 기반 시설 목표를 달성한다.

여섯째, 기술혁신 촉진으로 2035년까지 대규모 기술 창업과 적용을 통해 '스마트 철도'와 '디지털 철도'를 구축하여 '지능화, 정보화, 디지털화' 개발 모델을 형성할 것이다.

마지막으로는 개혁과 개방 심화, 철도 운송 시장의 상업화, 법제화, 국제화 개혁을 가속하며, 다른 교통수단과의 연결성을 증진하고 철도 시장 경쟁력과 국제적 협력 능력을 강화한다는 내용이다.

최근 중국 철도의 2022년 주요 목표 및 업무를 보면 중국의 변모를 한 눈에 알 수 있다. CR에서는 〈인민철도〉 2022년 1월 7일 특별판을 통해 2022년 주요 목표를 공식 발표하였는데, 한 가지 주된 특징은 경호[징후–京滬] 고속철도 ESG 보고서의 지배구조에서 중요하게 생각하는 공산당의 정치 이념 학습이 주요업무의 가장 상위에 많은 부분을 차지한다는 것이다.

이와 관련된 내용은 생략하고, 안전, 운송 건설, 경영 등 주요 KPI 위주로 살펴보면, 먼저 철도안전은 중대 이상 책임 사고를 근절하고, 여객 사망에 이르는 책임 운행사고 및 종사자의 책임 사망사고가 발생하지 않도록 하며, 고속철도 10년 안전 분석과 운송 구간의 표준화를 규범화하고, 코로나 방역 비상 대처 수준을 높인다. 철도운수는 여객수송량 목표 30.38억 인으로(전년 대비 20%↑), 화물수송량 목표 38.04억 톤으로(전년 대비 2.1%↑), 또한 전기 석탄 확보와 국가 경제 민생에 관계되는 중점 물자 수송을 확보하도록 한다.

철도 건설은 천장철도(사천~티베트) 등 국가 역점 사업으로 잘 추진하여 신

중국 고속열차 CR400AF

노선 3,300km 이상(일반철도 1,900km)을 건설한다. 14차 5개년 계획에서 확정한 102개 철도 관련 공사를 추진하며 중장기 철도망 계획을 개편해 철도 관리 수준을 높인다.

철도 경영은 총수입이 전년 동기 대비 9.3% 증가하도록 하고, 여객운송수입 20.2%와 화물운송수입 0.5% 증가 목표를 수립하였다. 화물을 도로운송에서 철도운송으로 전환하고, 또한 '1일 1운행도'(수요 맞춤형 열차시간표) 운영으로 열차운행 서비스 품질을 향상시키고 중국 표준 고속열차 푸싱호 열차를 브랜드화하여 고속철도 운행 범위를 확대한다.

에너지절약과 배출가스 저감은 수송 작업량 종합에너지 소비량 4.15t/100만 환산 km 이내, 화학적 산소 요구량은 1,680t 이내, 이산화황 배출량은 2,300t 이내로 철도의 탄소피크 탄소 중립 로드맵을 실시한다.

노동생산성은 전년 동기 대비 8.9% 향상시킨다. 직원 복지를 보면 임금은 안전, 성과와 연계하여 지속적인 성장을 유지하고 직원 집합교육 75만 명, 직원 건강검진 130만 명을 목표로 한다.

철도과학기술발전은 천장철도(사천~티베트 해발 최고 5,072m)에 국가천장철도기술혁신센터를 건설하고, 'CR450 과학기술 혁신 프로젝트'를 적극 추진한다. 또한 철도 디지털 기반사업을 강화하고 빅데이터 발굴 · 활용 · 보안 등 인터넷 정보화 사업을 강화한다. 이런 철도 과학 기술혁신으로 개발한 연구 성과는 세계 철도 표준으로 제정할 계획이다.

국가철도기업 혁신 및 사회적 책임실현을 보면 요건을 갖춘 기업의 상장을 추진하고, 노동생산성 심사 지표를 늘린다. 농촌 진흥 전략 실행을 위해 빈곤퇴치 지역에 철도사업을 추진하여 '저속 열차' 운행품질을 높이고 서비스를 확대한다. 저속열차는 아직 고속철도가 운행되지 않는 산간벽지 빈곤지역을 운행하는 정차역이 많고 속도가 느리며, 지역의 빈곤 퇴치에 기여하는 열차를 말한다. 녹색 저탄소 발전, 국가철도 탄소피크 탄소 중립 행동 실행 방안을 검토하고, 일대일로의 질 높은 발전을 추진하여 중국~유럽 화물열차의 서비스 품질 향상 및 중국의 철도 기술 표준 국제화를 추진한다. 아울러 최근 국가철로국은 중요 철도 기술 표준에 대하여 영문판을 발표하였다. 기술 표준은 '철도화차통용기술조건', '철도화차검수 및 실험규칙', '열차제어기술', '철도분기기전환 장치 설치 기술 조건' 등이다.

제2절 중국 철도가 한반도에 주는 시사점

　중국 철도는 2008년 베이징 올림픽을 계기로 철도분야에서 획기적인 발전을 거듭하였다. 노선길이를 기준으로 세계시장의 60% 이상을 점유하며 독보적인 1위를 차지하고 있다. 단기간임에도 중국 철도의 눈부신 성장의 원천이 무엇인지 다시 한 번 진지하게 검토할 필요가 있다. 중국은 우리와 밀접하게 교류하는 가까운 이웃 나라다. 향후에 남북한의 정치적 변화에 따라 한반도를 경유하여 중국까지 운행할 가능성도 배제할 수 없다.

　한국과 중국의 철도궤간은 표준궤(1,435m)로 동일하나, 철도운송은 건축 및 차량, 신호체계 등 여러 분야의 기술력이 세밀하게 연결된 복잡한 운송수단인만큼 검토해야 할 사항이 많다. 따라서 호환성에 기반한 기술력이 있어야 비로소 열차 운행이 가능하다. 향후 한반도를 거쳐 중국, 유럽까지 열차를 운행시키기 위해서는 각 분야별 기술규격 검토와 상호 인정할 수 있는 성능인증체계를 구축하는 것이 급선무다.

　대륙철도 운행준비를 위해서는 많은 전문가가 필요하다. 특히 중국어와 러시아어를 구사할 수 있는 기술자 양성이 필요하다. 국경역 운영 및 기술 호환성을 논의하기 위한 정기 협의체 구성 및 운영도 필요하다. 철도기술 및 운영 관련 절차와 용어는 매우 복잡하고 다양하기 때문에 남북한 간 철도용어를 통일하는 작업도 병행해야 할 과제다.

2018년 OSJD 국제협력기구 정회원 가입을 계기로 대륙철도 운행을 위한 초석을 다진 만큼 실무진 양성을 위해 체계적인 교육프로그램 신설과 관련국간의 상호 교류연수도 체계적으로 시행해야 할 것이다.

지금까지 기술적인 부분을 위주로 언급했으나 이에 앞서 더 시급한 것은 대륙철도 건설과 운영에 대비하기 위한 수요 예측이 선행되어야 한다. 건설과 운영 이후의 지역영향력도 중요하므로 사전 타당성 조사를 위한 검토 작업이 이루어져야 대국민 설득력을 얻을 수 있다. 이를 위해 철도 건설 및 기술력 투자를 위한 방안도 마련되어야 한다. 재원 마련을 위해 아시아인프라투자은행(AIIB), 세계은행(WB) 등과의 거대 프로젝트 투자금융기관과의 투자방안도 협의해 나갈 필요가 있다.

제3국 공동 진출을 위한 양국 철도의 교류 협력 확대도 필요하다. 매년 한국과 중국 정부 간 철도협력회의를 개최했으나 코로나19로 인해 교류에 한계가 있었다. 그러나 포스트 코로나를 계기로 제3국 공동 진출을 위한 본격적인 협력 방안을 논의해야 할 시기이다.

유력연구지에서 따르면 2030년 세계 철도시장 규모는 4,364억 달러(한화 약 530조 원)에 이를 것으로 전망하고 있다. 철도차량 시장은 매년 5.8%가량 성장할 것으로 분석했으며, 여객운송 성장률은 2026년까지 연평균 9.3% 증가할 것으로 전망했다. 반면 화물수송은 매년 3.8%만 성장될 것으로 전망했다. 이처럼 세계 철도시장의 성장률은 큰 폭의 상승이 지속될 것으로 예측되고 있어 이런 기회를 잘 활용해야 한다. 그러기 위해서는 세계 철도시장의 트렌드를 사전에 파악하여 신흥국 또는 개발도상국의 인프라 건설 및 운영부문에 더 많은 관심을 가져야 할 것이다.

중국의 신新실크로드 전략으로 통하는 일대일로 전략은 2014년부터 2049년까지 계획되어 있다. 14개국과 육지로 둘러싸인 불리한 발전 환경을 유리하게 바꾼다는 계획으로 중국 내수와 수출의 '쌍순환'을 통한 지속적인 경제성장을 위해서 꾸준히 추진되고 있다. '일대일로'는 중국식 인프라 표준이 주변으로 확대된다는 의미이다. 고속철도 해외 건설 산업은 중국 일대일로 정책과 연결돼 기술과 시공 능력 및 자본이 함께 움직이는 중국의 가장 중요한 국책사업이다.

중국이 구상하는 고속철도 범아시아 노선을 보면 2035년까지 수도 북경[베이징-北京]과 대만 대북[타이베이-臺北]을 연결하고 중국과 태국 간 1,600여 km 노선을 개통하려는 계획도 있다.

또한 말레이시아 수도 쿠알라룸프에서 싱가포르까지 고속철도를 건설하는 사업도 재개할 전망이다. 전체 350km 길이로 자동차로 4시간 넘게 걸리는 거리지만 고속철도를 연결하면 1시간 30분이면 이동할 수 있다. 이렇게 범아시아 노선에서 극동 아시아도 예외일 수는 없을 것이다.

철도 연결을 통한 교류는 인구와 산업, 시장 규모를 고루 살피며 경제 안보를 구상하는 세심함이 필요하다. 경제 안보와 경제 네트워크, 역내 산업의 표준화와 중장기 대외 경제 발전의 중요한 열쇠는 철도 네트워크이다.

중국 철도는 자본 조달 경쟁력이 앞서고, 한국은 유지보수 기술력이 우위에 있는 것으로 분석하고 있다. 양국 간의 장점을 살려 제3국 공동 진출을 위한 세부 협력 방안을 본격적으로 논의해야 할 시기이다.

제7장

맺는말

철도 건설과 투자를 국가 경제성장의 원동력으로 추진 중인 중국은 철도의 해외 진출과 국내 철도망 계획이 주요 국가정책이 되고 있다

중국은 국토가 크고 인구밀도가 높고 유동량이 많아 철도가 적절한 교통수단이다. 철도는 국민의 삶, 국제적인 철도로 지향하여 운영적자를 크게 문제시하지 않고 있다. 최근의 운영은 고속철도 중심으로, 일반철도는 하루 2편, 고속철도는 10~20분 간격으로 운행하며, 가격은 일반열차와 비슷한 수준으로 저렴하게 운행한다. 운임은 우리나라의 2분의 1 수준이며, 일반철도로는 화물열차와 국제열차, 관광열차를 운행하고 있다. 철도를 통해 경제 활성화, 서부 대개척 등을 도모하고 있다.

중국 철도가 세계 철도와 우리나라에게 주는 시사점은 매우 크다.

2020년 말 현재 전국 철도 영업거리는 146,000km, 고속철도 운행거리는 37,900km로 세계 최장이다.

2021년 12월 30일 기준 중국 고속철도의 운행거리는 40,000km를 돌파하였으며, 2022년 6월 20일 기준 중국은 3,200km의 고속철도 노선에서 최고속도

350km/h로 운영하고 있다. 전철화율은 73.3%로 우리나라 71.8%와 비슷하다.

영업속도는 최고 수준이며, 고속철도의 편성 수는 2,430편성으로 세계의 52.4% 비중을 차지하고 있다.

중국 철도의 건설은 청나라 말기에 시작되어 그간 중국 사회 발전에 큰 영향을 미쳤으며 경제 및 군사 분야에서도 중요한 역할을 수행하였다.

중국 고속철도 설계규범에 따르면 고속철도는 설계시속 250km 이상, 운영속도는 200km/h의 여객전용선이다.

중국과 우리나라의 인구와 면적을 비교해 보면, 중국의 인구밀도는 km²당 148명, 한국은 515명, 중국의 국토면적이 한국에 비해 90배로 커, 면적이 작은 한국이 인구밀도가 높다.

인구대비 철도 이용을 보면 2021년 말 기준으로 우리나라 인구는 5,200만 명, 중국 인구 14억 명인데 양국의 인구대비 1일 평균 고속철도 이용 비율은 약 0.5%, 철도여객 이용비율도 비슷하지만, 화물의 경우는 중국의 톤기준 화물수송량이 약 4배로 많고, 톤 · km의 경우는 넓은 면적으로 우리나라의 약 10배가 된다. 2020년 자료를 보면 수송 분담률 면에서도 톤 · km 기준으로 중국이 9.8%, 우리나라가 4.2%로 2배 이상이다. 이는 중국 철도가 많은 양의 자원수송과 기존선을 화물 위주로 활용하고 있는 것에서도 원인을 찾을 수 있다.

중국 철도의 특징은 다음과 같다.

첫째로, 중국은 광대한 면적에 비해 인구밀도가 높고 도시의 분포가 회랑형 도시구조로 중장거리수송이 철도 중심의 교통체계로 되어 있다. 중국과 면적이 비슷한 미국은 km²당 인구밀도가 35명에 비해 중국이 4배를 넘어 대량수송이 가능한 철도수송이 우위를 차지하고 있다. 미국의 경우, 특히 서부지역의 경우는 도시계획이 도로 중심으로 되어있어 간선수송이 철도가 되더라도 연계 수송에 어려움이 있어 철도 이용은 화물 중심으로 되어 있다.

북경역

　둘째로 여객의 고속철도 이용비율이 높다. 중국의 경우 철도 이용객 중 2021년에 약 70%, 우리나라의 경우는 53%가 고속철도를 이용하고 있다. 중국의 경우 중장거리에 해당하는 600km~800km 구간의 고속철도 점유율이 매우 높아 우리나라의 200~400km 구간보다 장거리라고 할 수 있다. 한편 중국의 기존선의 경우는 화물 중심 혹은 국경지역의 경우는 국제화물수송으로 이용되고 있으며, 유명 관광지를 연계하는 관광선으로 운영하고 있다.

　셋째로, 철도 관련 조직이 국무원 산하에 있어 철도 건설과 운영적자에 대해 정부로부터 적극적인 지원을 받고 있다. 2013년 3월 14일 제12기 전국인민대표대회 제1차 회의에서 중국 철도의 정치와 기업 분리를 위해 철도부가 폐지되었다. 그 행정 직능은 교통운수부와 그 산하에 새로 조직된 국가철도국이 철도 발전 계획과 정책을 담당하고, 기업의 역할은 새로 조직된 중국철도공사에 편입

청도역

되었다.

2019년 이후 제도개혁에 따라 국민 소유 공기업인 중국철도공사가 중국국가철도집단유한공사로 개편되었다. 이 회사는 국유회사로서 국가가 정한 철도운송경영, 건설 및 안전 등의 역할을 맡고 국가가 정한 공익적인 운송업무를 담당하고 있다. 지주회사와 사업부제 및 자회사로 이루어져 있고 18개 지방 철도국이 경쟁하는 체제로 되어 있다.

2019년 말 현재 중국국가철도집단유한공사의 직원 수는 204만 명, 수입은 192조 원이다. 2022년 말 건설과 운영으로 16조 원의 적자를 기록하였는데, 중국 당국은 이는 자산의 증가로 인한 것이라고 발표했다. 투자 규모를 보면 2020년에 143조 원이며 부채에 관해서는 부채 수준이 매년 말 70% 이하로 유지하도록 중국 정부가 투자비를 지원하고 있다.

푸싱호 스마트 준고속열차

넷째로, 발전지향적인 철도계획의 수행이다. 2004년 1월에 중국 국무원 제34차 상무회의에서는 첫 번째 중장기 철도망 계획에서 1.2만 km 이상의 4종4횡 고속여객전용선망을 발표하였다. 2008년 10월 중국 정부는 중장기 철도망 계획(2008년 조정)을 통과시키고, 2020년까지 철도영업연장 12만 km, 복선화율 50% 이상을 제시하였다.

2016년 6월 29일에는 국무원 상무회의 원칙 중장기 철도망 계획을 통해 북경[베이징−北京], 상해[상하이−上海] 등 '8종8횡'을 주력으로 하며, 도시 간 철도는 고속철도로 인접 대도시 간 1~4시간, 도시 군내 0.5~2시간의 이동을 목표로 정하였다.

마지막으로, 기술개발과 해외 진출의 특징이다. 기술 자립화의 경우 중국은 선진 각국의 고속철도차량을 수입해서 이를 바탕으로 기술 이전을 통해 시속

350km의 자율주행열차와 시속 400km의 차량, 시속 600km의 자기부상열차를 자체적으로 개발하는 데 성공하였다.

다른 국가의 고속철도와 비교하여 중국의 고속철도의 경쟁력은 가격 측면에도 우위에 있다. 예를 들면, 중국산 열차 바퀴의 가격은 6만 위안/톤이며, 국제 평균 가격은 10만 위안/톤, 차량 제작비용이나 건설비용도 국제기준의 약 3분의 1 수준에서 건설하고 있다.

또한 중국 정부의 재정지원은 고속철도 해외 진출에 매우 큰 도움이 되고 있다. 중국이 인도네시아에서 건설한 자카르타~반둥 고속철도를 예로 들면, 2015년 일본과 치열한 수주 경쟁을 하였는데, 중국개발은행(China Development Bank)이 프로젝트의 75%에 해당하는 금액을 차관으로 지원하였고, 중국철도건설그룹은 나머지를 부담하여 경쟁에서 우위를 점하였다.

이러한 중국 철도의 특징을 통해 우리에게 주는 시사점을 보면 철도 건설과 투자를 국가 경제성장의 원동력으로 추진하고 있으며, 철도의 해외 진출과 국내 철도망 계획이 주요 국가정책이 되고 있다는 것이다. 고속철도망의 발전과 함께 기존선의 경우는 화물과 관광 위주로 운영되는 것도 의미하는 바가 크다.

중국 철도의 연혁

중국 철도의 건설은 청나라 말기에 시작되었으며, 철도 건설은 중국 사회 발전에 지대한 영향을 미쳤다. 이와 함께 경제 및 군사 분야에서 중요한 역할을 하였다.

2021년 말까지 중국 철도 운행거리는 약 15만 km에 달했으며, 그 중 고속철도 운행 거리는 4만 km에 달했다. 철도 복선화율은 59.5%, 전철화율은 73.3%이다. 중국 철도의 네트워크 밀도는 156.7km/만 평방킬로미터이다.

1876년

중국 최초의 운영 철도는 1876년에 영국 이화양행怡和洋行이 건설한 오송[우쑹-吳淞]철도로 전체 길이는 14.5km이다.

1881년

중국의 진정한 의미의 첫 번째 철도는 청나라 정부가 자체적으로 건설한 당서[탕쉬-唐胥]철도이며, 당산[탕산-唐山] 근처의 개봉[카이펑-開封] 탄광의 석탄을 운반하기 위해서 1881년 개통하였다. 전체 길이 9.2km이다.

1893년

중국 대만성 최초의 여객 및 화물 겸용 철도는 1887년 건설을 시작하여, 1893년 운영하였다.

19세기 후반

19세기 후반 영국, 프랑스, 러시아, 일본 등은 중국에 여러 차례 침입하여 중국과 불평등조약을 체결하였다. 이로 인해 중국 땅에서 다양한 이익과 권리를 획득했으며, 여기에는 철도 부설권도 포함되었다. 이는 청 정부의 실제 주권의 손실을 의미하며, 열강들은 자원을 약탈하고, 세력권을 구축하여 중국을 분할하려고 하였다. 비록 당시 중국은 반식민지 국가로 전락할 위기에 처해 있었지만, 이 시기 중국의 철도 발전은 크게 가속화되었고, 중국 철도 역사에서 매우 중요한 의미를 부여한다.

1909년

중국 국내에서는 철도 부설권을 수호하고 철도를 자체 건설해야 한다는 요구가 커졌고, 1909년 중국 최초로 온전히 중국인이 직접 설계 시공한 경장([징장-京張]; 북경~장가구[장쟈커우-張家口])철도를 운영하였다.

1912년

중국 최초의 철도 법규인 '철도법'을 공포하였다. 철도 건설 및 발전과 관련된 일련의 법률 및 규정도 제정되었으며 주로 철도운송, 재정, 조직 및 기타 측면을 포함하며 중국과 외국의 협력을 통한 자금 조달 방식을 개척하였다.

1927~1937년

1930년대 중국은 중국 근대사의 '황금 10년'이었고, 1927년부터 1937년까지 중국 국민 정부가 건설한 철도는 3,600km(동북3성 900km에 그침)였으며, 전국 철도 거리는 12,000km에 달하였다.

1945년

국민 정부는 새로운 철도 건설 계획을 계획했으나, 제2차 국공내전으로 국민 정부는 철도 건설을 돌볼 여유가 없었고, 철도운송도 자주 중단되어 예상치 못한 일이 빈번하게 발생하였다.

1952년

1952년 7월 1일 성유([청위-成渝]; 성도[청두-成都]~중경[충칭-重慶])철도가 개통되어 중국 건국 후 건설된 첫 번째 철도가 되었다. 이는 중국 서남지역의 첫 번째 철도 간선이다.

1958년

1958년 1월 1일 보성([바오청-寶成]; 보계[바오지-寶雞]~성도)철도가 개통되고, 1975년 7월 1일 전 노선이 전철화 개조를 완료하여, 중국 최초의 전기철도가 되었다. 길이는 668.2km로 중국 서북지역과 서남지역을 연결하는 첫 번째 철도 간선이다.

1960년대부터 1970년대 말까지, 1964년 일본 신칸센 철도의 건설과 개통을 신호로 세계적으로 고속철도의 상용화 운행이 시작되었다.

1978년 중국 당시 주석 덩샤오핑鄧小平이 일본을 방문해 신칸센을 타면서 중국 대중들의 시야에 본격적으로 들어오게 되었다.

1980년

1980년 중국의 철도는 5개의 '5개년 계획' 건설을 거쳤고 1980년 말까지 철도 운영거리는 49,940km에 달했으며, 기본적으로 국가 철도 네트워크 골격이 형성되었다.

1990년

1990년부터 중국은 한편으로는 선진 고속철도 기술을 도입하고, 다른 한편으로는 고속철도 기술 연구와 실험 계획을 시작하였다. 단계별로 여객전용선을 건설하고 여객과 화물 분류를 실현하는 건설 이념을 제시하였다.

1991년

1991년 전前 중국 철도부는 '경호([징후-京滬]; 북경~상해) 고속철도 구상보고서'를 발표하고, 처음으로 정식으로 고속철도 건설을 제안하였다.

1998년

1998년 8월 28일 광심([광선-廣深]; 광주[광저우-廣州]~심천[선전-深圳])철도의 최고 운행속도는 시속 200km로 중국 최초의 고속 지표를 달성한 철도가 되었다.

2002년

2002년 12월 31일 상해 자기부상열차 시범운영선이 완공되었으며 설계속도는 시속 430km로 중국 최초의 고속궤도시스템이다.

2003년

현재 경합([징하-京哈]; 북경~하얼빈哈爾濱) 고속철도의 일부 노선 구간인 진심

([친선-秦瀋]; 진황도[친황다오-秦皇島]~심양[선양-瀋陽]) 여객전용선은 설계속도가 250km/h, 실제 운영속도 160km/h이다.

2004년 1월

중국 국무원 제34차 상무회의에서 첫 번째 '중장기 철도망 계획' 1.2만 km 이상의 '4종4횡' 고속여객전용 노선망을 발표하였다.

2008년 8월 1일

시속 350km의 경진([징진-京津]; 북경~천진[텐진-天津]) 도시 간 고속철도가 개통되어 중국이 공식적으로 '고속철도 시대'에 진입하였다.

2008년 10월

중국 정부는 '중장기 철도망 계획(2008 조정)'을 통과시키고, 2020년까지 철도영업연장 12만 km, 복선화율 50% 이상, 전철화율 60% 이상 목표를 발표하였다.

2009년 12월 26일

중국 최초로 세계 최고 수준의 장거리 간선 고속철도였던 무광([우광-武廣]; 무한[우한-武漢]~광주) 고속철도, 즉 지금의 경광([징광-京廣]; 북경~광주) 고속철도의 무한~광주 구간이 개통되었다.

2010년 2월 6일

세계 최초로 대규모 황토 지역에 시속 350km로 운행하는 정서([정시-鄭西]; 정주[정저우-鄭州]~서안[시안-西安]) 고속철도, 즉 지금의 서란([쉬란-徐蘭]; 서주[쉬저우-

徐州]~난주[란저우-蘭州]) 고속철도의 정주~서안 구간이 개통되었다.

2011년 6월 30일

중국 수도 북경과 상해를 잇는 경호 고속철도가 개통되었다. 총연장 1,318km 이며 북경과 상해 간 이동시간을 5시간 이내로 단축하였다.

2012년 12월 1일

세계 최초로 지세가 높은 한랭지역에 위치한 동북3성의 하대[하다-哈大]철도, 하얼빈~대련[다롄-大連] 구간이 개통되었다.

2012년 12월 26일

다양한 지형·기후대·지질 조건을 넘나드는 경광 고속철도 북경~광주 전 구 간이 개통되었다(총연장은 2,298km).

2013년

항복심([항푸선-杭福深]; 항주[항저우-杭州]~복주[푸저우-福州]~심천) 여객전용선, 시 보 여객전용선 등의 노선 개통으로 중국 고속철도의 총영업거리는 1만 463km 로 증가하였다.

2016년 9월 10일

정서([정쉬-鄭徐]; 정주~서주) 고속철도 개통으로 중국 고속철도 총영업거리가 2 만 km를 돌파하였다.

2016년 12월 28일

호곤([후쿤-滬昆]; 상해~곤명[쿤밍-昆明])과 남곤([난쿤-南昆]; 남녕[난닝-南寧]~곤명) 고속철도 전 구간을 관통하며, 이때부터, 곤명은 다른 도시와 편리한 육지 고속교통연계를 갖게 되었고, 윈난성은 고속철도가 없는 역사에 종지부를 찍었다.

제13차 5개년 계획(2016~2020년) 시기에 고속철도 네트워크 형성 및 중서부 철도 건설을 가속화하고, 도시 간 철도, 교외 철도 건설에 주력하였다.

2017년 12월 6일

서성([시청-西成]; 서안~성도) 고속철도의 전 노선 개통으로 성도와 서안 및 북방지역 간의 교류가 촉진되었다.

2018년 9월 23일

홍콩香港을 잇는 광심항([광선샹-廣深港]; 광주~심천-홍콩) 전 구간이 개통되어 중국 고속철도의 영업거리는 2015년 1.98만 km에서 2020년 3.79만 km로 성장하였다. 즉 '제13차 5개년(十三五) 계획' 동안 두 배 가까이 성장하였다.

1) 2019년 고속철도 개통 현황

① 경항([징강-京港]; 북경[베이징-北京]~홍콩香港) 고속철도의 상구[상치우-商丘]~합비[허페이-合肥] 구간은 2019년 12월 1일에 개통하였다.

상구[상치우-商丘]~합비[허페이-合肥] 구간 고속철도 노선은 전체 길이 378km, 설계 시속 350km, 초기 운행 시속 300km이며, 이 구간 고속철도의 개통 및 운영은 부양[푸양-阜陽]과 박주[보저우-亳州] 고속철도와 연결되어 안휘[안후이-安徽]성 16개 도시가 모두 고속철도로 연결되었다.

② 경항([징강-京港]; 북경~홍콩) 고속철도의 남창[난창-南昌]~감주[간저우-贛州] 구간이 2019년 12월 26일에 개통되었다.

③ 정부([정푸-鄭阜]; 정주[정저우-鄭州]~부양) 고속철도는 2019년 12월 1일 정식으로 개통되었다. 이 노선은 하남[허난-河南]성 정주에서 안휘성 부양까지 연결하였으며, 전체 길이 276km, 설계 시속 350km, 초기 운행 시속 300km로, 정부 고속철도가 개통됨으로써 주구[저우커우-周口]는 고속철도가 없는 역사가 끝나고 지역 고속철도망 구조를 더욱 개선하여 하남성 '미米'자형 고속철도의 형성을 가속화하였다.

④ 정유([정위-鄭渝]; 정주~중경[충칭-重慶]) 고속철도의 정주~양양[샹양-襄陽] 구간은 2019년 12월 1일 정식으로 개통되었다. 이 구간의 총길이는 389km이고, 초기 운영 속도는 시속 300km이다.

⑤ 성귀([청구이-成貴]; 성도[청두-成都]~귀양[구이양-貴陽]) 고속철도는 2019년 12월 16일에 개통되었다. '8종8횡八縱八橫' 고속철도의 주요 통로 중 하나인 '난(서)광통로蘭(西)廣通道'의 중요한 부분으로, 이 노선의 개통은 중국 서남부와 서북부지역과 화동 및 화남지역의 시공간 거리를 더욱 단축시키고, 지역 빈곤 퇴치를 지원하며, 도시군 경제권의 건설을 가속화하고, 서부 대개발을 촉진하였다.

⑥ 경포([징바오-京包]; 북경~포두[바오터우-包頭]) 고속철도의 장가구[장쟈커우-張家口]~후허하오터呼和浩特 구간은 2019년 12월 30일에 개통되었다.

⑦ 경곤([징쿤-京昆]; 북경~곤명[쿤밍-昆明]) 고속철도의 장가구~대동[다퉁-大同] 구간은 2019년 12월 30일에 개통되었다.

⑧ 서염([쉬옌-徐鹽]; 서주[쉬저우-徐州]~염성[옌청-鹽城]) 고속철도는 2019년 12월 16일에 개통되었다.

2) 2020년 고속철도 개통 현황

① 경웅([징슝-京雄]; 북경[베이징-北京]~보정[바오딩-保定] 웅안[슝안-雄安]) 도시 간 고속철도는 2020년 12월 27일에 개통되었다.

경웅 도시 간 고속철도는 북경에서 하북성河北省 보정 웅안을 연결하는 도시 간 고속철도이며, 북경~천진[톈진-天津]~하북[허베이-河北]지역의 고속철도 네트워크 구조를 개선하는 중요한 고속철도 노선이다.

② 경호([징후-京滬]; 북경~상해[상하이-上海]) 고속철도의 합비[허페이-合肥]~항주[항저우-杭州] 구간은 2020년 6월 28일에 개통되었다.

경호 고속철도의 합비~항주[항저우-杭州] 구간 개통은 2019년 12월 1일에 개통된 경항[징강-京港] 고속철도의 상구[상치우-商丘]~합비 구간을 연결하여 하남성河南省, 안휘성安徽省, 절강성浙江省을 통과하였으며, 이에 중국 중부와 동부를 연결하는 중요한 고속철도이다.

③ 카츠([喀赤]; 카라친쭤이몽고족자치현~적봉[츠펑-赤峰]) 고속철도는 2020년 6월 28일에 개통되었다. 카츠 고속철도, 즉 Kazuo-Chifeng High-speed Railway는 중국 요녕성遼寧省 조양[차오양-朝陽]에서 내몽고자치구內蒙古自治區의 동남부에 있는 적봉까지 연결하는 고속철도로 중장기 철도망 계획에서 '8종8횡八縱八橫' 고속철도의 주요 통로 중 하나인 '경합~경항오통로京哈京港澳通道'의 중요한 지역 연결선이다.

④ 호소통([후쑤퉁-滬蘇通]; 상해~소주[쑤저우-蘇州]~남통[난퉁-南通])철도는 2020년 7월 1일에 개통되었다. 호소통철도, 즉 Shanghai-Suzhou-Nantong Railway는 중국 상해와 강소성江蘇省 남통을 연결하는 국가 1급 여객·화물 복선 전철화 고속철도이다. 이 노선은 설계 시속 200km이고, 2016년 중장기 철도망 계획에서 '8종8횡' 고속철도의 주요 통로 중 하나인 '연

해[옌하이-沿海]통로通道'의 중요한 구성 부분이며, 장강長江 삼각주三角洲 (Yangtze River Delta)지역의 일체화 발전을 촉진할 것이다.

⑤ 안육([안류-安六]; 안순[안순-安順]~육반수[류판수이-六盘水]) 고속철도는 2020 년 7월 8일에 개통되었다. 안육 고속철도, 즉 Anshun-Liupanshui Highspeed Railway는 귀주[궤이저우-貴州] 안순과 육반수를 연결하는 고 속철도로 총길이 125km이며, 귀주 내 도시 간 고속철도망의 구성 부분이 다. 안육 고속철도는 최초시속 250km의 도시 간 철도이며 호곤[후쿤-滬昆] 고속철도를 확장하고 호곤 고속철도를 통해 귀양[구이양-貴陽], 안순, 육반 수 등 이 주요 세 도시가 연결되었고 관광 자원이 풍부하다.

⑥ 유영([웨이룽-濰榮]; 유방[웨이팡-濰坊]시~영성[룽청-榮成]) 고속철도의 유방~내서 [라이시-萊西] 구간은 2020년 11월 26일에 개통되었다. 유방~내서 고속철 도 노선의 길이는 125.97km, 설계 속도는 시속 350km, 초기 운영속도는 시속 300km. 이 구간의 개통 및 운영은 청도[칭다오-青島], 연대[옌타이-煙 臺], 위해[웨이하이-威海] 등 도시 사이를 더욱 긴밀히 연결하고 중국 내륙 도 시와 경제 문화 교류를 촉진한다.

⑦ 광청([광칭-廣清]; 광주[광저우-廣州]~청원[칭위안-清遠]) 도시 간 고속철도는 2020년 11월 30일 개통되었다. 광청은 도시 간 고속철도로 중국 광동[광 둥-廣東]성 경내에서 광주와 청원을 연결하는 도시 간 고속철도이다. 광청 도시 간 고속철도는 중국 국내 성급 지방 정부가 독자적으로 건설·운영하 는 첫 번째 프로젝트로 광주와 청원지역의 경제 일체화와 발전을 촉진하는 데 큰 의의가 있다.

⑧ 연진([롄전-連鎮]; 연운항[롄윈강-連雲港]~진강[전장-鎮江]) 고속철도는 2020년 12 월 11일 전 구간이 개통되었다. 전체 길이는 약 304km이고, 설계 속도는 시속 250km이다. 연진 고속철도는 강소성 남북을 관통하는 중요한 통로

남경남역

이자 장강 삼각주 철도망의 중요한 부분이다. 연진 고속철도의 개통은 강소성의 북쪽에 있는 상대적으로 낙후한 연운항, 회안[화이안-淮安], 양주[양저우-揚州], 진강[전장-鎭江] 등 장강 삼각주 중심도시와 잘 연결되었으며, 지역 종합 교통 운송체계를 완비하고 장강 경제 벨트와 장강 삼각주지역 일체화 발전 전략의 실행을 돕는 데 중요한 의의가 있다.

⑨ 정태([정타이-鄭太]: 정주[정저우-鄭州]~태원[타이위안-太原]) 고속철도의 초작[쟈오줘-焦作]~태원 구간은 2020년 12월 12일 개통하여, 정태 고속철도의 전 구간이 개통되었다. 정태 고속철도는 하남성 정주와 산서성 태원을 연결하는 고속철도로 '8종8횡' 고속철도의 주 통로 중 하나인 호남통로呼南通道의 일부이다. 정태 고속철도 전 노선이 개통된 후 정주에서 태원까지의 최단 여행 시간은 2시간 24분으로 단축되었다.

⑩ 정주~신정[신정-新鄭] 국제공항 도시 간 철도는 2020년 12월 12일에 개통
되었다. 이 노선은 정주 시내에서 신정 국제공항까지 가장 짧은 대중교통
수단이다. 정주 동역과 신정 국제공항역을 가려면 19분 정도 소요된다.

⑪ 합안([허안-合安]; 합비~안경[안칭-安慶]) 고속철도는 2020년 12월 12일에 개통
되었다. 합안 고속철도는 안휘성 합비에서 안경을 연결하는 고속철도 노선
으로 '중장기 철도망 계획'(2016년 수정)에서 '8종8횡' 고속철도의 주요 통
로 중 하나인 '경항(대)통로京港(臺)通道'의 중요한 부분이다. 이 노선 개통은
합비와 안경의 시공간적 거리를 좁힘으로써 장강 경제 벨트의 지역 도로망
배치를 개선하고 도로망의 품질과 능력을 향상시키며, 연선지역의 경제 및
사회 발전을 촉진하고 연선 도시화 과정을 촉진하는 데 의의가 있다.

⑫ 복평([푸핑-福平]; 복주[푸저우-福州]의 진안[진안-晉安]~평담[핑탄-平潭])철도는
2020년 12월 26일에 개통되었다. 복평철도는 복건[푸젠-福建]성 복주시 경
내에서 진안 그리고 평담까지 연결하는 철도 노선이다. 이 노선의 전체 길
이는 88.433km이고, 시속 200km의 1급 복선철도이며, 중국 국가 '13차
5개년 계획'에서 북경~대만[타이완-臺灣] 고속철도의 주요 부분이다.

⑬ 염통([옌퉁-鹽通]; 염성[옌청-鹽城]~남통[난퉁-南通]) 고속철도는 2020년 12월 30
일 개통되었다. 염통 고속철도는 강소성의 염성과 남통을 연결하는 고속철
도로 전체 길이는 156.6km, 설계 최고속도는 350km/h, 초기 운영속도
는 300km/h이다. 염통 고속철도는 '8종8횡' 고속철도의 주요 통로 중 하
나인 연해고속철도沿海通道의 중요한 부분으로, 염통 고속철도가 완공됨으
로써 강소성의 고속철도망이 기본적으로 구축되었고, 강소성 연안지역의
장강 삼각주지역 통합을 가속화하고 있다.

⑭ 은서([인시-銀西]; 은천[인촨-銀川]~서안[시안-西安]) 고속철도는 2020년 12월 26
일에 전 구간이 개통되었다. 은서 고속철도는 국가 '중장기 철도망 계획'에

서 '8종8횡' 고속철도망의 중요한 부분으로서 중국에서 가장 긴 여객전용 노선이다. 영하회족자치구는 고속철도 네트워크를 접속하여 사람들의 이동을 크게 촉진했으며 지역 경제 및 사회 발전을 촉진하고 개발 전략의 실행을 촉진하는 데 매우 중요하다.

3) 2021년 고속철도 개통 현황

① 경합([징하－京哈]; 북경[베이징－北京]~하얼빈[哈爾濱]) 고속철도의 북경~승덕[청더－承德] 구간은 2021년 1월 22일 개통되어 경합 고속철도 전 구간이 개통되었다. 경합 고속철도는 동북지역의 고속철도망을 완성하고 중국의 전국 고속철도망에 전면적으로 통합하여 동북3성 주요 도시 간의 시공간 거리를 크게 단축시켰다. 또한 동북지역의 경제 통합을 위한 조건을 조성할 뿐만 아니라, 동북지역의 철도 화물운송 능력을 향상시켰다.

② 서연([쉬롄－徐連]; 서주[쉬저우－徐州]~연운항[롄윈강－連雲港]) 고속철도는 2021년 2월 8일 개통되었다. 서연 고속철도는 중국 '8종8횡八縱八橫' 고속철도망 육교통로陸橋通道의 중요한 부분이다. 서연 고속철도가 개통됨으로써 연운항에서 우루무치烏魯木齊까지 육교통로가 전 구간을 관통하게 되었다.

③ 면로([몐루－綿瀘]; 면양[몐양－綿陽]~노주[루저우－瀘州]) 고속철도의 자공[쯔궁－自貢]~노주 구간은 2021년 6월 28일 개통되었다. 면로 고속철도는 중국 사천성에서 몐양시와 루저우시를 연결하는 고속철도로 성유([청위－成渝]; 성도[청두－成都]~중경[충칭－重慶]) 경제구 도시 간 철도망의 중요한 부분으로, 면로 고속철도의 자공~노주 구간은 서부 대개발의 핵심 프로젝트 중 하나이다. 전 노선이 완공됨으로써 내강[네이쟝－內江], 자공, 노주, 의빈[이빈－宜賓]은 30분 경제권을 형성하고, 동시에 이 4개 도시에서 성도와 중경까지 1시

간 경제권을 형성하게 되었다.

④ 조릉([차오링-朝凌]; 조양[차오양-朝陽]시~능해[링하이-凌海])시 고속철도는 2021년 8월 3일 개통되었다. 조릉 고속철도는 경합([징하-京哈]; 북경-하얼빈) 고속철도의 요녕성 조양역에서 능해 남역까지 연결하는 철도 연락선으로, 동북지역 고속철도망의 중요한 부분이다. 조릉 고속철도가 개통됨으로써 금주[진저우-錦州]~북경까지의 운행시간은 1시간 40분대로, 대련[다롄-大連]~북경까지의 운행시간은 3시간대로 단축되었다.

⑤ 심가([선쟈-瀋佳]; 심양[선양-瀋陽]~자무쓰佳木斯) 고속철도의 목단강[무단쟝-牡丹江]~자무쓰 구간은 2021년 12월 6일 개통하고, 장백산[창바이산-長白山]~돈화[둔화-敦化]역 구간은 2021년 12월 24일 개통되었다. 심가 고속철도의 개통은 '동북 전면 활성화' 국가전략을 구현하고, 국가 고속철도 네트워크를 개선하며, 동북지역의 고속철도망을 최적화하고, 동북지역의 동부 경제벨트 건설을 가속화하고 있다. 고속철도의 건설은 장백산 관광객뿐만 아니라 이동객의 동북 여행의 즐거움을 경험할 수 있는 편의를 제공하였다.

⑥ 장길회([장지화이-張吉懷]; 장가계[장쟈제-張家界]~길수[지서우-吉首]~회화[화이화-懷化]) 고속철도는 2021년 12월 6일 개통되었다. 장길회 고속철도 호남성 장가계, 길수, 회화를 연결하는 고속철도로 '중장기 철도망 계획'(2016년 개정판)에서 '8종8횡' 고속철도망의 지역 철도 연결선이다. 장길회 고속철도의 연선 정차도시는 문화 관광 자원이 풍부하고, 개통 후 연선의 장가계는 고속철도망을 통해 정주[정저우-鄭州], 무한[우한-武漢], 항주[항저우-杭州], 계림[구이린-桂林] 등 많은 관광도시와 연결되어 남북과 동서를 가로지르는 다수의 황금 관광구간을 형성하고, 각지의 고품질 문화 관광 자원이 상호 연계 효과를 일으켜 장길회 고속철도 연선 관광 산업을 촉진하였다.

⑦ 경항([징강-京港]; 북경[베이징-北京]~홍콩香港) 고속철도의 감주[간저우-贛州]시~

심천[선전-深圳] 구간은 2021년 12월 10일 개통하였다. 감주~심천 구간은 중국 '8종8횡' 고속철도망인 경항 고속철도의 중요한 부분이며, 중국 남북 경제문화 교류를 위한 중요한 연결 고리이다.

⑧ 안구([안쥬-安九]; 안경[안칭-安慶]~구강[주장-九江]) 고속철도는 2021년 12월 30일 개통되었다. 안구 고속철도는 안휘성 안경에서 구강까지 연결하는 고속철도로, '중장기 철도망 계획'(2016년판)에서 '8종8횡' 고속철도의 주 통로 중 하나인 '경항 고속철도'의 중요한 부분이다. 안구 고속철도 개통 및 운영 후 합비[허페이-合肥]에서 남창[난창-南昌]까지 고속철도 직통이 실현되었으며, 이는 연선 도시의 인구가 밀집되고 관광 자원이 풍부하여 개통 후 중국 중부 도시 간의 시공간 거리를 좁혀 교통 접근성이 향상되었고, 북경~홍콩을 연결하는 안경~구강 고속철도 건설로 고속철도 노선은 4만 km를 돌파했다.

4) 2022년 고속철도 개통 현황

① 2022년 6월 20일 양양[샹양-襄陽]~중경[충칭-重慶]의 만주[완저우-萬州] 구간이 개통되어 정유([정위-鄭渝]; 정주[정저우-鄭州]~중경[충칭-重慶]) 고속철도의 전 노선이 개통·운영되었다. 정유 고속철도는 화북·화동·화중지역과의 거리를 단축하고 동부·중부 및 서부지역 간의 상품, 자원 및 요소의 자유로운 흐름을 더욱 촉진하고 가속화할 것이다. 중경은 서부 개발의 중요한 지점으로 '일대일로—帶—路'와 장강 경제 벨트의 전략적인 위치를 유지하는 데 도움이 될 것이다.

② 상익장([창이창-常益長]; 상덕[창더-常德]~익양[이양-益陽]~장사[창사-長沙]) 고속철도는 2022년 4월 12일 전 노선이 개통되었다. 상익장 고속철도는 호남성

상덕, 장사를 연결하는 고속철도로 '중장기 철도망 계획'(2016년판)에서 '8
종8횡八縱八橫' 고속철도의 주요 통로 중 하나이며 '하유통로厦渝通道'의 중요
한 부분이다. 상익장 고속철도는 장주담[창주탄-長株潭] 도시군 철도망의 중
요한 부분으로 장주담 도시군의 일체화 발전을 촉진하였다.

③ 합항([허항-合杭]; 합비[허페이-合肥]~항주[항저우-杭州]) 고속철도의 호주[후저우-
湖州]~항주 구간은 2022년 9월 22일 개통되었다. 이 구간은 항주와 호주
를 연결하는 고속철도로서 제19회 항주 아시안게임의 중요한 지원 프로젝
트이며 강력한 운송 보장을 제공한다. 이 프로젝트가 완성됨으로써 장강
삼각주 도시 간 철도 네트워크와 저장성이 1시간 교통권으로 더욱 개선되
었다. 이는 장강 삼각주 일체화 발전 전략을 구현하고 항주는 철도 허브가
되며, 연선 도시의 경제 및 사회 발전을 촉진하는 데 매우 중요하다.

④ 황황([황황-黃黃]; 호북성 황강[황강-黃岡] 경내 황주[황저우-黃州]~황매[황메이-黃梅])
고속철도가 2022년 4월 22일 개통되었다. 황황 고속철도는 호북성 황강
시 경내 황주에서 황매까지 연결하는 고속철도로 '중장기 철도망 계획'에
서 '8종8횡' 고속철도의 주요 통로 중 하나인 '경항(대)통로京港(臺)通道'의
구성 부분이며, 무한[우한-武漢]~항주 여객 구간이다. 이 노선은 장강 상각
주 경제 벨트의 철도 네트워크 배치를 개선하고, 황강시의 기반 시설 조
건을 개선하며, 도시의 활성화 및 발전을 촉진하고, 지역 성장을 지원하
는 데 중요하다.

⑤ 제정([지정-濟鄭]; 제남[지난-濟南]~정주) 고속철도의 복양[푸양-濮陽]~정주 구
간은 2022년 6월 20일 개통되어 제정 고속철도 전 구간이 개통되었다. 제
정 고속철도는 하남성 '미米'자형 고속철도망의 중요한 부분과 중원中原 도
시군과 산동山東반도 도시군을 연결하는 고속 여객철도이다. 복양은 1시간
고속철도권에 합류하였으며, 이는 중국 전국 도로망 구조를 개선하고 허난

성 교통의 입지적인 우위를 강화하며, 지역 교류 및 상호 작용을 강화하고 고품질 경제 발전을 촉진하는 데 큰 의미가 있다.

제14차 5개년 계획(2021~2025년)에는 '8종8횡' 고속철도를 기본적으로 관통하고, 기존 철도 노선의 전철화 개조를 가속하며, 철도의 여객 수송과 화물 운송의 배치를 최적화한다. 제14차 5개년 계획 시기에는 철도 과학기술 혁신 사업을 진행하고, 철도의 질 높은 발전을 촉진하며, 과학기술 강국, 교통 강국을 위해 노력하고 있다.

참고문헌

제1장 중국 철도의 발전과정

제1절 초기 중국 철도의 발전과정과 흐름

1. 中國鐵路百年史話 http://www.gov.cn/test/2006-06/19/content_314321.htm

2. 展覽鐵路위키백과 https://zh.wikipedia.org/wiki/%E5%B1%95%E8%A7%88%E9%9
   3%81%E8%B7%AF

3. 唐胥鐵路위키백과 https://zh.wikipedia.org/wiki/%E5%94%90%E8%83%A5%E9%9
   0%B5%E8%B7%AF

4. 臺灣鐵路(清朝) https://zh.wikipedia.org/wiki/%E8%87%BA%E7%81%A3%E9%90
   %B5%E8%B7%AF_(%E6%B8%85%E6%9C%9D)

5. 京張鐵路위키백과 https://zh.wikipedia.org/wiki/%E4%BA%AC%E5%BC%A0%E9
   %93%81%E8%B7%AF

6. 東清鐵路위키백과 https://zh.wikipedia.org/wiki/%E6%9D%B1%E6%B8%85%E9%
   90%B5%E8%B7%AF

7. 南滿鐵路위키백과 https://zh.wikipedia.org/wiki/%E5%8D%97%E6%BB%A1%E9%
93%81%E8%B7%AF

8. 中國東北歷史上的鐵路路線-中東鐵路 https://baike.sogou.com/v2116102.htm

9. 中東路事件 https://baike.baidu.com/item/%E4%B8%AD%E4%B8%9C%E8%B7%A
F%E4%BA%8B%E4%BB%B6/4133467

10. 중동로사건 https://namu.wiki/w/%EC%A4%91%EB%8F%99%EB%A1%9C%20
%EC%82%AC%EA%B1%B4

11. 중동로사건(中東路事件) https://blog.naver.com/papacontigo/220711359881

12. 膠濟鐵路 https://zh.wikipedia.org/wiki/%E8%86%A0%E6%BF%9F%E9%90%B5
%E8%B7%AF

13. 中國鐵路百年史話 http://www.gov.cn/test/2006-06/19/content_314321.htm

14. 膠濟鐵路 https://baike.sogou.com/v479008.htm

15. 百年史話--膠濟鐵路回歸始末 https://kknews.cc/zh-my/history/l3oegr2.html

16. 곤명[쿤밍-昆明]~하이퐁철로 https://en.wikipedia.org/wiki/Kunming%E2%80%
93Haiphong_railway

17. 從公元1910走來滇越鐵路110年記·橋梁篇 http://www.ynjtt.com/Item/255851.
aspx

18. 百年滇越鐵路書寫悲壯傳奇 http://www.jjckb.cn/2012-09/19/content_402286.htm

19. 瀋丹鐵路 https://baike.baidu.com/item/%E6%B2%88%E4%B8%B9%E9%93%81
%E8%B7%AF/10082087

20. 선단철로 https://ko.wikipedia.org/wiki/%EC%84%A0%EB%8B%A8_%EC%B2%
A0%EB%A1%9C

21. 馬關條約 https://zh.wikipedia.org/wiki/%E9%A9%AC%E5%85%B3%E6%9D%A1
%E7%BA%A6

22. 러일전쟁 https://ko.wikipedia.org/wiki/%EB%9F%AC%EC%9D%BC_%EC%A0%84%EC%9F%81

23. 北京之戰(1900年) https://zh.wikipedia.org/wiki/%E5%8C%97%E4%BA%AC%E4%B9%8B%E6%88%98_(1900%E5%B9%B4)

24. 歷史記憶安奉鐵路(瀋丹線鐵路)修建始末 https://www.163.com/dy/article/GPNPV88M0528O856.html

25. 安奉鐵路 https://www.lian10.com/llsx/53919.html

26. 穿越百年的旅行, 乘坐安奉鐵路老火車, 賞沿線老火車站風光 https://xw.qq.com/cmsid/20201201A02XVX00

27. 남만주철도주식회사 https://ko.wikipedia.org/wiki/%EB%82%A8%EB%A7%8C%EC%A3%BC%EC%B2%A0%EB%8F%84%EC%A3%BC%EC%8B%9D%ED%9A%8C%EC%82%AC

28. 京漢鐵路 https://zh.wikipedia.org/wiki/%E4%BA%AC%E6%B1%89%E9%93%81%E8%B7%AF

29. 正陽門西站 https://zh.wikipedia.org/wiki/%E6%AD%A3%E9%98%B3%E9%97%A8%E8%A5%BF%E7%AB%99

30. 行駛百年 京漢鐵路 https://ihuawen.com/article/index/id/38145/cid/67

31. 롱해[룽하이-隴海]철도 https://ko.wikipedia.org/wiki/%EB%A3%BD%ED%95%98%EC%9D%B4_%EC%B2%A0%EB%A1%9C

32. 百年前汴洛鐵路建成, 如今成隴海線改變豫北數城命運 https://www.sohu.com/a/210642038_100072914

33. 京奉鐵路 https://zh.wikipedia.org/wiki/%E4%BA%AC%E5%A5%89%E9%93%81%E8%B7%AF

34. Chingchi HUANG, Xibo CHEN. A historical geography research of Peking-

Mukden Railway under the vision of modernization(1881−1912)[J]. GEOGRAPHICAL RESEARCH, 2014, 33(11)：2,180−2,194.

35. 中國鐵路百年史話 http://www.gov.cn/test/2006-06/19/content_314321.htm

36. 中國鐵路百年史話 http://www.gov.cn/test/2006-06/19/content_314321.htm

37. 滬寧鐵路 https://zh.wikipedia.org/wiki/%E6%B2%AA%E5%AE%81%E9%93%81%E8%B7%AF

38. 中國鐵路發展史(1876~1949) 金士宣 徐文達 編著

39. 中國鐵路百年史話 http://www.gov.cn/test/2006-06/19/content_314321.htm

40. 粤漢鐵路 https://zh.wikipedia.org/wiki/%E7%B2%A4%E6%B1%89%E9%93%81%E8%B7%AF

41. 粤漢鐵路 https://baike.baidu.com/item/%E7%B2%A4%E6%B1%89%E9%93%81%E8%B7%AF/3806933

42. 中國鐵路發展史(1876~1949) 金士宣 徐文達 編著

43. 津浦鐵路 https://zh.wikipedia.org/wiki/%E6%B4%A5%E6%B5%A6%E9%93%81%E8%B7%AF

44. 津浦鐵路 https://baike.baidu.com/item/%E6%B4%A5%E6%B5%A6%E9%93%81%E8%B7%AF/10557238

45. 中國鐵路發展史(1876~1949) 金士宣 徐文達 編著

46. 廣九鐵路 https://zh.wikipedia.org/wiki/%E5%BB%A3%E4%B9%9D%E9%90%B5%E8%B7%AF

47. 中國鐵路發展史(1876~1949) 金士宣 徐文達 編著

48. 河南省内的第一條鐵路--道清鐵路 https://kknews.cc/history/oyapkqq.html

49. 道清鐵路 https://baike.baidu.com/item/%E9%81%93%E6%B8%85%E9%93%81%E8%B7%AF/11038521

50. 中國鐵路發展史(1876~1949) 金士宣 徐文達 編著

51. 東淸鐵路 https://zh.wikipedia.org/wiki/%E6%9D%B1%E6%B8%85%E9%90%B5%E8%B7%AF

52. 中國鐵路發展史(1876~1949) 金士宣 徐文達 編著

53. 中國鐵路百年史話 http://www.gov.cn/test/2006-06/19/content_314321_3.htm

제2절 1949년 이후의 중국 철도의 발전과정

1. 中國鐵路百年史話 http://www.gov.cn/test/2006-06/19/content_314321_3.htm

2. 成渝鐵路 https://zh.wikipedia.org/wiki/%E6%88%90%E6%B8%9D%E9%93%81%E8%B7%AF

3. 中國鐵路百年史話 http://www.gov.cn/test/2006-06/19/content_314321_3.htm

4. 成渝鐵路 https://zh.wikipedia.org/wiki/%E6%88%90%E6%B8%9D%E9%93%81%E8%B7%AF

5. 中國鐵路百年史話 http://www.gov.cn/test/2006-06/19/content_314321_3.htm

6. 寶成鐵路 https://zh.wikipedia.org/wiki/%E5%AE%9D%E6%88%90%E9%93%81%E8%B7%AF

7. 中國鐵路百年史話 http://www.gov.cn/test/2006-06/19/content_314321_3.htm

8. Sichuan-Guizhou railway https://en.wikipedia.org/wiki/Sichuan%E2%80%93Guizhou_railway

9. 川黔鐵路 https://zh.wikipedia.org/wiki/%E5%B7%9D%E9%BB%94%E9%93%81%E8%B7%AF

10. 中國鐵路百年史話 http://www.gov.cn/test/2006-06/19/content_314321_3.htm

11. 湘黔鐵路 https://zh.wikipedia.org/wiki/%E6%B9%98%E9%BB%94%E9%93%81

%E8%B7%AF

12. 中國鐵路百年史話 http://www.gov.cn/test/2006-06/19/content_314321_3.htm

13. 黔桂鐵路 https://baike.baidu.com/item/%E9%BB%94%E6%A1%82%E9%93%81
%E8%B7%AF/4975733

14. 黔桂鐵路 https://zh.wikipedia.org/wiki/%E9%BB%94%E6%A1%82%E9%93%81
%E8%B7%AF

15. 中國鐵路百年史話 http://www.gov.cn/test/2006-06/19/content_314321_3.htm

16. 貴昆鐵路 https://zh.wikipedia.org/wiki/%E8%B4%B5%E6%98%86%E9%93%81
%E8%B7%AF

17. 中國鐵路百年史話 http://www.gov.cn/test/2006-06/19/content_314321_3.htm

18. 成昆鐵路 https://baike.baidu.com/item/%E6%88%90%E6%98%86%E9%93%81%
E8%B7%AF/747372

19. 成昆鐵路 https://zh.wikipedia.org/wiki/%E6%88%90%E6%98%86%E9%93%81%
E8%B7%AF

20. 中國鐵路百年史話 http://www.gov.cn/test/2006-06/19/content_314321_3.htm

21. 襄樊市 https://zh.wikipedia.org/wiki/%E8%A5%84%E6%A8%8A%E5%B8%82

22. 襄渝鐵路 https://zh.wikipedia.org/wiki/%E8%A5%84%E6%B8%9D%E9%93%81
%E8%B7%AF

23. 襄渝鐵路 https://baike.baidu.com/item/%E8%A5%84%E6%B8%9D%E9%93%81
%E8%B7%AF/4394398

24. 中國鐵路百年史話 http://www.gov.cn/test/2006-06/19/content_314321_3.htm

25. 陽安鐵路 https://zh.wikipedia.org/wiki/%E9%98%B3%E5%AE%89%E9%93%81
%E8%B7%AF

26. 陽安鐵路 https://baike.baidu.com/item/%E9%98%B3%E5%AE%89%E9%93%81

%E8%B7%AF/4369740

27. 陽安鐵路 https://www.baike.com/wikiid/7089457857820867326?from=wiki_
    content&prd=innerlink&view_id=6stdyed01zo00

28. 中國鐵路百年史話 http://www.gov.cn/test/2006-06/19/content_314321_3.htm

29. 隴海鐵路 https://zh.wikipedia.org/wiki/%E9%99%87%E6%B5%B7%E9%93%81
    %E8%B7%AF

30. 隴海鐵路天蘭段 https://baike.baidu.com/item/%E9%99%87%E6%B5%B7%E9%9
    3%81%E8%B7%AF%E5%A4%A9%E5%85%B0%E6%AE%B5/11046470

31. 貫穿中國東, 中, 西部最主要的鐵路幹線——隴海鐵路 https://k.sina.com.cn/article_39
    94494943_ee1727df00100rg5d.html?from=news

32. 隴海鐵路 http://m.zwbk.org/lemma/227996

33. 中國鐵路百年史話 http://www.gov.cn/test/2006-06/19/content_314321_3.htm

34. 蘭新鐵路 https://zh.wikipedia.org/wiki/%E5%85%B0%E6%96%B0%E9%93%81
    %E8%B7%AF

35. 中國鐵路百年史話 http://www.gov.cn/test/2006-06/19/content_314321_3.htm

36. 包蘭鐵路 https://zh.wikipedia.org/wiki/%E5%8C%85%E5%85%B0%E9%93%81
    %E8%B7%AF

37. 包蘭鐵路 https://baike.baidu.com/item/%E5%8C%85%E5%85%B0%E9%93%81
    %E8%B7%AF/746561

38. 中國鐵路百年史話 http://www.gov.cn/test/2006-06/19/content_314321_3.htm

39. 蘭青鐵路(Lan-Qing railway) https://baike.baidu.com/item/%E5%85%B0%E9%9
    D%92%E9%93%81%E8%B7%AF

40. 蘭青鐵路 https://zh.wikipedia.org/wiki/%E5%85%B0%E9%9D%92%E9%93%81
    %E8%B7%AF

41. 中國鐵路百年史話 http://www.gov.cn/test/2006-06/19/content_314321_3.htm

42. 青藏鐵路 https://baike.baidu.com/item/%E9%9D%92%E8%97%8F%E9%93%81%E8%B7%AF/128400

43. 青藏鐵路 https://zh.wikipedia.org/wiki/%E9%9D%92%E8%97%8F%E9%93%81%E8%B7%AF

44. 中國鐵路百年史話 http://www.gov.cn/test/2006-06/19/content_314321_3.htm

45. 南疆鐵路 https://zh.wikipedia.org/wiki/%E5%8D%97%E7%96%86%E9%93%81%E8%B7%AF

46. 南疆鐵路 https://baike.baidu.com/item/%E5%8D%97%E7%96%86%E9%93%81%E8%B7%AF/4975545

47. 鐵軌铺通天山南北--改革開放以來新疆鐵路建設綜述 http://www.xjkunlun.cn/dswx/dszl/91155.htm

48. https://zh.wikipedia.org/wiki/%E5%8C%97%E4%BA%AC%E7%AB%99

49. https://baike.baidu.com/item/%E5%8C%97%E4%BA%AC%E7%AB%99/18844

50. http://www.gov.cn/test/2006-06/19/content_314321_4.htm

51. https://zh.wikipedia.org/wiki/%E4%BA%AC%E5%B9%BF%E9%AB%98%E9%80%9F%E9%93%81%E8%B7%AF

52. https://baike.baidu.com/item/%E4%BA%AC%E5%B9%BF%E9%93%81%E8%B7%AF/630228

53. 中國鐵路百年史話 http://www.gov.cn/test/2006-06/19/content_314321_4.htm

54. 京秦鐵路 https://baike.baidu.com/item/%E4%BA%AC%E7%A7%A6%E9%93%81%E8%B7%AF/6379268

55. 京秦鐵路 https://zh.wikipedia.org/wiki/%E4%BA%AC%E7%A7%A6%E9%93%81%E8%B7%AF

56. 中國鐵路百年史話 http://www.gov.cn/test/2006-06/19/content_314321_4.htm

57. https://www.baike.com/wiki/%E5%85%96%E7%9F%B3%E9%93%81%E8%B7%
AF?view_id=4gic7wmgh8o000

58. https://baike.baidu.com/item/%E5%85%96%E7%9F%B3%E9%93%81%E8%B7
%AF/7486866

59. 中國鐵路百年史話 http://www.gov.cn/test/2006-06/19/content_314321_4.htm

60. 新兗鐵路 https://zh.wikipedia.org/wiki/%E6%96%B0%E5%85%96%E9%93%81
%E8%B7%AF

61. 中國鐵路百年史話 http://www.gov.cn/test/2006-06/19/content_314321_4.htm

62. https://zh.wikipedia.org/wiki/%E5%A4%A7%E7%A7%A6%E9%93%81%E8%B7
%AF

63. https://baike.baidu.com/item/%E5%A4%A7%E7%A7%A6%E9%93%81%E8%B7
%AF/4707394

64. 中國鐵路百年史話 http://www.gov.cn/test/2006-06/19/content_314321_4.htm

65. https://zh.wikipedia.org/wiki/%E9%80%9A%E9%9C%8D%E9%93%81%E8%B7
%AF

66. 中國鐵路百年史話 http://www.gov.cn/test/2006-06/19/content_314321_4.htm

67. https://baike.baidu.com/item/%E5%85%B0%E6%96%B0%E9%93%81%E8%B7
%AF%E4%B9%8C%E9%98%BF%E6%AE%B5/171923

68. https://zh.wikipedia.org/wiki/%E5%8C%97%E7%96%86%E9%93%81%E8%B7
%AF

제2장 철도정책

제1절 철도 네트워크의 발전

1. https://zhuanlan.zhihu.com/p/31305019

2. https://www.qianzhan.com/analyst/detail/220/211222-0af44de1.html

3. http://www.ce.cn/cysc/ztpd/zt/js_1/

4. 中國鐵路大提速 https://baike.baidu.com/item/%E4%B8%AD%E5%9B%BD%E9%93%81%E8%B7%AF%E5%A4%A7%E6%8F%90%E9%80%9F/7606484

5. 中國鐵路大提速 https://zh.wikipedia.org/wiki/%E4%B8%AD%E5%9B%BD%E9%93%81%E8%B7%AF%E5%A4%A7%E6%8F%90%E9%80%9F

6. 중국 중장기 철도망 계획(2016년 수정) 발표 유라시아북한교통물류 제2016-15호

7. '8종8횡' 계획 https://namu.wiki/w/8%EC%A2%858%ED%9A%A1%EA%B3%84%ED%9A%8

8. 중국 중장기 철도망 계획(2016년 수정) 발표 유라시아북한교통물류 이슈페이퍼 15호 D

9. 沿海通道 https://zh.wikipedia.org/wiki/%E6%B2%BF%E6%B5%B7%E9%80%9A%E9%81%93

10. 中老昆萬鐵路 https://baike.baidu.com/item/%E4%B8%AD%E8%80%81%E6%98%86%E4%B8%87%E9%93%81%E8%B7%AF/59245951#8

11. 中老鐵路 http://www.crecg.com/web/10089495/10090747/10151524/index.html

12. 專訪：'一帶一路'鐵路項目是惠及東南亞的'大通道' http://fec.mofcom.gov.cn/article/fwydyl/zgzx/202206/20220603317740.shtml

13. 雅萬高鐵建設取得重要進展 https://cn.chinadaily.com.cn/a/202206/21/

WS62b1542fa3101c3ee7adc0f2.html

14. 共建一帶一路, 讓高鐵跑出新天地 http://www.xinhuanet.com/politics/2021-02/07/c_1127073815.htm

15. 인도네시아의 고속철도 https://en.wikipedia.org/wiki/High-speed_railway_in_Indonesia

제2절 철도망의 변화

1. 철도 https://ko.wikipedia.org/wiki/%EC%B2%A0%EB%8F%84

2. 中國鐵路發展史 https://www.wikiwand.com/zh/%E4%B8%AD%E5%9B%BD%E9%93%81%E8%B7%AF%E5%8F%91%E5%B1%95%E5%8F%B2

3. 高鐵復興時代(1)：中國鐵路簡史(上) | 脫苦海 https://zhuanlan.zhihu.com/p/31305023

4. 1911年中國鐵路示意圖：東北密集, 西部稀疏 https://new.qq.com/omn/20211016/20211016A04DAX00.html

5. 【數據說鐵路】第二期：中國鐵路里程及機車發展史(1) https://www.bilibili.com/read/cv14084927/

6. 邁進高鐵之路(3)：高鐵規劃 | 脫苦海 https://zhuanlan.zhihu.com/p/27841396

제4절 철도정책의 변천

1. https://zh.wikipedia.org/wiki/%E4%B8%AD%E5%9B%BD%E5%9B%BD%E5%AE%B6%E9%93%81%E8%B7%AF%E9%9B%86%E5%9B%A2

2. https://www.163.com/dy/article/GTEBQ9TO0519M002.html

3. http://www.jwview.com/jingwei/html/06-20/239550.shtml

4. 中國國家鐵路集團有限公司組織機構情況 http://www.china-railway.com.cn/gsjs/zzjg/

5. 神華鐵路 https://baike.baidu.com/item/%E7%A5%9E%E5%8D%8E%E9%93%81%E8%B7%AF/14682778

6. 杭臺高速鐵路 https://zh.wikipedia.org/wiki/%E6%9D%AD%E5%8F%B0%E9%AB%98%E9%80%9F%E9%93%81%E8%B7%AF

7. 羅定鐵路 https://baike.baidu.com/item/%E7%BD%97%E5%AE%9A%E9%93%81%E8%B7%AF/10536586

8. 中華人民共和國鐵路運輸 https://zh.wikipedia.org/wiki/%E4%B8%AD%E8%8F%AF%E4%BA%BA%E6%B0%91%E5%85%B1%E5%92%8C%E5%9C%8B%E9%90%B5%E8%B7%AF%E9%81%8B%E8%BC%B8≠%E9%93%81%E8%B7%AF%E7%AE%A1%E7%90%86%E4%BD%93%E5%88%B6

제3장 철도운영

제1절 철도의 안전

1. 《鐵路交通事故應急救援和調查處理條例》7大亮點 http://www.gov.cn/zwhd/2007-08/30/content_732236.htm

2. 中華人民共和國國務院令 http://www.gov.cn/xxgk/pub/govpublic/mrlm/200803/t20080328_31716.html

3. 中華人民共和國鐵路運輸 https://zh.wikipedia.org/wiki/%E4%B8%AD%E8%8F%AF

%E4%BA%BA%E6%B0%91%E5%85%B1%E5%92%8C%E5%9C%8B%E9%90%B5
%E8%B7%AF%E9%81%8B%E8%BC%B8#%E9%90%B5%E8%B7%AF%E4%BA%8
B%E6%95%85

제2절 고속철도

1. 中國高鐵盈利地圖：東部線路賺翻中西部巨虧 http://www.xinhuanet.com//politics /2016-08/02/c_129196920.htm

2. 世界第一，3.79萬公里高鐵里程五年倍增 http://finance.china.com.cn/news /20210124/5483395.shtml

3. 財經分析：建成米字形高鐵網對河南樞紐經濟經濟發展意味着什麼? https://fgw.henan. gov.cn/2022/06~20/2471397.html

4. 河南米字形高鐵網勾劃成型 http://ha.news.cn/reporter/reporternews/2022-06/20/ c_1128759265.htm

5. 這些城市要建'米'字型高鐵!誰是真米誰是假米? https://www.163.com/dy/article/ FRQTS0Q50539R8TU.html

6. 中國三大'米'字型高鐵樞紐城市, 鄭州, 武漢, 西安, 哪個競爭力最強? https://news.ifeng. com/c/7tHYYtUbbcd7. 張瑩,孫瑞潔, &趙臨龍(2019). 高鐵對節點城市旅遊業發展的影 響研究--以西安市爲例.甘肅科學學報

7. 陝西邁入新高鐵時代新開行高鐵線路受熱捧 http://sx.sina.com.cn/news/ b/2016~09~22/detail~ifxwevww1266307.shtml

제4절 화물철도의 변화와 발전

1. 중국~유럽 화물열차 발전 보고(2021)

2. 中歐班列運行線地圖_鐵路貨運物流公司 https://www.cetrains.com/post/jianjie-page.html

3. 2021年霍爾果斯鐵路口岸中歐班列通行數, 過貨量同比實現雙增長 http://www.customs.gov.cn/customs/xwfb34/302425/4110559/index.html

4. 綏芬河口岸單月開行中歐班列創歷史新高 http://www.mdj.gov.cn/shizheng/xsqdt/202208/t20220815_337359.html

5. 二連浩特鐵路口岸出入境中歐班列突破1萬列 https://www.ndrc.gov.cn/fggz/qykf/xxjc/202208/t20220825_1333755.html?code=&state=123

6. 各地主要中歐班列2021至今開行數據, 先睹爲快! https://www.ship.sh/news_detail.php?nid=44714

7. 二連浩特鐵路口岸接運中歐班列突破500列 http://www.gov.cn/xinwen/2022-02/28/content_5676126.htm

8. 中華人民共和國鐵路運輸 https://zh.wikipedia.org/wiki/%E4%B8%AD%E8%8F%AF%E4%BA%BA%E6%B0%91%E5%85%B1%E5%92%8C%E5%9C%8B%E9%90%B5%E8%B7%AF%E9%81%8B%E8%BC%B8#%E8%B4%A7%E7%89%A9%E8%BF%90%E8%BE%93

9. 中國經濟經濟深度看 | 2021年中歐班列開行再創佳績成爲暢通亞歐供應鏈的一條大通道 https://www.ndrc.gov.cn/fggz/fgzy/shgqhy/202202/t20220221_1316068.html?code=&state=123

제5절 도시철도

1. 【年報】城市軌道交通2021年度統計和分析報告 http://www.bus-info.cn/index.php?c=article&id=4282

2. 2020 중국 도시궤도교통 운영업체 개요 - 2020中國城市軌道交通運營行業概覽-周天恩 2020. 04.

3. 中國城市軌道交通系統 https://zh.wikipedia.org/wiki/%E4%B8%AD%E5%9B%BD%E5%9F%8E%E5%B8%82%E8%BD%A8%E9%81%93%E4%BA%A4%E9%80%9A%E7%B3%BB%E7%BB%9F

제4장 중국 철도와 지역의 발전

1. 火車拉來的城市 https://baike.baidu.com/item/%E7%81%AB%E8%BD%A6%E6%8B%89%E6%9D%A5%E7%9A%84%E5%9F%8E%E5%B8%82/17574817

제5장 중국 철도의 해외 진출

1. 哈拉曼高速鐵路 https://zh.wikipedia.org/zh-hans/%E5%93%88%E6%8B%89%E6%9B%BC%E9%AB%98%E9%80%9F%E9%90%B5%E8%B7%AF

2. 우솽, '중국 고속철도산업의 해외 진출 시 핵심역량에 관한 연구', 국내 박사학위논문, 우송대학교, 2020. 대전

3. 주강강, '중국 고속철도 산업의 글로벌 추격과정과 수출 전략에 관한 연구', 국내 석사학위

논문, 영남대학교 대학원, 2018. 경상북도

4. 德黑蘭-馬什哈德鐵路 https://baike.baidu.com/item/%E5%BE%B7%E9%BB%
91%E5%85%B0-%E9%A9%AC%E4%BB%80%E5%93%88%E5%BE%B7%E9%93%
81%E8%B7%AF/19475749

5. 印尼高速鐵路 https://zh.wikipedia.org/zh-cn/%E5%8D%B0%E5%B0%BC%E9%A
B%98%E9%80%9F%E9%90%B5%E8%B7%AF

6. '一带一路'中老高鐵今年12月通車運營, 中泰高鐵2028年全線貫通 https://cn.tgcondo.
com/item/302-china-lao-railway-start-operation-at-dec-2021